부자의 길을 선택하다

财富自由之路

ISBN 9787121320088
This is an authorized translation from the SIMPLIFIED CHINESE language edition entitled《财富自由之路》published by PUBLISHING HOUSE OF ELECTRONICS INDUSTRY Co., Ltd, through Beijing United Glory Culture & Media Co., Ltd., arrangement with Imprima Korea Agency.

* 이 책의 한국어판 저작권은 Liang에이전시를 통해 저작권자와 독점 계약한 메가스터디(주)에 있습니다. 저작권법에 의해 한국 내에서 보호를 받는 저작물이므로 무단 전재와 무단 복제를 금합니다.

비트코인 거물이 알려주는 운명을 바꾸는 투자 원칙

부자의 길을 선택하다

리샤오라이 지음 | 박영란 옮김

메가스터디BOOKS

CONTENTS

Prologue　당신은 부자가 될 수 있다고 믿고 있는가?　　8

Chapter 1
'경제적 자유'란 무엇일까?

01　삶의 '코스트라인'을 넘어서는 법　　16
02　복리곡선은 당신 인생에도 적용된다　　21
03　'경제적 자유'란 무엇일까?　　27
04　처음에는 누구나 서투르다　　32
05　당신의 '비즈니스 모델'에 대해 고민해본 적 있는가?　　40
06　주어진 시간을 한 번 파는 사람　　46
07　주어진 시간을 여러 번 파는 사람　　56
08　타인의 시간을 사서 다시 파는 사람　　63

Chapter 2
당신은 부자의 눈을 갖고 있는가?

09　당신의 '운영체제'에 대해 생각해본 적 있는가?　　72
10　당신이 가진 가장 소중한 자산은 무엇인가?　　79
11　주의력의 효율성을 높이는 과학적인 방법　　91

12	당신이 원하는 미래를 쟁취하기 위해 가장 필요한 능력	99
13	100% 안전감을 버렸을 때 비로소 보이는 것	106
14	내가 비트코인에 지속적으로 투자할 수 있었던 이유	111
15	당신은 '귀인'의 도움을 받을 준비가 되어 있는가?	118
16	세상의 피드백을 받아들이는 용기	127

Chapter 3
부자의 길로 가는 방향 찾기

17	현재를 사는 사람 vs. 미래를 사는 사람	136
18	'자기 증명'보다 중요한 '자기 성장'	141
19	불평은 무능함과 무력함의 표현일 뿐이다	147
20	시장을 보는 가치관이 나의 운명을 결정한다	154
21	부자가 되기 위해 가장 필요한 요소인 인내심	161
22	위기감이 없는 사람은 시장에서 도태되고 만다	171
23	인생의 경계를 뛰어넘는 순간을 캐치하는 법	174
24	당신이 아닌 세상이 필요로 하는 것을 읽어라	182

Chapter 4
투자형 인간이 되기 위한 마인드셋

25	'나와는 상관없다'는 생각을 버려라	192
26	'뭔가를 이룬 사람'을 가까이하라	199
27	매일 스스로 '뇌를 씻는' 것을 게을리 하지 말라	205
28	아무도 가르쳐주지 않는 것을 스스로 배우는 단계로 진입하라	211
29	문제의 해결책을 빠르게 찾는 법을 기억하라	220
30	노력과 버티기로 유지하는 삶에서 벗어나라	224
31	서투름을 능숙함에 이르게 하는 '반복'의 힘을 믿어라	231

Chapter 5
투자 기회를 잡는 방법

32	투자와 운의 상관관계를 기억하라	242
33	돈과 자본의 차이를 알아야 투자에 성공한다	249
34	실천보다 더 중요한 것은 없다	258
35	돈이 없을 때 투자를 훈련하라	269
36	투자는 모험으로 돈을 버는 것이 아니다	275
37	투자가 아닌 '도박'을 하고 있는 순간을 경계하라	288
38	'미리 알았다면 달라졌을 것'이라는 환상에서 벗어나라	294
39	시장 단기 예측의 무의미함을 깨달아라	302
40	'주기'를 이해하면 '추세'가 보인다	309
41	투자와 관련된 숙제는 반드시 투자 전에 끝내라	320

Chapter 6
내 안의 부자를 깨우는 길

42 선택의 질을 높이는 방법을 훈련하라 330

43 '장기'와 '성장률'을 결합하여 사고하는 방법을 배워라 337

44 당신이 받아들일 수 있는 '장기'의 기간을 최대한 늘려라 345

45 최대한 젊었을 때부터 투자에 관심을 가져라 353

46 끊임없이 배우고 지식 사이의 연결점을 늘려라 359

47 투자 성공을 이끌 '무기'를 끊임없이 연마하라 367

48 행동에 옮기는 것을 방해하는 심리적 요인을 제거하라 374

49 '인지의 업그레이드'를 게을리하지 말라 384

50 당신 자신이 최고의 부가가치 자산임을 기억하라 390

Epilogue   '투자형 인간'으로의 진화를 완성하는 법   402

작가 후기   410

Prologue

당신은 부자가
될 수 있다고 믿고 있는가?

당신은 지금보다 훨씬 나은 사람이 될 수 있다고 굳게 믿고 있는가? 여기서 기억할 것은 그렇게 '생각한다'나 '바란다', 심지어 '믿는다' 정도의 차원이 아니라, '굳게 믿는다', '믿어 의심치 않는다' 즉, 120%의 확신을 말하는 것이다. '가능할 수도 있겠다'가 아니라 '당연히 가능하다'라는 강한 전제가 깔려 있어야 한다. 자신이 120% 확신하지 못하고 단지 바라는 정도에 지나지 않는다면 그 뒤에 따라오는 가능성은 '어쩌면' 혹은 '불가능'으로 바뀔 수밖에 없다. 당신이 지금보다 더 나은 사람이 될 수 있다고 강하게 확신하지 않는다면 이 책을 읽을 필요도 없거니와 차라리 이 책을 살 돈으로 스타벅스에서 커피나 한잔 사서 마시는 게 나을지도 모른다. 그렇다면 왜 120%나 확신해야 하나고? 그래야만 누군가 당신을 공격해서 20%가 사라진다 해도, 여전히 100%는 믿을 수 있지 않은가!

당신은 아래 두 가지에 대해 반드시 확신을 가져야 한다.

▶ 옳은 방법으로 옳은 일을 하면 당신은 분명히 지금보다 더 나은 사람이 될 수 있다.
▶ 옳은 방법으로 옳은 일하는 것을 장기간 지속하면 당신의 미래는 반드시 위대할 것이다.

왜 자신의 아름다운 미래에 대해 스스로 굳게 믿어야 하는지 아는가? 왜 이 사실에 대한 당신의 맹목적인 믿음이 누구에게도 어떤 이유에도 흔들리지 않는 단계가 되어야 하는지 아는가? 왜냐하면 자신 외에는 아무도 그것에 대해 믿지 않을 것이기 때문이다!

한동안 다들 여기저기서 힐링 메시지나 힐링 에세이 같은 것들을 많이 접했을 것이다. 1972년에 태어난 나는 지금까지 살면서 힐링이 되는 좋은 글과 작품을 수도 없이 읽어왔다. 물론 나름 많은 도움을 받기도 했다. 하지만 어느 정도의 경계는 필요하다고 생각한다.

오늘날 사람들이 말하는 힐링 메시지 혹은 성공학이라고 하는 것은 본질적으로 심리학 분야 연구 성과의 '일반화'에 속하긴 하지만, 나쁜 것은 아니다. 과학은 끊임없이 자신을 부정하며 발전해왔기 때문에 일부 이론은 부정확하거나 뒤집히는 것이 매우 정상적이며, 문제가 많은 일반화는 여기저기로 뻗어나가면서 오류가 생기거나 원래 없던 왜곡이 생겨나기도 한다. 또한 정상적으로 전달된 일반화라고 해도 우리가 이해하고 응용하는 과정에서 부적절하거나 불완전한 상황이 발생할 수도 있다. 따라서 본래 유용했던 것이라고 해도 결국 쓸모없어지고 심하면 해로워질 수도 있다. 하지만 일부 일반화의 오류로 인해 기존의 심리학 연구 성과가 전부 부정되면 이 또한 엄청난 착오를 불러일으키게 된다.

이렇게 많은 이치를 알고 있는데 여전히 삶이 나아지지 않는 이유는 무엇일까? 그 이유는 '지식 전달' 자체는 교육이 아니라 방대한 교육 시스템 과정 중 첫 번째 단계일 뿐이라는 데에 있다. 만약 전달 자체가 교육이라면 학교를 운영할 필요도 없고 책만 있으면 충분할 테지만, 실제로는 그렇지 않다. 교육이 제 기능을 제대로 발휘하기 위한 관건은 지식 전달자가 아닌 지식 수용자인 것이다. 이것은 마치 근육을 늘리기 위해 음식물을 섭취하는 것과 같다. 충분히 먹지 못하면 근육을 유지하거나 키울 수 없지만, 달리기, 바벨 들어올리기, 스쿼트 등의 운동을 전혀 하지 않는다면 결국 뭘 먹든, 어떻게 먹든 아무 소용없다는 말이다.

많은 사람들이 다양한 삶의 이치를 알고도 삶이 나아지지 않은 이유는 바로 그들이 '운동을 하지 않았기' 때문이다! 그들은 알고 있는 이치를 삶에 적용하지 않았기 때문에 자기 자신을 바꾸고 그 이치를 이해하고 깨달을 기회가 없었던 것이다. 사실상 그들은 이런 이치의 내면화를 이루어내지 못했고, 그런 이치는 그저 초등학교 교과서에 나 나올 법한 수준에 불과하다고 여기며 무시한 것이다.

많은 사람들이 앞으로 나아가기 위해 몸부림을 치는데, 어째서 몸부림조차 쳐본 적이 없는 사람들과 같은 수준에 머무르는 것일까? 이에 대한 답은 간단하다. 몸부림을 '덜 쳤기' 때문이다. 어떤 이치든 우리가 평소에 쓰는 도구와 마찬가지로 오랫동안 많이 쓰다 보면 어느새 숙련의 단계에 접어들어 나중에는 자체 활용이 가능해지기 마련이다. 몸부림이라는 것도 처음에는 익숙하지 않았던 도구(즉, 어떤 이치)를 반복적으로 사용하고 다듬고 반복적으로 조정함으로써 자기 스스로 능숙하게 사용할 수 있는 도구로 만드는 것과 같은 과정이 필요하다. 아마 도구 사용에 서투른 사람을 본 적이 있을 것이다. 만일 그 사람이 자신의 엉성하고 바보스러운 모습을 견디지 못하고 도중에 포기한다면 그 도구는 순식간에 쓸모없는 폐기물로 전락해버리고 말 것이다.

자, 그러면 이쯤 해서 말해보자. 대체 나의 더딘 성장에 대해 누구를 탓해야 하는가? 바로 자기 자신이다. 그런 측면에서 보았을 때, 미래의 어느 순간에 지금보다 더 나은 당신이 되지 않았다면 누구를 탓해야 할까? 당연히 지금의 자기 자신밖에 없지 않겠는가. 이치와 심리학의 연구 성과인 힐링 메시지를 탓할 일이 아닌 것이다.

발전을 추구하기 위해서는 반드시 방법론이 있어야 한다. 어떤 영역이든 모든 발전과 진보에는 방법론이 있기 마련이다. 나사를 고정하는 데 쓰는 드라이버도 사용하는 용도에 따라 손에 쥐는 위치와 자세가 작업 능률에 영향을 미친다. 이렇게 간단한 일에도 방법론이 있는데, 이른바 발전이라는 것이 '일을 더 잘한다'는 말에 불과하다면 말이 되겠는가? 한 걸음 더 나아가 모든 큰 발전은 드라이버 잡는 방법의 개선과 같은 미세한 발전이 축적된 것이 아닐까?

어떤 의미에서 이 책은 평범한 사람을 위한 '역습 방법론'이라고 할 수 있다. (처음에는 누가 '평범한 사람'이 아니었을까?) 사실 나는 '역습'이라는 단어 사용을 별로 좋아하지 않는다. '모든 일반인의 성장 방법론'이라는 소박한 표현이 훨씬 낫다고 생각한다. 여기서 키워드는 '성장'이다. 그렇다. 성공이 아니라 성장이다. 성공은 그저 중간 이정표일 뿐이니, 성공했다고 성장하지 않아도 되는 건 말이 안 된다. 성공 이후로도 갈 길은 정말 멀고 멀다.

모든 독자들이여, 인내심을 가져주길 바란다. 내가 내 입으로 이 책은 궁극적으로 독자의 힐링을 위한 책이라고 말한다 해도 여기까지 읽은 독자라면 이미 눈치챘을 것이다. 내가 말하고자 하는 힐링 메시지는 다른 사람의 것과 무척이나 다르다는 것을 말이다.

앞으로 내가 할 이야기는 방법론에 대한 것이다. 무슨 일이든 더 잘 해내게 하는 방법이 있다. 음식도 맛없게 대충 만들어 먹는 사람도 있고 한번 먹으면 절대 잊을 수 없을 만큼 맛있게 요리하는 사람도 있다. 우리 삶도 그렇고, 인생도 그렇다. 더 잘 살아낼 수 있는 방법이 존재한다. 이제 그 방법을 찾아 떠나보자.

**부자의 길을
선택하다**

CHAPTER 1

'경제적 자유'란 무엇일까?

경제적 자유란
당신이 생활비를 벌기 위해
열심히 일할 필요가 없는 상태를 말한다.
더 나아가 당신이 생활의 필요를 충족시키기 위해
자신의 시간을 팔지 않아도 된다는 것을 의미한다.

01

삶의 '코스트라인'을 넘어서는 법

학창 시절부터 우리는 '나의 꿈'이라는 주제로 수도 없이 글을 쓰고, 친구들과 자신의 미래에 대해 진지하게 이야기를 나누기도 하지만 대다수의 사람들은 자기 미래에 대한 인식이 놀라울 정도로 부족하다. 우리가 가진 기본적인 인지 능력으로는 미래라는 추상적인 개념을 제대로 살펴볼 수 없다. 우리에게 제구실하는 눈, 코, 입이 있다고 해도 미래를 내다보는 데에는 별로 쓸모가 없다. 우리는 미래를 직접적으로 볼 수도, 들을 수도, 만질 수도, 맡을 수도, 맛볼 수도 없기 때문이다.

미래라는 개념을 느끼고 인식하기 위해서는 또 다른 인지기관이 필요한데, 그것은 바로 우리의 **뇌**다. 그런데 대부분의 사람들은 뇌가 눈이나 코, 입처럼 인지 능력을 갖고 있다는 사실을 알지 못한다. 뇌의 인지 능력은 개발과 발전이 가능하다. 곰곰이 생각해보면 실제로 '**육감**'이라고 하는 것은 이 뇌의 인지 능력을 일컫는 말이다.

이 책을 읽다 보면 우리 뇌에 담겨 있는 여러 가지 개념에 대한 새로운 정의를 발견하게 될 것이다. 육감이 바로 내가 새롭게 정의내린 개념이다. 이것은 신비로운 것이 아니라, 확실한 우리의 또 다른 감지 능력이다. 이 점에 대해서는 뒤에서 더 자세히 이야기를 나눠보도록 하자.

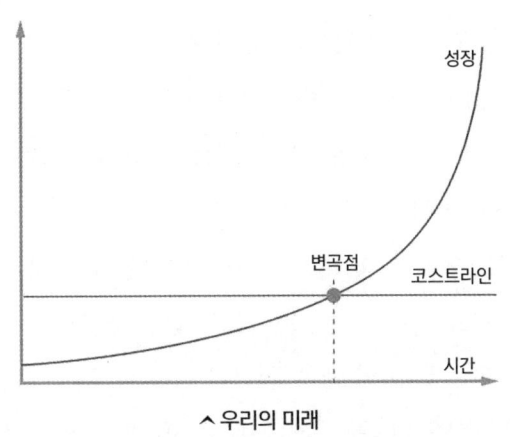

∧ 우리의 미래

위 그래프의 곡선이 바로 우리의 미래다. 우리가 원하는 것을 실행에 옮기기만 하면 저 곡선처럼 인생을 살아낼 수 있다.

누구나 한 번쯤은 이런 곡선의 인생을 살 수 있는 기회가 주어지지만 사람들은 제각기 자기의 모습대로 살아간다. 어떤 사람들은 잠시 상승곡선을 그리다가 일정 시간이 흐르면 이내 하락하는 모습을 보이는데, 그래서 평생 코스트라인을 넘어간 적이 없다. 무엇이든 코스트, 즉 원가가 존재하기 마련이다. 우리 생활과 어떤 기술을 습득하는 데도, 타인으로부터의 존중에도, 심지어 나쁜 짓을 하는 데도 원가가 존재한다. 성장이라는 것은 이 코스트라인을 넘어서야 비로소 진정한 의미를 갖게 된다. 그전까지 우리는 끊임없이 발버둥칠 뿐이다. 그리고 코스트라인을 넘어선 후에도 성장은 쉬지 않고 이루어져야 한다. 많은 사람들이 '변곡점'에 다다르고 나면, 제대로 된 인생 곡선이 이제 막 시작된 셈인데 어쩐 일인지 다시 코스트라인 아래로 곤두박질치기 시작한다. 의외로 매우 보편적인 현상이다.

20여 년 전 대학생이었던 나는 이 그래프를 처음 그려보았다. 가느다란 선 하나가 나에게 알려주는 것이 참 많았다. 내가 만난 모든 역경과 그동안 느껴온 억울함, 그리고 지금 겪고 있는 불쾌한 일들 등 모든 것이 내가 아직 코스트라인 아래에 머물고 있기 때문이었다.

하지만 나는 언젠가 그 코스트라인을 넘어설 뿐 아니라 가파른 상승 곡선을 이루는 인생을 살 것이라고 맹신하게 됐다. 32살이 되던 해, 나의 첫 번째 책 《21일 만에 돌파하는 TOEFL 핵심어휘》가 출간된 지 꼭 1년이 되었을 때 나는 다시는 삶에 치이지 않게 되었다. 그리고 돈 외에도 여러 방면으로 코스트라인을 넘어섰다는 느낌이 들었다. 그때 나는 10여 년 전 그린 그림을 떠올렸다. 생각보다 빠르게 변곡점에 도달한 셈이었다.

여기까지 쓰다가 문득 어린 시절에 있었던 일이 떠올랐다. 1980년대 말 '만원호萬元戶(지금의 억만장자 비유)'라는 말이 유행하기 시작했는데, 당시 나는 고등학생이었다. 하루는 친구들과 모여서 앞으로 우리가 얼마를 벌면 좋을지 한참 이야기를 나누었다. 몇 만 위안이나 몇 십만 위안이라는 액수가 오갔지만 당시 우리에게는 천문학적인 숫자로 느껴졌다. 세상 물정 몰랐던 나는 내 차례가 오자 "당연히 천만 위안이지!"라고 내뱉었다. 물론 그 말에 고개를 끄덕여주는 친구는 하나도 없었다. 하지만 시간이 지난 지금, 나는 이미 천만 위안보다 훨씬 더 큰돈을 벌었다.

소프트뱅크의 창립자 손정의의 이야기를 읽기 전까지 나는 내가 꽤나 안하무인이라고 생각했었다. 손정의 회장은 소프트뱅크 설립 후, 당시 직원 세 명과 회의를 하던 중 종이상자 위에 올라가서 이렇게 선포했다고 한다.

"오늘 소프트뱅크가 설립되었습니다. 앞으로 우리는 세계에서 가장 위대한 회사가 될 것입니다. 그리고 나는 세계 최고의 부자가 될 것이며, 여러분은 두 번째, 세 번째, 네 번째 부자가 될 것입니다!"

허황된 소리에 놀란 직원 두 명은 그 자리에서 바로 회사를 떠났다. 그때 회사를 떠난 직원은 몇 년 뒤에 땅을 치며 후회했을 것이다.

'내가 이룬 성과가 손정의 회장에게 한참 못 미치는 이유가 출발점에 있을 때 그가 보인 교만함에 내가 미치지 못했기 때문일까?' 하는 생각도 해본다. 물론 그때 내가 더 교만했다 하더라도 손 회장만큼 해냈을 거란 보장은 없다. 혹시나 해냈다면, 그야말로 운이 따라준 결과일 것이다.

최근 10년간 나는 주변 사람들, 특히 젊은이들을 격려하는 일을 많이 하고 있는데, 항상 그들에게 '자신의 찬란한 미래에 대해 120% 맹신하라'고 말한다. 다른 사람이 찬물을 끼얹어 의욕이 20% 꺾이더라도 100%의 신뢰는 반드시 유지해야 한다. 그리고 만약 신뢰가 100%만 남아 있다면 120%로 끌어올릴 수 있는 방법을 스스로 고민해야 한다.

또한 나는 젊은이들에게 이미 벌어놓은 돈을 다 써버리라고 권한다(물론 돈을 빌려 쓰는 것을 말하는 건 아니다). 사실 논리는 매우 간단하다. 자신의 미래가 앞에서 본 그래프의 곡선과 같이 상승한다고 믿는다면 코스트라인을 넘어서기 전까지의 긴 시간 동안 내가 버는 돈은 사실상 모두 '적은 돈'이다. 여기서 적은 돈이란 절약할 가치도 없을 만큼 적고, 아껴도 얼마 안 된다는 의미다. 전통적인 관념에는 맞지 않지만 나는 이 방식에 줄곧 동의해왔다. 내 지인들 중 나와 같은 생각을 고집하는 사람이 많은데 사람들에게 익숙한 뤄융하오羅永浩(중국 IT기업 스마티잔Smartisan의 창업자)도 그중 하나다. 우리는 미래에 돈을 벌지 못할 거라는 생각을 전혀 하지 않는다.

그 상승곡선은 바로 우리가 믿어야 할 미래다. 인생에 있어서 맹목적으로 좇아야 하는 것은 극히 드물지만, 이것은 우리가 분명 맹목적으로 좇아야 할 것이다.

02

복리곡선은
당신 인생에도 적용된다

아인슈타인은 "복리는 세계 8대 불가사의다. 아는 사람은 돈을 벌고 모르는 사람은 손해를 본다."고 말했다.

대부분의 사람들에게 복리는 고등학교 수학 교과서에 나오는 하나의 개념에 불과할 뿐이다. 사실 복리는 고사하고 이자의 개념조차 모르는 사람들도 허다하다. 사람들이 아주 일반적이고 자연스럽게 이자의 존재(또는 '단리 계산')를 받아들인 것은 100년밖에 되지 않았다.

오늘날 현대 금융학의 기초가 이자의 존재를 인정하고 있어 복리 원리는 어디서나 적용되지만 은행들은 저축 자금을 유치할 때 대부분 복리가 아닌 단리를 적용한다. 정부도 마찬가지로 경기 부양을 위해 금리를 엄격하게 관리함으로써 은행을 도왔다. 그러니 일반적으로

서민들이 이자에 대한 이해가 부족한 것은 이상한 일이 아니었다. 더 큰 문제는 스스로 이자나 복리가 뭔지 모른다고 생각하는 사람이 별로 없었다는 것이다. 그러나 복리야말로 정상적인 개념이다. 돈을 저축해서 복리를 받는다면 그 성장 곡선은 대체로 아래와 같이 나타난다.

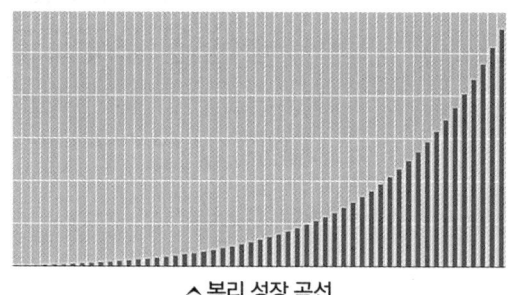

▲ 복리 성장 곡선

또 다른 관점에서 봤을 때, 재산을 상속받을 때의 이점(대부분의 사람들이 누리지 못하는 이점)은 이자의 원리와 복리의 놀라운 힘을 보다 일찍 이해할 수 있다는 점이다. 나는 지금까지 금전적으로 복리의 신기한 힘, 놀라운 지지를 직접적으로 누려본 적이 없다. 왜일까? 상속받을 재산이 한 푼도 없었기 때문이다. 상속은커녕 35세 이전까지 내 자산은 언제나 같은 자리를 맴돌기만 했다.

하지만 **그나마 공평하다고 생각되는 것은 지능이나 지식, 경험상의 복리 효과는 누구에게나 존재한다는 사실이다. 얼마나 반가운 일인가!** 뭐든 쌓기만 하면 복리 효과를 볼 수 있다. 상속받을 재산이 없다면 계속해서 지식을 쌓으면 된다.

그래도 우리는 운이 좋은 편이다. 지식의 자산화가 용이하고 자산화 금액이 점점 높아지는 시대에 살고 있다. 지식의 습득과 축적에는 반드시 복리 효과가 적용된다는 점은 전혀 의심할 여지가 없다.

마지막으로, 모든 의미 있는 성장 과정은 그에 맞는 곡선으로 나타난다(1편 참고). 금융학에서도 이와 같은 곡선이 존재하는데, 우리는 이것을 '복리곡선'이라고 부른다. 처음에는 경사도가 그리 높지 않지만 일정 지점을 지나면 곡선이 빠르게 상승한다. 경사도가 갑자기 변하는 그 지점을 우리는 변곡점이라고 부른다. 투자에 관심이 있어서 공부를 한다면 성공한 후 당신의 자산 변화 역시 앞에 나온 곡선과 같을 것이다. 변곡점을 지나서 원금을 뛰어넘고 후반부에 다다랐을 때 급격한 상승을 보이는 복리곡선 말이다.

2015년, 전 세계에서 '인공지능이 인간에게 미치는 위협'에 대한 논의가 이루어졌을 때, 이와 관련하여 몇 가지 충격적인 장면이 있었다. 그중 하나가 사람들이 자신이 처해 있는 역사와 현황을 대체적으로 아래 그래프와 같이 여긴다는 것이다.

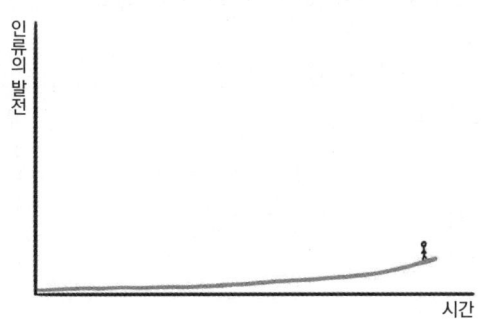

▲ 사람들이 인식하는 자신이 처한 역사와 현황

그러나 사람들이 처한 진짜 역사와 현실은 다음과 같다.

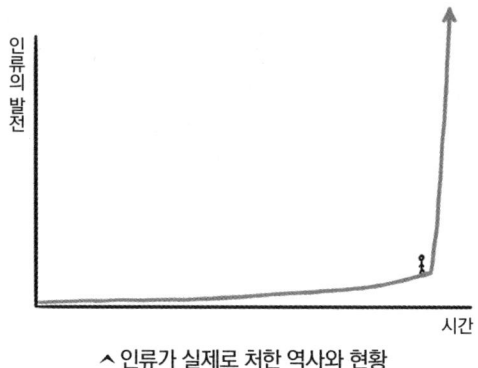

▲ 인류가 실제로 처한 역사와 현황

다시 말해, 우리는 지금 변곡점에 있다. 그 후 발전 속도는 과거 인류의 역사에 비추어서는 상상하기 어려운 정도일 것이다. 그게 바로 복리곡선이다. 지난 몇 천 년 동안 인류는 각 분야에서 적지 않은 발전을 이뤄왔다. 이제 이를 조합해 복리 효과를 발휘할 때가 온 것이다.

지난 100년간의 다우존스 지수 성장 곡선을 살펴보자. 증시의 성장곡선 역시 복리곡선의 모습과 일치한다는 것을 볼 수 있다.

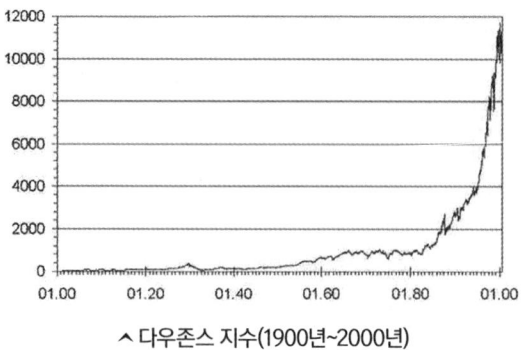

▲ 다우존스 지수(1900년~2000년)

세계 인구 증가 곡선을 살펴봐도 마찬가지이다.

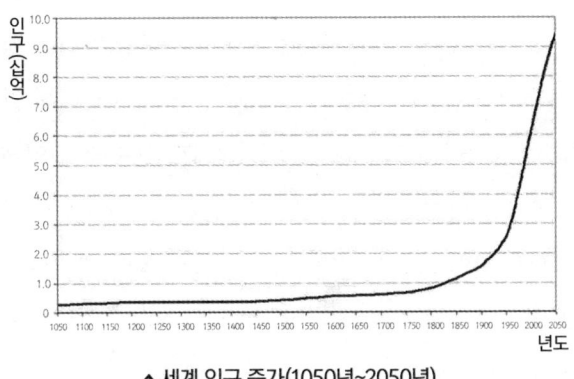

▲ 세계 인구 증가(1050년~2050년)

당신의 미래도 복리곡선과 같은 모양일 것이다.

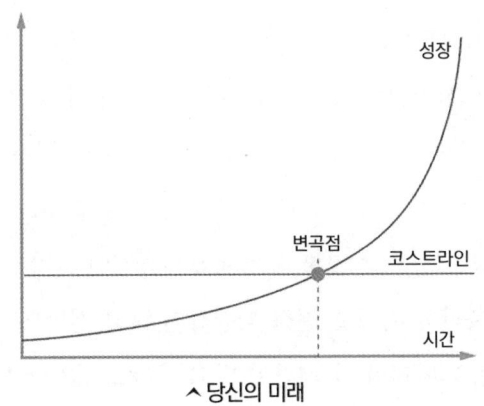

▲ 당신의 미래

한 사람의 성장 과정을 살펴보면 이해하기 쉽다. 태어나면서부터 우리는 끊임없이 무언가를 배우고 습득하지만 성인이 되고 나서는 상당수가 학습 자체를 멈춘다. 그러니 미래에 복리 효과를 경험할 기회가 없어지는 것이다. 하지만 일부는 20세 이후에도 끊임없이 공부하고 발전을 이어간다. 그들은 평생 학습자일 뿐만 아니라 **평생 성장자**가 되는 것이다. 이 책을 다 읽은 후 당신도 그렇게 변해 있길 바란다. 우리는 성장해야 비로소 배운 것을 실제로 실행할 수 있게 된다.

이렇게 학습을 이어간 사람들은 어느 순간 변곡점(혹은 전환점)을 넘어서서 훌쩍 날아오르게 된다. 이것이 바로 복리 효과의 위력이며 모든 평생 성장자에게 적용된다. 생김새나 유전자, 가족 유산과는 아무 상관없다. 그런 점에서 복리 효과는 우리가 찾을 수 있는 가장 공평한 효과라고 할 수 있다. 그래서 **복리곡선은 빠르게 발전하고 있는 이 세상과 그 안에서 살아가는 우리에게 가장 효과적으로 적용될 가능성이 높다.**

또 한 가지 중요한 요소는 바로 '자신감'이다. **자신의 미래에 대한 자신감이 반드시 있어야 한다.** 유달리 자신감이 넘치는 사람들이 있는데 줄곧 자신만의 복리성장곡선을 찾아다닌 사람들이다. 어쩌면 이미 찾았을지도 모른다. 그래서 그들은 침착할 수 있고 여유로울 수 있고, 소위 말하는 온갖 역경 속에서도 낙관적인 생각을 가질 수 있다. 그들은 자신의 미래를 전혀 의심하지 않고 전적으로 신뢰한다. 가야 할 길이, 기다려야 할 시간이 멀고 길어 보이지만 분명 곧 다가올 순간이라는 것을 믿는 것이다.

내가 1편에서 말한 것처럼 우리 모두는 아름답고 빛나는 자신의 미래에 대한 확신을 가져야 한다. 이것은 분명 가장 이성적인 근거이다.

03

'경제적 자유'란 무엇일까?

우리는 목표를 위해 혼신의 힘을 다하고 있다고 생각하지만 여전히 갈 길이 멀다. 이렇게 오랜 시간 애썼는데도 왜 우리가 원하는 속도만큼 목표에 다다르지 못하는 걸까?

젊었을 때 우리 대부분은 '내가 무엇을 원하지 않는지' 정확하게 인지하는 과정을 거친다. 예를 들어 막 사회에 첫발을 내디뎠을 때는 어디에도 속박당하기 싫고 남보다 뒤처지기 싫다는 감정을 강하게 느낀다. 하지만 정작 자신이 무엇을 원해야 하는지, 심지어 무엇을 원하는지는 잘 모른다. 그래서 많은 젊은이들은 자신의 이상을 설명할 때 그저 "나는 최고가 될 거야!"라는 말만 되풀이한다. 만약 '최고가 된다는 것'이 무엇인지 묻는다면 대부분 말문이 막혀 대충 얼버무리고 말 것이다.

　이런 난처한 반응이 나올 수밖에 없는 이유는 많은 사람들이 무언가를 추구할 때 그것의 정의조차 제대로 이해하지 못하는 경우가 많기 때문이다. 돌이켜 생각해보면, 당신이 그토록 원하고 고군분투하고 있음에도 거리가 좁혀지지 않는 이유는 자신이 원하는 것이 무엇인지 온전히 알지 못하기 때문이다. **자신이 무엇을 원하지 않는지는 알지만 정작 무엇을 원하는지는 모르고 있는 것은 '미숙함'의 증거이다.**

　언어학자들은 우리 뇌는 어떤 일에 대한 뚜렷한 개념이 없으면 그 일에 대해 생각하지 않는 경향이 있다고 말한다. 만약 어느 민족의 언어에 어떤 개념이 부족하면 그 사람들은 그 개념 자체에 대해 생각해보려 하지 않는 것이다. 예를 들어, 유럽이나 미국 등과 같은 서양권의 사람들은 화가 났을 때 자기 몸에 나타나는 증상이 '열(화)을 받다'로 인한 것이라는 사실을 알 수 없다. 그들의 문화에는 '열 받는다'라는 개념이 없기 때문에 이런 사실을 모를 뿐 아니라, 자신이 어떻게 '열을 받을 수' 있는지 아예 갈피도 잡지 못한다.

　이렇듯 정의의 부정확함은 사고 범위를 모호하게 만들고 선택 근거가 부족해지고 행동 방식에 오류가 발생하면서 삶 전체에 연쇄적으로 영향을 미친다.

　당신이 사는 동안 모르는 개념이나 잘못된 해석으로 정확한 정의를 내릴 수 없는 상황을 무수히 많이 경험하겠지만, 여전히 당신에게는 누군가의 가르침을 받거나 스스로 배워서 정확한 정의를 얻을 수 있는 많은 기회가 주어진다. 이 문제를 해결하고 싶다면, 정말 경제적 자유를 얻고 싶다면 우선 경제적 자유가 어떤 것인지를 이해해야 한다. 일상에서 우리가 밥을 먹고 자는 것처럼 이 개념을 확실하게 이해해야 비로소 속도를 내서 그것과 가까워질 수 있는 전제조건을 확립하게 된다.

경제적 자유는 많은 사람의 가슴속에서 빛나고 있는 단어다. 나 또한 수년간 이 단어에 대해 여러 방면으로 생각해봤지만 명확하고 정확하게 정의를 내리지 못했다. 그래서 위키피디아의 도움을 얻었다.

경제적 자유란 당신이 생활비를 위해 열심히 일할 필요가 없는 상태를 말한다. 간단히 말하자면, 당신의 자산에서 발생하는 수동적인 수입이 최소 일상적인 지출과 같거나 그 이상인 상태를 가리킨다. 이는 대부분의 사람들이 가장 갈망하는 바이기도 하다. 이 상태에 접어들면 우리는 흔히 '은퇴'라는 말을 사용하기도 한다.

나도 이 정의를 꽤나 이해했다고 생각했지만 실은 아직 충분치 않다. 여기서 이 정의가 가진 의미를 찾을 수 없었기 때문이다. 읽고 또 읽어봤지만 그래도 여전히 다음에 무엇을 해야 할지 알지 못했다. 이래서는 안 된다.

어느 날, 나는 행동에 영향을 미치는 결정적인 요인을 발견했다. 우리가 원하는 자유는, 그 본질은 경제적인 것이 아니었다. 그것은 수단에 불과하다. 우리가 원하는 자유는 바로 **시간의 자주권**이다. 그래서 나는 경제적 자유를 새롭게 정의해봤다.

'개인의 경제적 자유'란 어떤 사람이 더 이상 생활의 필요를 충족시키기 위해 자신의 시간을 팔지 않아도 된다는 것을 말한다.

이 정의는 간결하고 정확하며 나름대로 의미도 있다. 한 걸음 더 나아간 생각의 질은 저절로 높아진다.

경제적 자유는 결코 종착역이 아니다. 단지 이정표에 불과하다. 그 후로도 먼 길을 가야 한다.

1편의 그림을 다시 한 번 떠올려보자. 당신의 성장선이 코스트라인을 넘었을 때 당신은 이미 성공을 거뒀다 할 수 있다. 하지만 그것은 결코 끝이 아니라 또 다른 출발점이다. 그 뒤로도 여전히 멀고 흥미로운 길이 펼쳐져 있다. 그 시점을 지나고 나면 당신을 옭아매던 속박은 점점 줄어들고 당신의 능력은 더욱 강해지며 효율은 높아진다.

성공보다는 성장에 집중하자. 왜 그래야 할까? 성공을 거뒀을 때 그것은 이미 과거가 돼 버리기 때문이다. 이것이 매우 중요하다! 내가 쭉 고수해온 생각이 있는데 바로 "매일을 자신의 인생 첫날이라고 생각하라. 좋았든 나빴든 과거는 과거일 뿐이다."이다.

우리 삶의 많은 일들이 어쩌면 너무 뻔해 보이지만 어느 정도까지

가지 않으면 그 일들의 의미에 대해 진지하게 생각해볼 만한 기회가 없다. 코스트라인을 넘어선 후에야 비로소 '아, 이것은 정말 시작에 불과했구나'라는 것을 깨닫게 된다. 과거에는 그저 막연하게 새로운 시작일 거라는 추측만 했는데 말이다. 직접 가봐야 개인의 경제적 자유는 첫걸음에 지나지 않으며 그 뒤로도 가야 할 길이 많다는 사실을, 거기서 다시 시작해서 가정의 재산 축적, 재산 관리, 재산과 능력 상속의 길을 가야 한다는 것을 알게 된다. 여기서 당신이 중요하게 고려해야 할 것은 자녀에게 어떻게 재산을 물려줄 것인가가 아니라, 어떻게 하면 여러 방면의 능력을 물려줄 수 있을까 하는 것이다.

그래서 나는 '재산과 능력 상속'의 방법론을 연구하는 데 많은 시간을 들였다. 뿐만 아니라 이 영역에서 흔히 '달인'이라고 하는 사람들과 함께 상담 및 훈련을 통해 코스트라인을 뛰어넘은 많은 사람들과 그 가족들과도 교류하며 함께 성장하는 중이다.

04

처음에는 누구나 서투르다

사람들은 으레 '속성은 불가능하다'고 말한다. 나 역시 이 말에 동의한다. 그러나 오랫동안 지켜본 결과, 많은 사람들이 이 말을 가볍게 생각하고 넘기는 바람에 피해를 보는 것을 알게 되었다. 이런 일이 발생하는 원인은 무엇일까?

'속성'은 말 그대로 **빠른 성공**'을 의미한다. 물론 불가능한 일이지만 말이다! '성공'의 개념에 대해서는 나중에 얘기하기로 하고, 우선 약간 작은 개념인 성과만 해도 그것을 키워낼 시간이 필요하며 이 시간의 속도는 누군가의 의지로 바꿀 수 있는 문제가 아니기 때문이다. 그렇지 않은가?

이처럼 빠른 성공은 절대 불가능하지만 **빠른 입문**은 무조건 가능하다. 이 말은 쉽게 이해할 거라 생각한다. 하지만 많은 사람들이 다음 문장에 대해 진지하게 생각해본 적은 없을 것이다.

빠른 입문은 무조건 가능할 뿐 아니라 무조건 필요하다!

이것은 아마도 내 인생에서 얻은 가장 큰 행운이라고 할 수 있다. 나는 처음부터 뭔가를 배우는 것이 재밌고 좋았다. 지금까지 꽤 오랜 시간이 지났지만 단 한 번도 힘들거나 지루하다고 느껴본 적도 없다. 그 필요성에 대해 다른 사람으로부터 가르침을 받을 필요도 세뇌당할 필요도 없다. 나는 처음부터 평생 학습자로 태어난 듯하다.

그래서인지 나는 계속해서 배우고 연구하고 있다. 내 첫 번째 위챗 구독 계정 이름이 '배우고, 배우고, 또 배우자'이니 더 말할 것도 없다. 내 좌우명도 인터넷에 올린 지 꽤 오래됐다. '평생직업: 학생'

더 나아가, 나는 교육이 역사상 줄곧 실패를 거듭한 것은 지금까지 중요한 기반 구조인 '메타교육Meta Education'이 결여되었기 때문이라고 생각한다. 메타교육이라는 말은 내가 만들어낸 단어로 '메타인지Meta Cognition'에서 따온 말이다. '메타인지'가 자신이 아는 것과 모르는 것을 자각하고 생각하는 것, 즉 인지에 관한 인지, 사고에 관한 사고라고 한다면, '메타교육'은 교육에 관한 교육, 학습에 관한 학습이라고 할 수 있다. **메타인지는 자신의 사고가 정확하고 합리적인지를 생각**하는 데 사용하고, **메타교육은 자신의 교육이 효과적인지 실천하고 검증**하는 데 쓰인다.

어느 분야의 지식을 습득할 때 중요한 개념이 하나 있다. 이것 또한 내가 만들어낸 개념이다.

최소한의 필요 지식

여기에 영문 약자까지 하나 만들어보았다.

MAKE Minimal Actionable Knowledge and Experience

어떤 기술을 배워야 할 때는 반드시 최단 시간 내에 최소한의 필수 지식MAKE이 무엇인지 알아내는 방법을 재빨리 파악해야 한다. 그 순간이 바로 우리가 '빠른 입문'을 완성하는 순간이다.

최소한의 필요 지식이라는 개념을 이해한 뒤 이를 학습할 수 있는 기능이 있는지 역으로 다시 살펴보면 오랫동안 우리를 가로막았던 것을 한 가지 찾게 될 것이다. 바로 **일단 시작만 하면 잘할 거라는 착각**이다.

이는 사실 절대 불가능한 일이다. 누가 처음부터 잘할 수 있겠는가? 걸음마 같은 경우에 인간은 선천적으로 걸을 수 있는 유전자를 갖고 태어나기 때문에 생리적인 문제만 없으면 언젠가 혼자서 걸을 수 있게 된다. 하지만 다리가 튼튼해져서 자신의 체중을 충분히 지탱하고 균형을 잡기까지 시간이 필요하다. 그 시기만 지나면 누구나 걸을 수 있다. 그다음은 어떨까? 이제 막 발을 떼기 시작하면 비틀거리거나 넘어지기 일쑤지만 시간이 지나면 정상 궤도에 오르게 된다. 그 후로 뜻밖의 큰 사고만 없으면 무의식적으로 걸을 수 있다.

학습 능력도 좋고 실행 능력도 중요하지만 핵심은 딱 하나다. 바로

어떤 일을 처음 시작할 때 자신의 서투름을 담담하게 받아들이는 것
이다. 자신의 서투름을 받아들이고 이해하며, 속도를 늦추고 무엇을 개선할 수 있을지 고민하고 반복해서 연습하는 이 모든 것이 기능을 배우는 필수 과정이다. 아래 두 가지가 관건이다.

▶ 가능한 빨리 시작해라.
▶ 가능한 빨리 마무리해라.

지금은 내 글솜씨를 의심하는 사람이 없지만 10여 년 전 내가 글을 막 쓰기 시작했을 때는 상황이 달랐다. 2005년에 개인 블로그를 만들고 난 뒤 처음 올린 글은 전형적인 자기계발성 내용이었다. 당시 내가 쓴 글을 한 단어로 표현하면 '별로', 두 단어로 표현하면 '정말 별로'라고 할 수 있다. 그래도 당시의 나는 '모든 사람을 위로하자'처럼 나름대로 일반적이고 기초적인 가치관을 갖추고 있었다.

여기서 문제는 '잘 못 쓰면 쓰지 말아야 하나?', '잘 못 쓰면 공개하지 말아야 하나?'이다. 여기서 '실행력'에 대한 정의를 다시 한 번 짚고 넘어가야 할 듯하다. 사실 실행력에 대한 정의는 많지만 여기서는 한 가지만 얘기하겠다.

개인의 실행력이 강한지 아닌지를 판단하려면 그가 어떤 일을 제대로 해내지 못했을 때 그 일을 지속할 수 있는지를 보면 된다.

실행력이 부족한 사람들의 특징은 놀랍게도 정확하게 일치한다. 자기가 한 일이 자랑할 만한 가치가 없거나 다른 사람에게 무시당할 거라는 생각이 들면 바로 하지 않는다. 그들에게 발전은 전혀 중요하지 않고 '이미지'나 '체면'을 유지하는 것이 무엇보다 중요하다. 그래서 자신을 내세울 수 있는 어떤 것을 찾으면 평생 그것 하나에만 집중한다. 그렇기에 애초에 그들에게 발전은 불가능한 일이다.

투자도 마찬가지다. 처음에는 누구나 서투르다. 그런 서투름은 단지 머릿속에서 발생할 뿐이지만, 겉으로 드러나게 좋지 않은 결과가 나왔을 때 창피함은 꽤나 참기 어렵다. 창피한 것도 창피한 건데 게다가 돈도 함께 사라져버리고 만다. 하지만 잘 못 한다고 하지 말아야 하는 걸까? 계속 반복적으로 하지 않는데, 어떻게 개선하고 수정하고 발전할 기회가 주어지겠는가?

당시 나는 신동방 그룹에서 함께 일했던 동료의 도움으로 미국 주식계좌를 개설했다. 한 치의 과장 없이, 그 계좌를 숙련되게 운용하는 데에만 6개월이라는 시간이 걸렸다. 어디 서툴러서만 그랬겠는가? 내가 아둔한 탓이기도 했을 거다. 근데 그러면 또 뭐 어떤가? 그리고 얼마 지나지 않아 나는 스크립트를 써가며 계좌를 운용하기 시작했다.

그 뒤로 나는 엔젤투자를 시작했다. 개인투자자가 기업이 가진 신기술의 사업성을 평가해 창업 단계에서 투자를 하는 것이다 보니 첫해에는 아무 수익도 없었다. 정말 1위안도 손에 쥐지 못했다. 그 와중에도 나는 나와 맞지 않는 일이라고 생각하기보다는 언젠가 좋은 결과가 있을 거라는 믿음을 견지했다. 시간이 든든한 친구인데 무엇이 두렵겠는가!

'어쩌면 이 일은 나와 맞지 않을지도 몰라.'라는 말은 실패한 사람들의 묘비에나 남길 말이다. 그럴 바에는 아예 '어쩌면 나는 이 세상과 맞지 않을지도 몰라.'라는 말로 바꾸는 게 나을지도 모른다. (가끔은 무정한 말이 자신을 일깨우는 데 도움이 되기도 한다.)

사업도 마찬가지다. 비록 아주 단순한 수준의 창업에 불과하지만 나만의 가게를 갖는 환상은 누구나 한 번쯤 꿈꿔봤을 것이다. 통계에 따르면 개업한 사람들의 1/3은 돈을 벌고, 1/3은 본전 수준에 그치고, 나머지 1/3은 손해를 본다고 한다. 사람이라면 누구나 생각이 미흡하거나 잘못 생각할 때가 있기 때문에 이것은 사람의 IQ가 반영된 결과는 아니라고 생각한다. 처음 창업에 실패했다고 해서 다시 시작하지 않을 것인가? 처음 창업하면 힘든 건 물론이고 돈도 제대로 벌지 못한다. 그렇다고 다시 시작하지 않을 것인가? 하지만 대부분의 사람들이 얼마 안 가 이런 결론을 내릴 것이다. '휴, 나는 이 일이랑 안 맞는 것 같아.' 그러고 나면 그들의 인생은 어떻게 될까?

혹시라도 친구가 장사를 해볼까 한다면 나는 열심히 응원해줄 것이다. 이유는 아주 단순하다. 이것은 사업에 있어서 가장 흔한 시작점이기 때문이다. 사실 나는 회사로 출근하는 것도 일종의 사업이라고 생각한다. 출근도 내 시간을 판매하는 행위로 볼 수 있기 때문이다. 다시 돌아와서, 사업을 하겠다는 친구에게 내가 할 수 있는 조언은 다음과 같다. **"스스로에게 적어도 두 번의 기회는 주길 바란다."** (이 말인즉슨 두 번의 1/3은 각오를 해야 한다는 것이다.)

그렇다고 자신의 전 재산을 모두 걸거나 다른 사람에게 빚을 내서 사업을 시작하지는 말라. 전 재산을 건 것도 모자라 레버리지, 즉 외부로부터 자금을 빌려서 사업을 시작하는 것은 위험이 따르는 일이다. 물론 이런 방법으로 성공을 이루는 사람도 있지만 대부분의 경우 처음 품었던 좋은 마음, 심리 상태를 잃어버리고 만다.

행동하지 않으면 모든 것이 허무하다. 그러니 되도록 빨리 시작해야 한다. 최대한 빨리 그 과정을 시작하고 겪어내야 한다. 어떻게 하면 빨리 그 과정을 끝낼 수 있을까? 그 답은 최소한의 필요 지식을 갖추자마자 바로 행동하는 것이다. 그 후에는 **개선**에만 전념해야 한다. 이외에 다른 방법은 없다. 여기서 특히 우리가 주목해야 하는 것은 다른 사람의 의견은 신경 쓸 필요 없다는 것이다. 자신의 의견이나 생각이 종종 틀리고 계속해서 수정이 필요하다고 해서 굳이 다른 사람의 의견을 의식할 필요가 있을까? 그들도 우리와 같다. 그들의 의견도 종종 틀리고 수정이 필요하다. 얼마나 간단명료한 사실인가!

당신이 어딘가에 집중하면 시간은 정말 빨리 흘러간다. 마법과 같은 현상이다. 그렇기에 집중은 사실상 '(서툰) 과정을 최대한 빨리 지나가는 것'이 핵심이라고 할 수 있다.

이 정도 말했으면, 우리는 다시 '속성'에 대해 자세히 살펴봐야 한다. 속성이 일반적으로는 불가능하다고 해도 사람마다 그 정도의 차이는 매우 크다. 오랫동안 배웠지만 여전히 입문조차 하지 못하는 사람이 있고, 최소한의 필요 지식을 갖추고 나서 바로 시작해 행동으로 옮기는 사람도 있다. 이런 사람이 다른 사람보다 훨씬 빠르게 성공의 이정표에 도달할 것임은 의심할 여지가 없다.

05

당신의 '비즈니스 모델'에 대해 고민해본 적 있는가?

대부분의 사람들이 '비즈니스 모델'이라는 개념은 자신과 무관하다고 생각한다. 우리 머릿속에서 비즈니스 모델이라는 말은 기업에나 필요한 개념이기 때문이다. 그런 이유에서인지 우리는 일반적으로 다음과 같이 생각한다.

▶ 기업은 비즈니스 모델로 돈을 번다.
▶ 개인은 능력과 운으로 돈을 번다.

놀라운 사실은 많은 사람들이 창업을 할 때조차 비즈니스 모델에 대해 진지하게 고민하지 않는다는 것이다. 그들은 처음에는 '일단 돈부터 벌고 나서 나중에 생각해보자'라고 생각한다. (사실 창업자가 비즈니스 모델에 대해 깊이 생각하지 않더라도 잠시 적은 돈을 버는 것은 그렇게 어려운 일이 아니다.) 하지만 막상 실제로 해보면 그들에게 '나중'이라는 기회는 대부분 주어지지 않고 꾸준히 돈을 벌 수 있는 확률 역시 굉장히 낮다.

어떤 기업이든 장기간 지속적으로 수익을 내고 있다면 분명히 그 뒤에 기업의 시작부터 함께한 든든한 비즈니스 모델이 있었을 것이다. 드문 경우긴 하지만 기업이 발전하는 과정에서 나름의 비즈니스 모델을 '발견'해내기도 한다.

구글이 대표적인 사례이다. 처음에는 구글 기업도 그렇고 창업자도 그렇고 지금처럼 세계에서 가장 많은 '광고판'을 보유하게 되고, 그 광고판의 내용을 지능적으로 분배하는 방식으로 돈을 벌 거라는 생각은 전혀 하지 못했다. 알고 있는지 모르겠지만, 오늘날 인터넷의 단어 하나하나가 모두 구글의 광고판이라고 해도 과언이 아니다. 구글은 이런 비즈니스 모델을 '발견'함으로써 오늘에 이르렀다. 그러나 구글은 비즈니스 모델을 발견하고 난 후, 사실 이것은 자신들이 새롭게 창조해낸 것이 아니라 예전부터 항상 존재했다는 것을 깨닫게 되었다. 이미 많은 기업들이 운영하고 있는 방식이었으나 구글의 사용자 기반에 이 비즈니스 모델을 접목시키자 어마어마한 효과가 나타났고 구글의 기술을 이용해 지능화를 이루니 그 효과가 훨씬 더 커졌던 것뿐이다.

그런 의미에서 비즈니스 모델은 시간과 닮았다. 존재와 운영 여부는 크게 의미가 없다. 우리가 사용하든 사용하지 않든 비즈니스 모델과 시간은 언제나 그곳에 있다. 비즈니스 모델의 선택이 의식적이든 그렇지 않든 최종적으로 선택된 모델은 모두 형체 없이 기업의 이윤과 발전에 영향을 미친다. 우리가 시장 논리를 말할 때 흔히 언급하는 '보이지 않는 손'처럼 말이다. 따라서 기업이 자신의 비즈니스 모델을 심각하게 고민하고 연구하지 않는다면 그에 따르는 막대한 손해를 감수하게 될 것이다.

같은 맥락으로 개인인 우리 역시 의식하든 못 하든 자신이 운영하고 있는 비즈니스 모델에 의해 좌우되며, 이는 우리 소득뿐 아니라 현재의 삶과 미래의 꿈에도 반드시 영향을 끼친다. 심지어 '개인 비즈니스 모델'이라는 개념이 존재하는 것조차 모르는 많은 사람들은 자신의 느낌대로 살며 본인도 모르는 어떤 비즈니스 모델에 이리저리 휘둘리느라 정작 자신이 이를 선택할 수 있다는 생각조차 하지 못한다. 결국은 이 모든 상황을 '운명'이라 부르며 흥하거나 망하는 건 다 하늘의 뜻에 달려 있다는 소리나 하게 되는 것이다.

그러나 이 책을 읽고 있는 우리는 다르다. 경제적 자유를 원하는 우리는 각자의 비즈니스 모델을 연구하고 나의 의지로 선택해야 한다. 그리고 의식적으로 개선하여 보이지 않는 손을 적이 아니라 친구로 만들어야 한다. 보이지 않는 손에 대해 진지하게 생각하지 않고 균형을 잡아가지 않으면 정말 그 손에 놀아날 수도 있다.

실제로 우리가 경제적 자유의 정의를 이야기하기 전에 이미 확정된 사실이 하나 있다.

모든 사람은 자신의 시간을 팔고 있다.

우리가 더 이상 자신의 시간을 팔아서 삶을 만족시킬 필요가 없다면 경제적 자유가 실현된 것이나 마찬가지다. 다시 말해서, 경제적 자유가 실현되기 전까지는 모든 사람이 자신의 시간을 팔아야 한다는 것이다.

이러한 본질을 제대로 깨닫고 난 후에야 우리는 개인 비즈니스 모델을 좀 더 이해하기 쉬운 말로 정의할 수 있다.

개인 비즈니스 모델이란 개인이 자신의 시간을 파는 방식이다.

모든 사람들이 동일한 방식으로 시간을 판매하고 있다고 생각하면 오해다. 아르바이트생과 치과의사가 동일한 비즈니스 모델을 운용한다고 생각해서는 안 되며, 서로 다른 비즈니스 모델 사이에 좋고 나쁨의 구분이 없을 거라고 생각해서도 안 된다.

개인 비즈니스 모델은 기본적으로 아래와 같이 분류할 수 있다. 자세히 살펴보도록 하자.

▶ 개인 비즈니스 모델 Ⅰ : 주어진 시간을 한 번 팔기
▶ 개인 비즈니스 모델 Ⅱ : 주어진 시간을 여러 번 팔기
▶ 개인 비즈니스 모델 Ⅲ : 타인의 시간을 사서 다시 팔기

많은 아르바이트생들이 바로 자신의 시간을 '소매'로 파는 사람들이다. 그뿐 아니라 그들에게는 '판매 가능량 제한'도 적용된다. 하루 24시간 전량 판매가 가능한 것도 아니고, 팔리지 않는 것은 '재고'로 남겨둘 수도 없이 그냥 사라져버린다. 이것이 '주어진 시간을 한 번 팔기'에 해당하는 개인 비즈니스 모델로, 위에서 분류한 세 가지 모델 중 낮은 부류에 속한다.

고정된 직장이 있는 사람은 자신의 시간을 '도매'로 파는 셈이다. 많은 사람들이 오전 9시부터 오후 6시까지, 9 to 6로 생활하면서 1년에 115일의 법정공휴일을 제외한 나머지 날들의 매일 8시간을 한 번에 예쁘게 포장해서 팔고 있다. 분명한 건 그 결과가 앞서 언급했던 아르바이트생의 '소매'보다는 낫다는 것이다. 그러나 그들의 시간당 판매 가격에는 종종 아주 낮은 상한선이 책정되어 있다는 것을 이미 알고 있을 것이다.

앞서 말한 경우는 소매든 도매든 모두 '주어진 시간을 한 번 팔기'에 속한다. 반면에 주어진 시간을 여러 번 파는 사람들도 있는데, 그 대표적인 사례로 작가를 들 수 있다. 그들은 일정 시간과 노력을 들여 작품 하나, 책 한 권을 만들어 지속적으로 판매를 한다. 나 같은 경우에는 이 개인 비즈니스 모델을 이용해서 32세를 전후로 코스트라인을 돌파하면서 경제적 자유의 변곡점을 뛰어넘었다. 2003년에는 《21일 만에 돌파하는 TOEFL핵심 어휘》를 출간했다. 그로부터 1년 후 나는 내가 잠을 자는 사이에도 월세처럼 꼬박꼬박 수입이 생기는, 그야말로 안정적인 수입원을 갖게 되었다.

사실 창업과 투자는 '타인의 시간을 사서 다시 팔기'인 개인 비즈니스 모델 Ⅲ에 속한다. 이 경우 우리는 창업을 하고 대표가 돼서 회사를 위해 일할 사람을 고용한 뒤, 이러한 자원을 이용하여 상품이든 서비스든 무언가를 창조해내고 그것을 다시 팔기 때문이다. 여기서 회사를 위해 일할 사람을 고용하는 것이 바로 그들의 시간을 사는 개념으로 볼 수 있다. 투자자가 사는 것도 본질적으로 시간, 바로 창업자의 시간 중 일부다. 이는 조금 '더' 유능한 사람의 시간이라고 할 수 있다. 그리고 이것을 다시 파는 것이다. 이런 관점에서 보면, 우리는 투자자가 창업자의 자질을 먼저 따져보고 나서야 창업자가 선택하는 방향에 대해 생각해보는 이유를 대충 짐작해볼 수 있다.

종합해보면 개인에게 발전은 다양한 개인 비즈니스 모델을 배우고 사용해본 다음 각자 자기에게 적합한 비즈니스 모델을 선택하여 최적화하는 것이다. 대체로 개인 비즈니스 모델 Ⅰ은 누구나 스스로 능숙하다고 느낄 정도로 사용할 수 있고, 나머지 두 가지 개인 비즈니스 모델은 소수의 사람들이 어느 정도 훈련 기간을 거친 후 능숙하게 사용할 수 있다. 하지만 어떤 사람들은 세 가지 개인 비즈니스 모델 중 두 가지를, 심지어 모두를 조합해서도 사용할 수 있다.

06

주어진 시간을
한 번 파는 사람

처음에는 누구나 그렇듯 기본적으로 자신의 시간을 팔아서 돈을 벌 수밖에 없다. 그래서 모두 자연스럽게 '주어진 시간을 한 번 팔기'인 개인 비즈니스 모델 I을 선택한다. 그때는 '팔 수 있다(소매)'는 것 자체가 좋고, '많은 양을 팔 수 있다(도매)'는 것도 두말할 것 없이 좋다. 보편적으로 사람들이 안정적인 직장을 선호하는 이유는 이런 생각이 작용하기 때문이다.

개인 비즈니스 모델 I을 최적화하는 방법은 오히려 훨씬 직관적이다.

▶ 시간당 판매가를 높이는 방법을 모색한다.
▶ 판매 가능한 시간을 늘리는 방법을 모색한다.

시간당 판매가를 높이는 가장 일반적인 방법은 더 높은 수준의 교육을 받는 것이다. 대학원을 마치고 다시 직장을 구하는 사람들이 있는데, 바로 이런 이유에서 비롯된 것이다. 절대적으로 그런 것은 아니지만 일반적으로 대학원 졸업증을 가진 사람들은 대학교 졸업장을 가진 사람들보다 시간당 임금이 더 높다.

이와 동시에 선택의 가치는 저절로 드러난다. 사회적 관점에서 보면, 어떤 직업의 사회적 수요가 높을수록 종사자가 얻을 수 있는 시간당 판매가도 높아진다. 의사나 변호사를 생각해보면 이해가 쉬울 것이다. 그리고 이처럼 개인의 시간당 판매가를 높게 책정할 수 있는 전공일수록 등록금도 비싸고 요구되는 사항의 난이도도 높다.

이 단계에서 최종적으로 어리석은 선택을 하는 사람들이 많은데, 자신의 노력과 투자를 시간당 판매가에 직접적으로 연결해, 은연 중에 '게으름 피우기', '몸값 올려 부르기'라는 두 가지 방식으로 아주 짧고 굵게 자신의 시간당 판매가를 올려버린다. 8시간의 근로 시간만큼의 돈을 받고 2시간만 일하는 것은 자신의 시간당 판매가를 네 배로 올린 거나 마찬가지이기 때문이다. 이직을 통해 더 높은 급여를 받기도 하는데, 서너 번의 이직만으로 급여를 두 배로 올리는 경우도 많다. 이는 새로운 고용주가 자신의 성과를 100% 알 수 없는, 즉 '정보의 비대칭'으로 인한 결과라고 할 수 있다. 그러나 장기적으로 봤을 때 이런 방법은 추천하고 싶지 않다. 자신의 어리석음을 증명할 뿐 아니라 그에 따른 결과도 너무나 명확하다. 혹시라도 게으름을 피우거나 잦은 이직을 통해 경제적 자유를 얻은 사람을 본 적이 있는가?

아마 한 사람도 없을 것이다.

어떻게 한 명도 없다고 확신할 수 있을까? 우리는 그 안에 가려진 원리를 생각해볼 필요가 있다. 그렇지 않으면 영문도 모른 채 손해를 볼 수 있다. '시간 거래'가 존재하는 이상, 이 세상에는 보이지 않는 '시간 거래 시장'이 있는 셈이다. 그렇기 때문에 이에 대해 정확히 알고 기억해야 한다.

보이지 않는 시간 거래 시장에서 시시각각 형성되는 '거래가'는 사실 시간 판매자의 진짜 가치가 아니라 '평가'다.

주식시장에서 가장 기본적인 개념인 거래가, 평가, 가치를 모두 그대로 가져와 대입해보면 이해하기가 아주 쉽다.

▶ 거래가는 시시각각 변화한다.
▶ 거래가는 판매자에 대한 구매자의 평가다.
▶ 평가는 가치가 아니며, 그 둘 사이에는 항상 약간의 차이가 있거나 과대평가 또는 과소평가가 있을 수 있다.
▶ 장기적으로 평가와 가치의 괴리는 그리 크지 않다.
▶ 지혜로운 구매자는 가치를 중시하고 최대한 저가로 매입한다.
▶ 비싸게 사서 싸게 파는 구매자는 조만간 도태될 것이다.

판매자가 고평가받는 것만 추구하다 보면 결국 주식시장에서 고평

가만 좇는 회사처럼 금방 사양길로 접어들게 된다. 확실히 똑똑하지 못한 구매자들이 있긴 하지만 이런 구매자들도 금방 시장에서 도태되고 만다. 결국 과대평가된 회사나 그 회사의 주식은 살 사람을 찾지 못하게 되면서 자연스럽게 가치도 곤두박질치게 된다.

그러나 개인이 판매하는 시간과 회사가 판매하는 주식에는 다른 부분이 있다. 상장사 주식은 소유자가 소유권을 포기할 때 '뜨거운 감자'를 남에게 던져주고 투자금을 회수할 수 있는 기회가 있는 데 반해, 시간을 구매한 사람은 이를 양도할 기회가 없기 때문에 유일한 방법인 '더 이상 구매하지 않기'를 선택할 수밖에 없다.

그래서 거래가나 연봉만 중요시하고 가치를 고려하지 않는 것은 큰 잘못이다. 논리적으로 올바른 선택은 평가에 불과한 가격에 주목하는 것이 아니라 가치, 그것도 끊임없이 성장하는 가치에 주목해야 한다. 결론은 매우 명확하다. **사실 우리는 자신의 지속적인 성장에만 주목해야 하며, 그것이 가장 좋은 길이다.**

오로지 평가에만 주목하는 사람은 대체로 행복하지 않다. 이유를 살펴보도록 하자.

▶ 항상 불만족스러운 상태에 있다. 과소평가를 받으면 불쾌하고, 과대평가를 받아도 만족스럽지 못하다.
▶ 가치를 뒷받침해주는 근거가 부족하기 때문에 평가가 점점 낮아질 수밖에 없고 과소평가될 수도 있다.
▶ 어쩔 수 없이 계속해서 새로운 직장을 찾아야 하고 '어리석은 구매

자'를 만날 확률은 점점 줄어든다.
▶ 악순환에 빠진다.

흔히 자신의 가치가 낮게 평가되고 있는 것 같아서 우울해하는 사람들이 있는데, 자신이 과대평가 받은 적은 없는지 잘 생각해보아야 한다. 분명히 한 번 이상은 있을 것이다. 이런 걸 생각하면 섭섭하고 우울하거나 충동적일 것도 없다. 때로는 과대평가되고 때로는 과소평가되는 것이 극히 정상적인 상황이고, 가격과 가치가 딱 맞아떨어지는 경우는 극소수에 불과하다. 또 정상적인 사고를 하는 사람이라면 무조건 과대평가는 묵묵히 받아들이고 과소평가에는 발을 동동 구르는 식으로 행동하지 않을 것이다.

그리고 대부분의 사람들이 한 번도 진지하게 생각해본 적 없는 일이 한 가지 더 있다. 바로 당신이 끊임없이 성장한 결과는 필연적으로 과소평가될 수밖에 없다는 것이다.

단위시간의 시장 판매가격은 어떻게 해도 뚫을 수 없는 유리천장이다. 물론 절대다수의 사람들 입장에선 아직 '유리천장에 눌려 있다'고 말하기 어렵다. 어차피 유리천장은 한참 위에 존재하는데 그들이 있는 곳은 너무 낮기 때문이다. 성장하는 사람은 결국 유리천장과 맞닿게 된다. 그때까지 부단히 쌓아왔던 모든 노력은 사실상 그 순간을 위한 것이라고 할 수 있다.

살아가면서 평가를 중요하게 생각하는 사람이 가치를 중시하는 사람을 이해하지 못하는 까닭은 그들의 근본적인 사고 근거가 다르기 때문이다. 겉으로 보기에 이들은 크게 다르지 않지만 사실상 전혀 다른 두 종처럼 같은 환경에서 서로 다른 일을 하고 있으며 시간이 지날수록 전혀 다른 길을 걸어가게 된다.

'평가가 아닌 가치를 더 중시해야 한다'는 기본적인 사실에서 **'우리는 스스로의 지속적인 성장에만 관심을 쏟아야 한다'**는 결론을 도출해냈다면, 이제 우리는 스스로를 더욱 완벽하게 최적화할 수 있는 방법을 모색할 수 있다. 효율을 높이는 일은 많은 사람들이 생각하는 것처럼 그렇게 어렵지도 심오하지도 않다. 사실 중학생도 금방 익힐 수 있을 정도로 매우 간단하다. 중학교 물리 교과서에 나오는 중요한 개념인, 직렬과 병렬, 이 두 방법으로 생각해볼 수 있다.

▶ 두 가지 임무 관계가 '직렬'(선후관계)이라면 때로 우리는 순서를 조정함으로써 효율성을 높일 수 있다.
▶ 두 가지 임무 관계가 '병렬'이라면, 이 둘을 병렬로 연결했을 때 비효율적일 시 연결이 가능한 다른 임무를 찾아서 연결하도록 해야 한다.

한번 생각해보자. 인생에서 병렬로 할 수 있는 중요한 일에는 어떤 것들이 있을까? 만약 있다면 우리는 그것을 직렬이 아니라 병렬로 연결함으로써 업무의 효율뿐 아니라 인생의 효율을 극대화할 수 있다.

시간을 파는 것은 수지가 맞지 않는 장사이기 때문에 다른 사람을 위해 아르바이트를 하는 것은 임시방편에 불과하다. 당신은 시간을 팔아야 하는 사람이 아니라 능력 있고 손익을 잘 따질 줄 아는 시간을 구매하는 사람이 되어야 하는 것이다. 자, 그렇다면 바로 시작할 수 있을까? 당장 효과를 볼 수 있는 방법은 없을까?

지금 당장 다른 사람을 위해, 동시에 당신을 위해서도 일을 시작해라.

이것이야말로 확실한 '역전'의 이야기다. 이런 의미에서 올바른 선택을 하는 사람들은 모든 수단을 동원하여(구체적으로 말하면 틈새를 엿보고 파고들어) 유명한 기업에서 아르바이트를 하는데, 그곳에서 더 많은 값진 경험을 할 수 있기 때문이다. 일부 유명 기업은 사실상 급여는 다른 일반 기업과 비슷하다 해도 그 안에서 경쟁이 더 치열하다는 사실 자체가 엄청난 강점이 될 수 있다. 인간은 경쟁하지 않으면 자연스럽게 정체되어 안주하는 경향이 있다. 나이가 젊을수록 더 그렇다.

나는 지금까지 딱 한 번 시간제 근무를 해봤는데, 28세부터 35세까지 신동방에서 7년간 학생들을 가르친 일이었다. 정말 운이 좋았던 것은 바로 신동방이 나스닥에 상장된 회사였기 때문에 나름 대기업이며 교육업계에서도 유명했다는 점이다. 유명기업의 특징 중 하나는 뛰어난 인재풀이다. **'교육'이란 귀동냥으로 배우는 게 책보다 직접적이고 효과적일 가능성이 높다.**

신동방에서 일하는 7년 동안 보고 들은 것, 생각하고 얻은 것들은 모두 당시 여러 세부 상황 속에 숨어 있었다. 어느 날 그것들이 엄청난 가치를 드러내기 시작하면서 비로소 그때가 절대 단순한 시간이 아니었다는 것을 깨달았다. 나는 '아는 만큼 보인다'고 믿는다.

주변에 일하는 사람들을 보다 보면 우리는 그들을 다시 두 가지 유형으로 나눌 수 있다. 이 둘은 완벽하게 상반된다.

▶ 사장을 위해 일하는 사람
▶ 자신을 위해 일하는 사람

첫 번째 그룹이 절대적으로 많은데, 그들을 '월급 받고 일하는 사람'으로 묘사하는 것이 더 정확하겠다. 그들은 업무 결과와 질을 눈에 보이고 만질 수 있는 금전적인 대가로 받는 것이다. 그들은 일할 때는 힘을 하나도 쓰지 않고 퇴근할 때 전력질주로 회사를 나간다(학교 다닐 때는 수업 끝나는 종이 울리기도 전에 가방을 챙겨뒀을 것이다). 줄곧 자기와 상관없는 일에는 나 몰라라 해왔기 때문에 많은 노력과 에너지를 쏟는 사람에게는 '바보 아니야?'라는 태도로 일관한다. 그러다 다른 사람이 그들의 직무 유기를 지적하면 '쥐꼬리만 한 월급 주면서 바라는 것도 많다'는 식의 반응을 보이곤 한다.

학원에서도 일부 부지런하지 않은 선생님들은 수업 내용을 개선하는 데 시간을 들이지 않고, 따로 시간을 내서 준비해야 하는 새로운 수업도 열지 않는다. 수년 전에 준비한 수업 내용(심지어 전임자에게 받은 내용은 복사하기/붙여넣기 해서 자신의 머리에 넣은 것)은 이미 충분히 우려먹었는 데도 말이다.

나는 그들이 이해가 안 된다. 그들도 날 이해하지 못할 거란 것도 안다. 젊었을 때 내 의견을 말할 때마다 잘난 척한다는 평가를 받았었다. 그래서 나는 '혼자 조용히, 적게 말하고 많이 일하는 방법'을 터득했다.

두 번째 부류는 지극히 소수에 불과하다. 그들은 일을 더 잘하려고 애쓰고 잠을 적게 자더라도 일을 어느 정도 마쳐야 만족하며, 다른 사람이 쉴 때도 여전히 손에서 일을 놓지 않는다. "이렇게 열심히 하는데 월급을 올려주지 않으면 정말 불공평하지!"라는 생각조차 하지 않으며 말이다.

나는 지금까지 '자신을 위해 일하는 사람'으로 분류되었다. 비록 내가 월급을 받고 다른 사람을 위해서 일한다고 해도 자신을 위해서 일하는 과정은 결코 사라지지 않는다.

어떤 의미에서는 일의 목표 자체가 한 개 이상의 과정이 동시에 진행되는 '병렬'일 수도 있지 않은가? **지금은 '자신을 위해' 일하는 것과 동시에 '사장을 위해' 일하는 것에 불과하다.** 일의 결과와 질을 판단하는 것에는 두 가지 기준이 있다.

▶ 월급을 받을 만한가?
▶ 자신이 쏟은 시간과 에너지에 대해 떳떳한가?

'자신을 위해 아르바이트 하는' 사람과 '자신을 위해 일을 하는' 사람은 당연히 일의 결과와 질에 대한 요구가 높다. 실제로 두 번째 부류의 사람은 그런대로 수지가 맞다. 그들은 자신의 비즈니스 모델을 가능한 한 최적화했기 때문이다.

그들은 자신의 동일한 시간을 두 번 판 셈이다.

▶ 한 번은 사장에게 시간을 팔아서 월급을 받았다.
▶ 다른 한 번은 자신에게 시간을 팔아서 성장으로 변화시켰다.

이러면 차이에 대한 해석이 아주 자연스럽고 분명하다. 이와 마찬가지로 첫 번째 부류의 사람은 자신이 지금 '도태'되었다는 사실을 전혀 모르고 있다. 다른 사람의 진정한 성장이 상대적으로 자신의 진정한 도태라는 것은 불변하는 진리다. 단지 안타까운 건 그들은 도태되고 있지만 그 사실을 미처 깨닫지 못한 채 여전히 '행복한 도태'에 빠져 있다는 것이다.

'전혀 다른 종으로 변할 수 있는' 중요한 방법 중 하나가 여기 있다. 자신을 **자신을 위해 아르바이트하는 사람**으로 만드는 것이다. 이 방법을 실천하는 당신이 이미 타인과 다른 이유는 첫 번째 개인 비즈니스 모델인 '시간당 한 번 팔기'를 운용하여 가장 기본적인 개인 비즈니스 모델을 업그레이드함으로 '시간당 최소 두 번 팔기'로 변경할 수 있기 때문이다. 장기적으로 보면 당신의 수익곡선은 복리곡선처럼 성장할 것이다

07

주어진 시간을
여러 번 파는 사람

2003년, 나는 책을 쓰기로 마음을 먹었다. 경제적 자유를 얻기 위해서는 개인 비즈니스 모델Ⅱ처럼 시간을 여러 번 팔기를 운용할 방법을 찾아야 한다고 느꼈기 때문이다. 이것은 반드시 거쳐야 하는 길이었다. 우리 모두의 시간은 제한적이기 때문에 사용하면 버려지고, 필요 없으면 그만일 뿐만 아니라 다시 돌릴 수도, 모아서 한꺼번에 효과적으로 쓸 수도 없다. 그렇기에 같은 시간을 여러 번 파는 방법이 유일하다. 판매 횟수는 많으면 많을수록 좋다!

그래서 내가 찾은 방법이 바로 책을 쓰는 것이었다. 2003년, 자그마치 9개월이라는 시간을 들여 《21일 만에 돌파하는 TOEFL 핵심어휘》를 출간했다. 출간 후 지금까지 14년이 지났지만(내 계산으로 7

년이 평생' 같기에 이미 '두 번의 평생'이 지나간 것 같다) 내 책은 여전히 토플 어휘 분야에서 베스트셀러이자 스테디셀러로 인정받고 있다.

지금까지 받은 이 책의 원고료는 한 푼도 쓰지 않았다. 일부러 이 책의 원고료 계좌의 은행 카드를 잘라버렸다. 이 방법은 테리 번햄 Terence C. Burnham이 쓴《비열한 유전자》에서 배운 것이다. 이 책에서 저자는 자신의 돈을 쓰고자 하는 욕구를 억제하기 위해 외지로 나가 은행 카드 하나를 개설하고는 카드를 잘라버린다. 난 현재도 그 은행 계좌에 돈이 얼마나 있는지 모르고, 알고 싶지도 않다. 한 번도 확인한 적도 없다. 나는 그저 쓸 수 없는 적지 않은 돈이 경제적 자유의 기본적인 지표라는 것을 알고 있을 뿐이다.

2005년에는《TOEFL iBT 고득점 작문》이라는 책을 출간했다. 이 책은 훗날 내가 '빈둥거리고 놀고 있을 때'를 위한 든든한 연금 같은 존재가 되었다. 그 후로 거의 평생(7년) 동안 내 모든 생활 필수 비용은 이 책의 원고료로 모두 충당이 가능했다. 덕분에 회사를 열어 월급을 받지 않고 이윤을 전부 분배할 수 있었으며 심지어 여러 회사를 동시에 운영할 수 있었다. 한가할 때는 비트코인을 연구하고 장외 거래도 했다. 내가 수입에 연연하지 않아도 되었기 때문에 당시 나는 내 시간의 '거래가'를 크게 신경 쓰지 않았다. 어차피 내 생활에 필요한 비용은 이미 오래전에 '판 시간'으로 해결되기 때문이다.

꾸준히 잘 팔리는 베스트셀러를 쓰는 것은 나에게 개인 비즈니스 모델Ⅱ의 출발점이었다. 책이 오랫동안 사랑받는다는 것은 사실상 지난 '힘겨웠던 9개월'의 시간을 10여 년 동안 수백만 위안으로 보상받는 것과 같다.

여러 해 동안 나는 개인적으로 책을 출간하는 것 외에 다른 방법으로 내가 택한 개인 비즈니스 모델, 즉 '정해진 시간에 여러 번 팔 수 있는' 방법이 있을지 고민해왔다. 그러다 책이나 음반, 애니메이션 등 모든 콘텐츠 제작의 본질이 이 부류에 속해 있다는 것을 알게 되었다. 그리고 모든 창작 활동도 여기에 해당한다는 것이 명확해졌다.

책 한 권, 음반 한 장, 애니메이션 한 편을 하나의 상품으로 해석했을 때 아이디어에 크게 의존하는 상품은 정신 노동, 광범위한 대중성(판매 가능성이 매우 크다) 범주에 속한다. 이런 것을 만들 능력이 있는 사람은 결국 같은 시간의 여러 번 판매가 가능하다.

이런 생각을 했을 때는 내가 막 입문했을 때였지만 판매를 시작했을 때에는 이미 심사숙고를 마친 고수였다. 나는 작가일 뿐만 아니라 학생들에게 인기 있는 선생님이었다. 게다가 나는 영업사원 출신이라 처음 시작할 때부터 어떻게 해야 상품 하나만이 아니라 여러 개를 팔 수 있는지 알고 있었다. 무엇보다 중요한 건 나와 다른 작가들의 생각이 다르다는 것인데, 작가들 대부분은 자신이 대단해서 책을 쓰며, 고로 읽지 않는 이가 손해라고 생각한다.

나의 출발점이 그렇게 대단하지 않았음에도 불구하고 내 책은 왜 그렇게 잘 팔렸던 것일까? 그 이유는 바로 내 생각과 그들의 생각이 완전히 반대였기 때문이다. 독자가 내 책을 사지 않는다면 내가 뭘 잘못했기 때문이라고 생각했다. 나는 처음 시작할 때부터 '상품적 사고'로 문제에 접근해야 한다는 것을 깨달았다. 상품적 사고에서 가장 중요한 것은 무엇일까?

▶ 실수요

그렇다. **당신의 상품은 반드시 소비자의 실수요를 만족시켜야 한다.** 이보다 더 중요한 것은 없다. 당신의 상품이 소비자의 실수요와 딱 맞아떨어진다면 설령 대단히 잘 만들지 못했다 하더라도 사람들은 충분히 구매하게 된다. 당신의 상품이 소비자의 실수요를 만족시키지 못했다면 아무리 잘해도 그 상품을 찾는 사람은 얼마 없을 것이다. 다른 능력과 품질은, 모두 그 후에 적용된다는 점을 반드시 기억해야 한다.

오래전부터 해왔던 그런 고민들 덕분에 나는 지금까지도 덕을 보고 있다. 창업이든 투자든, 또 재창업이든 재투자든 모두 마찬가지다. 나는 진짜 실수요를 만족할 만한 상품을 찾고 만드는 것에 익숙해졌고 '예리한 안목'으로 진짜 수요를 구별해낼 수 있다. 이것은 결코 돈으로 따질 수 없는 능력이다.

'소비자가 생각하는 실수요를 반드시 충족시켜야 한다'는 것은 어디서든 진리로 통한다. 음반 업계만 봐도 알 수 있다. 사랑 노래가 전체의 95% 이상을 차지하는 이유는 무엇일까? 당연히 같은 이치다! 애니메이션 업계는 어떤가? 사랑 이야기가 없는 곳이 없을까? 이 또한 같은 이치다! 도서 시장에서 지분이 가장 많은 부류는 감성적인 책들이다. 역시나 같은 이치다!

타오화비陶華碧 여사는 내가 가장 존경하는 '창업가' 중 한 분이다. 타오 여사는 '세금을 도둑질하지 않고, 대출받지 않고, 상장하지 않는다'는 지론을 펼치며 '라오간마老干媽'라는 양념 하나로 엄청난 부를 축적했다. 이런 사람이 영웅이 아니면 대체 누가 영웅이란 말인가? 그녀의 상품의 핵심은 '수요 충족'이다. 해외 사이트를 둘러보면 그녀의 제품을 우연히 먹어 보고 귀국한 뒤에 마땅히 살 곳이 없어서 구매 대행을 통해 구입하는 외국인이 얼마나 많은지 모른다.

얼마 전까지만 해도 '주어진 시간을 여러 번 팔기'는 쉬운 일이 아니었다. 10년 전만 해도 작가들 중 대다수가 하루아침에 스타가 되는 것이 거의 불가능했는데, 이제 시대가 변하면서 인터넷이 모든 것을 바꾸어 놓았다. 이제는 진정 소비자의 실수요를 만족시킬 수 있는 창의적인 상품을 내놓는다면 팔리지 않을까 하는 걱정은 할 필요가 없다. '주어진 시간을 여러 번 팔기'가 누구에게나 가능해졌다는 말이다.

다양한 방식이 폭발적으로 증가하고 있다. 애플의 앱스토어와 위챗의 미니앱 프로그램 샤오청쉬小程序는 모두 '주어진 시간을 여러 번 팔기'를 할 수 있는 완벽한 방법이다. 위챗의 구독 계정은 수많은 작가를 배출했고, 더 많은 글을 쓰는 사람들에게 기회를 주었다는 것은 더 말할 필요도 없다. 해외에서는 '스팀잇steemit' 같은 블록체인을 기반으로 한 저작권 확인 및 배포 시스템이 등장할 정도다. 창작물로 돈을 벌거나 심지어 부자가 되는 것은 이미 점점 더 많은 사람들에게 기회를 부여하고 있다.

개인 비즈니스 모델 Ⅱ를 추구하는 사람은 꼭 다음의 개념을 기억해두어야 한다.

▶ 실수요

이와 동시에 더욱 중요한 개념을 깊이 있게 연구해야 한다.

▶ 소비자가 생각하는 실수요

이것이 바로 내가 수년 동안 계속해서 심리학을 연구해온 이유다. 우리는 다른 사람을 이해해야 할 뿐만 아니라 **다른 사람으로 구성된 세상에 대해서도 이해해야 한다.** 또 세상만 이해하는 것에서 그치지 않고 세상과 잘 융합하고 친구가 되어 함께 성장해나가야 한다.

여기서 한 가지 추가로 얘기하고 싶은 것은 내가 왜 서비스업만은 그렇게 꺼렸냐는 것인데, 이유는 바로 서비스업에 종사하는 사람은 거의 개인 비즈니스 모델 Ⅱ를 운영할 수 없기 때문이다. 그곳에서는 영원히 '주어진 시간을 한 번 팔기'만 해야 할 것 같았기 때문에 나에게 큰 두려움으로 다가왔다. 초반에야 어쩔 수 없이 신동방에서 영어강사를 하면서 서비스업에 뛰어들긴 했지만 말이다. 누구라도 처음에는 '어쩔 수 없는' 순간이 있을 것이다. 그러니 어떻게든 적당한 시기가 되면 개인 비즈니스 모델 Ⅱ를 운영하지 못하는 난처한 상황에서 벗어나야 한다.

개인 비즈니스 모델 Ⅱ를 사용하는 사람은 처음부터 자신의 업무 수행에만 신경 쓰는 기계적 능력이 아니라, 자신만의 창작 능력과 창조 능력을 훈련해야 한다. 최근 몇 년 사이 인공지능의 발전 추세는 이런 이치를 더욱 분명하게 보여주고 있다. **창의성이 없는 일은 곧 기계로 대체될 수 있다.**

이 시점에서 우리는 무엇을 해야 할까? 교육을 중시해야 한다는 소극적인 태도를 취할 수도 있지만, 정말 필요한 태도는 자신의 운영체계를 끊임없이 발전시켜야 한다는 점이다. 바로 이것이 이 책이 말하고자 하는 핵심이다.

08

타인의 시간을 사서
다시 파는 사람

세 가지 비즈니스 모델 중 가장 높은 레벨은 세 번째, 바로 **타인의 시간을 구매해서 다시 팔기**다. 원리는 매우 간단하다. 자신의 시간은 한정돼 있으므로 다른 사람의 시간을 팔면 '시간의 총량' 제한을 넘어설 수 있다는 논리다. 여기에 따르는 원칙도 간단하다. 바로 '싸게 사서 비싸게 팔자'이다. 이것은 사실상 모든 비즈니스 모델의 공통점이기도 하다.

앞서 말한 것을 다시 살펴보자.

창업과 투자는 사실 '다른 사람의 시간을 사서 다시 팔기'라는 개인 비즈니스 모델이라고 할 수 있다. 창업을 해서 사장이 되고 당신을 위해 일할 사람을 고용(본질적으로 그들의 시간을 사는 것이다)하고, 당신이 구입한 자원을 이용하여 무언가(상품이나 서비스)를 창조해내어 그것을 다시 파는 것이다. 본질적으로 투자자가 구매하는 것도 시간, 즉 창업자의 시간의 일부이며 그들은 그것을 다시 파는 방법을 생각한다. 이런 관점에서 보면 투자자가 왜 먼저 창업자의 소양을 확인하고 창업자가 선택할 방향에 관심을 갖는지를 쉽게 이해할 수 있다.

성공을 이루는 투자자나 창업자의 비율은 극소수에 불과하다. 그런데 왜 '최상급 개인 비즈니스 모델은 사실상 모두가 사용하고 있다'고 말하는 걸까? 특별한 이유는 없다. 그게 사실이기 때문이다.

우리가 돈을 내고 다른 사람의 서비스를 구매하는 행위는 본질적으로 다른 사람의 시간을 구매함으로써 자신의 시간을 낭비하지 않는 것이다. 서비스업의 이른바 '결점'이 무엇이었는지 기억하는가? 그 분야에 종사하는 대부분의 사람들은 동일한 시간을 한 번밖에 팔 수 없다는 것이다. 그래서 개인 비즈니스 모델 II(정해진 시간에 여러 번 팔기)는 사용하기 어렵다. 아마 평생 시도하지 못하는 경우도 많을 것이다.

놀라운 사실은 누구나 언제든 개인 비즈니스 모델 III을 사용할 수 있는 기회가 있다는 것이다. 하지만 막상 그런 사람들을 자세히 들여다보면 '돈을 내고 다른 사람의 시간을 사기'를 자신의 개인 비즈니스 모델로 삼은 적이 없다(사실 그들 머릿속에는 '개인 비즈니스 모델'이라는 개념 자체가 없다). 물론 이 일을 더 깊이 연구하고 파고들어야만 지속적으로 최적화할 수 있다는 것도 깨닫지 못한다.

2016년 하반기부터 나는 개인 비서처럼 도와주는 주리라이예助理來也라는 위챗 서비스를 자주 사용하고 있다. 이 서비스형 계정의 용도는 무엇일까? 간단하다. 쉬운 예로 5위안을 내면 나 대신 스타벅스에 가서 줄을 서서 커피를 사다 주는 사람을 구할 수 있다. 생각해봐라. 커피가 너무 마시고 싶어서 스타벅스에 갔더니 기다릴 수 없을 정도로 사람이 많아서 그냥 돌아오느라 시간을 허비했다. 그런데 5위안을 내고 10~20분을 아낄 수 있다면 어떨까? 내 10분이 5위안의 가치도 없는 것인가? 내가 지금 글을 쓰고 있다고 하자. 10분이면 수백, 수천 자도 쓸 수 있는 시간이다. 2016년 내가 글을 쓰고 받은 수입을 따져보면 한 글자당 무려 2,000위안이 넘는다는 것을 기억할 필요가 있다. 그러니 어떻게 내가 이 서비스를 사용하지 않을 수 있겠는가? 나에게 정말 유용한 서비스가 아닐 수 없다.

사람마다 사고의 각도와 근거, 질의 차이가 매우 크다. 또 많은 사람들이 자신의 시간을 쪼개서라도 돈을 아끼지, 돈을 내면서까지 서비스를 받겠다는 생각은 해본 적도 없다. 하지만 대다수 사람들의 선택을 보면 알 수 있듯이 그들은 시간의 가치를 생각하지 않는다. 그래서 매일 자신도 모르게 비합리적인 일을 한다.

약간 다른 예이지만, 나는 사람들이 책이 너무 비싸서 살 수 없다고 하는 말을 도무지 이해할 수 없다. 분명히 말하지만 설사 책값이 지금보다 몇 배는 더 오른다고 해도 그야말로 책은 세상에서 제일 싼 물건이라는 것을 알아야 한다. 또 오랫동안 중국의 책값은 외국에 비해 정말 저렴했다. 그 이유는 무엇일까? 단순히 '중국인의 문화 수준이 낮다'는 인식 때문이라고 생각할 수 있지만 진짜 원인은 딱 하나다. 바로 판매량의 부진이다. 우리는 이미 책을 쓰는 것이 소수만 누릴 수 있는 '주어진 시간을 여러 번 팔기' 방식 중 하나라는 것을 알고 있다. 똑똑한 사람이 시간을 투자해 책을 썼고, 이는 매우 가치 있는 지식의 결정체다. 그런데 종잇값에 가까운 가격으로 책을 판매한다. 이게 비싼가? 그럴 리가 없다! 이건 그냥 거저 얻는 거나 마찬가지다.

대량 판매되는 시간은 분명 살 만한 가치가 있다. 따지고 보면 사실 비교할 수 없을 만큼 싸다.

이외에도, 대규모로 많은 양을 파는 것도 살 가치가 있다. 큰 규모로 판매한다는 것 자체가 '큰 규모의 인정'을 받았다는 의미이기 때문이다. 이미 많은 사람들이 당신의 품질을 검증해주었으니 더욱 안심하지 않겠는가(물론 예외도 있겠지만, 예외는 모든 일에 있지 않은가)? '대가를 지불해야 이익을 얻는다'는 본질을 분명히 인식하려면 핵심은 아래와 같은 부등식에 동의하는 것이다.

시간 > 돈

다시 말해 돈보다 시간이 더 중요하다고 생각한다면 위와 같은 결정을 내릴 수 있지만, 이와 반대로 돈이 시간보다 더 중요하다고 생각한다면 반대되는 결정을 내릴 수 있다.

다시 돌아가보자. 왜 돈을 써서라도 자신의 시간을 '한 번씩만 팔기'에 쓰는 것을 피해야 하는것이 가치가 있는 걸까? 시간을 어디에 써야 수지가 맞는 걸까?

자신의 성장에 시간을 투자하는 것이 가장 수지맞는 일이다.

개인 비즈니스 모델 I에서 개인의 가치가 시간의 가격(평가)을 결정한다고 했다. 그러므로 모두가 자신의 시간을 파는 상황에서 자신의 가치를 계속 높여 나간다면 당장 돈을 버는 것은 아니지만 언젠가는 결국에 돈을 벌 수 있다는 데에는 의심의 여지가 없다.

그리고 또 하나 매우 중요한 요소는 절대적으로 많은 사람들이 다음의 내용까지 생각하지 못한다는 것이다.

만약 당신이 미래에 벌 수 있는 돈의 수치 변화가 복리곡선과 같을 거라고 믿는다면 초기에 아무리 애써 많은 돈을 모아도 그건 푼돈에 불과하며 20여 년쯤 후에 그 돈은 정말 별거 아니었음을 깨달을 수 있을 것이다.

'기와 한 장 아끼려다 대들보 썩힌다'와 딱 맞는 이야기라는 걸 당신은 이미 눈치 챘을 것이다. 시간을 자신의 성장에 투자하는 것은 자신의 가치를 높이는 일이다. 적은 돈을 아끼려고 시간을 쓰다 보면 오히려 성장을 방해하거나 늦출 수 있다. 그럼 더 큰 손해를 보게 될 것이다. 애석하게도 많은 사람들이 지금 그렇게 하고 있다. 자신의 제한된 능력을 그런 사소하고 하찮은 일에 쓰지 않아야 한다.

시간과 능력은 모두 배타적인 성향을 띤다. A에 쓰면 B에 쓸 수 없고, B에 쓰면 A에 쓸 수 없다. 결국 한 분야에서 탁월한 성과를 낸 사람들이 때론 모자란 사람으로 보이고, 심한 경우 스스로 생활이 불가능하게 보이는 중요한 이유다. 그들이 관심을 갖는 것은 사소한 일이 아니라 자신의 성장을 포함하여 더 중요한 일에 집중하는 법이다.

성장하는 방법에는 어떤 것이 있을까? 답은 단 하나, '배움'이다. 의미 있는 인생에서 이 단어보다 더 중요한 것은 없다. 무언가를 배우는 것은 스스로에게 능력을 부여하여 더 강한 능력을 갖게 하는 것이다. 더 많은 기술을 갖는다는 것은 더 많은 차원의 능력을 갖게 되는 것이다. 인간이 발전하고 성장할 수 있는 것은 인간에게 학습 능력이 있기 때문이다. **나는 배움과 발전, 성장을 통틀어서 '진화'라고 부른다. 새로운 기술을 습득할 때마다 당신은 다른 종으로 새롭게 진화할 것이다.** 외국어를 배우면 시야가 더 넓어지고, 말하는 법을 배우면 소통을 할 수 있고, 글쓰기를 배우면 통찰력이 뛰어난 종으로 진화하게 될 것이다. 또 통계와 확률을 배우면 사물의 본질을 더욱 정확하게 인식할 수 있고, 기획력을 갖추면 남들보다 많은 일을 할 수 있다. 심리학을 깊이 연구하면 세상을 정확하게 이해할 수 있고, 금융 이론에 밝아지면 지금 시대에 가장 환영받는 종으로 진화하게 된다.

'같은 사람인데 왜 이렇게 차이가 나지?'라고 탄식하는 사람들이 많은데, 그 이유는 너무나 명백하다. 같은 하늘을 머리에 이고 같은 땅을 밟고, 같은 공기를 마시며 겉은 그럴듯하게 비슷한 사람처럼 보이지만 '같은 종'에 속하지 않는 경우가 많다. 사람과 사람 사이의 차이는 거의 '종'의 차이인 경우가 많다. 그렇지 않다면 어떻게 이렇게 큰 차이가 날 수 있단 말인가? 논리적으로는 아주 간단하다.

▶ 당신의 목표는 '언젠가 자신의 시간을 팔지 않는 것'이다.
▶ 당신의 행동은 '조금씩 자신을 파는 시간을 줄여나갈 합리적인 방법을 모색'해야 한다.
▶ 그러기 위해서 '돈으로 시간을 바꿀 수 있는 상황에서는 최대한 돈으로 시간을 바꿔야' 한다.
▶ 절약한 시간은 모두 자신의 지속적인 진화를 위해 자신에게 '투자'해야 한다.

이 책의 근본적인 목적은 자신의 학습 능력을 발전시켜 한 단계 성숙해지는 것에 있다. 당신의 운영체제를 자동으로 업그레이드하는 것이 가능한 종으로 진화하는 것에 초점을 두어야 함을 기억하자.

CHAPTER 2

당신은 부자의 눈을 갖고 있는가?

절대 다수의 사람들이 결국 많은 돈을 벌지 못하는 이유는
돈을 버는 것이 그들에게 결코 절대적 수요가 아니었기 때문이다.
당신의 주의력을 어디에 두느냐에 따라 삶이 달라진다.

09

자신의 '운영체제'에 대해 생각해본 적 있는가?

▶ 당신은 자신에게 운영체제가 있다는 사실을 알고 있나?
▶ 알고 있다면, 자신의 운영체제를 업그레이드한 적이 있는가?
▶ 업그레이드를 해봤다면, 당신은 자신의 운영체제를 지속적이고 자동적으로 업그레이드하는 방법을 알고 있는가?

우리 자신이 운영체제에 의해 좌우된다는 생각을 해본 사람은 많지 않을 것이다. 심지어 자기에게 그런 것이 존재한다고 인식하는 사람도 별로 없다. 그렇다면 대체 진실은 무엇일까?
우리는 다른 사람의 운영체제에 의해 좌우된다.
주변에 수많은 사람들이 읊어대는 '행동 원칙'이라는 것을 보자. 많은 사람들의 머릿속에는 확실히 운영체제가 있지만 실제로 그것은 자신에게 속하는 것이 아니라 다른 사람으로부터 주입되거나, 자신의 제어는 전혀 받지 않는 경우가 많다. 이와 같은 운영체제는 완벽하게 다른 사람으로 인해 설계된 것이라 말 그대로 '출고'되었을 때 모습 그대로 끝까지 유지되고, 설정된 범위 내에서만 활동이 가능하며, 설정 밖의 영역에서는 아무것도 할 수 없다.

대부분의 사람들은 자신에게 또 다른 운영체제가 있다는 것을 전혀 인식하지 못한다는 것이 더욱 큰 문제다. 과연 개개인의 운영체제는 어떻게 구성될까? 어떻게 하면 우리 자신을 자동 진화 능력을 갖춘 종으로 진화시킬 수 있을까? 우리의 운영체제는 다음과 같이 몇 가지 측면으로 구성된다.

▶ 개념과 연관성
▶ 가치관과 방법론
▶ 실험과 실행

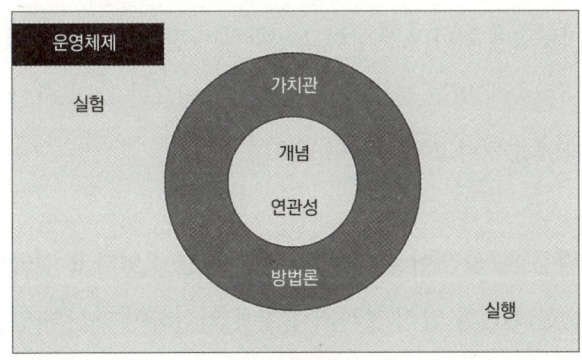

▲ 운영체제

그림으로 표현해보면 대략 이런 모양일 것이다.

운영체제에 대해 뒤에서 더 심도 있게 논의할 것이며 이해를 돕고자 다양한 사례를 제시할 것이다. 이제 우리 자신의 운영체제에 대한 개괄적인 인식을 살펴보자.

소위 '개념'이라고 하면, 어떤 사물에 대한 추상적이든 구체적이든 상관없이 명확한 인식을 말한다. 다음 내용을 정확히 알고 있어야 한다.

▶ 이것은 무엇인가?
▶ 이것은 무엇과 비슷하고 또 무엇이 다른가?
▶ 이것은 어디에 쓸 수 있나?
▶ 이것을 사용할 때 어떻게 쓰는 것이 맞고, 어떻게 쓰는 것이 틀린 것인가? 주의해야 할 점은 무엇인가?

사실 사람이 얼마나 똑똑한지를 판단할 수 있는 근거는 아주 간단하다.

▶ 그의 머릿속에 얼마나 분명하고 정확하며 필요한 개념이 있는가?
▶ 그의 머릿속에 있는 분명하고 정확하며 필요한 개념 사이의 관계가 얼마나 분명하고 정확하며 필요한가?

앞서 '빠름'은 '성공'이 아니라 '입문'과 관련이 있다고 언급했었다. 이런 단순한 원리를 알지 못하거나 잘못 인식하여 자신의 일생을 망치는 사람들이 많다.

개념과 연관성은 운영체제의 하부 핵심을 이루고, 다른 요소는 그것이 얼마나 분명하고 정확하고 필요한지에 의해 좌우된다. 나아가 일부 가치관은 자연스럽게 형성되거나 진화한다. 그래서 우리는 먼저 무엇이 무엇인지 알아야 이것과 그것 중 어느 것이 더 나은지 알 수 있다. 그러므로 가치관이란 다음의 질문에 대한 진정한 답변이다.

'무엇이 더 중요한가?'

'돈이 시간보다 더 중요하다'가 가치관이 될 수도 있고, '시간이 돈보다 더 중요하다'는 것도 가치관일 수 있다. **가치관은 선택을 하게 하고, 선택은 행동을 수반하며, 행동은 운명을 만들어내므로 일종의 꼬리에 꼬리를 무는 고리라고 할 수 있다.**

가치관이 뚜렷하면 결단도 빠르며 선택에 주저하지 않는다. 그리고 결단을 내릴 때 그것을 위한 방법도 모색한다. 선택에는 그에 맞는 행동이 뒤따라야 비로소 의미 있기 때문이다. 따라서 우리는 결단에 뒤따른 행동, 즉 실험과 실천을 위한 방법을 끊임없이 고민해야 한다.

실천은 이해하기 어렵지 않은데, 실험은 대체 무슨 의미일까? 우리의 운영체제는 한번 정해지면 쉽게 바뀌지 않는 체제가 아니다. 인간이 흔히 사용하는 운영체제는 과학과 같은 성격이다. 과학은 '영원히 옳은 것'이 아니다. 과학은 위증을 증명할 수 있는 운영체제를 갖추었기 때문에 끊임없이 자아를 부정하면서 동시에 진화한다. 진화하기 위해 우리는 실험과 실천으로 우리의 가치관과 방법론을 검증하여 좋은 것은 계속해서 연구하고 부적당한 것은 과감히 버릴 줄 알아야 한다. 이것이 바로 **업그레이드**다.

실험과 실천의 결과가 만족스럽지 못하다면 우리는 자신의 방법론과 가치관을 재점검해야 한다. 그리고 더 나아가 자신의 가치관을 바로잡고 방법론을 개선하기 위해서 우리의 머릿속 더 깊숙한 곳에 존재하는 개념과 연관성을 점검하거나, 그것에 대해 더 분명하고 정확하게 재정의하거나, 존재할 필요가 없는 개념은 아예 비워내야 한다. 그렇지 않으면 근본적인 업그레이드는 절대 불가능하다.

그렇다면 당신에게 자신의 운영체제에 대한 이렇게 분명하고 정확하며 필수적인 이해가 있는가? 어쩌면 이전에 당신의 머릿속에는 '나의 운영체제'라는 개념이 아예 없었을 수도 있다. 이렇듯 가장 핵심적인 개념을 갖고 있지 않다면 이후에 발생하는 모든 것은 아예 보이지도 않을 것이다.

▶ 연관성 ― 어디에 쓸 것인가? 업그레이드가 필요한가? ('운영체제'와 '업그레이드 가능 여부'의 관련성)
▶ 가치관 ― 어떤 운영체제가 더 좋은가?
▶ 방법론 ― 자신의 운영체제를 어떻게 업그레이드할 것인가?
▶ 실험 ― 여러 개의 운영체제를 시험해보아야 더 좋은 선택을 할 수 있다.
▶ 실천 ― 지속적인 '행동이 수반된 이론'을 통해 더 좋은 결과를 얻을

수 있다.

앞서 나는 '서로 다른 종'으로 비유했었는데, 우리가 사람과 사람 사이의 차이를 좀 더 명확하게 이해할 수 있도록 다른 예를 들어보고자 한다.

도스DOS와 같은 단순한 운영체제를 사용하기도 하고 그의 상위 운영체제인 윈도우나 이보다 좀 더 좋은 맥 OS를 사용하는 경우도 있다. 또 겉보기에는 그리 화려하지 않지만 실제로 매우 건실한 운영체제인 리눅스Linux를 사용하는 경우도 있다. 이 가운데 도태되어야 하는 운영체제(예를 들어 도스)도 있고 지금도 여전히 끊임없이 진화하는 운영체제(윈도우는 최근 윈도우10 버전이 나오지 않았는가)도 있다. 또 원래 효율성이 높았던 운영체제(리눅스에서 파생된 것들)도 있다.

실제로 인간의 뇌는 신기하게도 소프트웨어뿐만 아니라 하드웨어도 스스로 업그레이드된다. 이를 충분히 뒷받침할 사례가 워낙 많은 관계로 책의 후반부에서 천천히 얘기하도록 하겠다. 지금 중요한 것은 당신은 더 이상 과거처럼 어리석을 필요가 없다는 것이다. 이제 나만의 운영체제 개념을 정립했고 그것을 업그레이드, 성장, 진화 등의 개념과 연관 지을 수 있게 되었기 때문이다. 어쩌면 벌써 당신은 새로운 종이 되었을지도 모르겠다.

너무 성급한 기대인가? 하지만 적어도 당신은 다른 사람들 눈에는 별반 다를 바 없어 보일지 몰라도 지속적으로 스스로 업그레이드하는 운영체제를 갖춘 새로운 종이 이 세상에 존재한다는 것은 깨달았을 것이다.

10

당신이 가진 가장 소중한 자산은 무엇인가?

당신은 '**주의력**'이라는 개념을 자신의 재산 중 하나로 인식한 적은 없을 거라 생각한다.

재산이라고 하면 대다수의 사람들이 직접적으로 떠올리는 개념은 시간이 아닌, 바로 돈일 것이다. 본래 자신의 운영체제에 빠져 있던 개념인 주의력은 더더욱 아닐 것이다. 만약 지금까지 그랬다면 이제 나의 이야기에 귀를 기울여주길 바란다.

주의력과 시간의 차이는, 시간은 당신의 제어를 받지 않지만 주의력은 이론상 당신의 통제를 받아야만 한다는 점이다. 물론 사람들은 주의력이 대부분 다른 사람에 의해 통제된다고 느끼며, 당신도 마찬가지로 생각할 가능성이 높다. 이는 사람들이 제대로 된 각도에서 문제를 생각해본 적이 없기 때문이다. 인터넷이 발전하는 과정에서 생긴 사례를 하나 얘기해보자. 인터넷이 처음 세상에 등장했을 때 사람들은 그것의 상업적 가치를 보고 있어도 그 가치를 실현할 수는 없었다. 실제로 대규모 상품 거래를 실현하려면 인터넷을 기반으로 한 프로토콜에서 전송하는 '정보의 흐름'(판매자가 무엇을 파는지 볼 수 있는 것)뿐만 아니라 '자금의 흐름'(판매자에게 지불할 수 있는 방법), 그리고 '물류'(판매자가 구매자의 돈을 받은 후 상품을 보내는 것)도 있어야 했기 때문이다. 정보의 흐름, 자금의 흐름, 물류가 바로 전자상거래의 3요소다.

많은 사람들이 생각하는 것과 다르게 공짜는 인터넷의 '이상'이 아니라 어쩔 수 없는 결과였다. 인터넷이 등장한 초기에는 자금의 흐름과 물류가 정보의 흐름을 제대로 따라가지 못했기 때문에 공짜로 이뤄질 수밖에 없었다. 그때는 물류와 전혀 관계없는 온라인 게임도 자금의 흐름이 좋지 않아 일시적으로 공짜로 제공되었다. 자금의 흐름이 조금씩 개선되자 게임은 바로 대규모 유료화 산업으로 탈바꿈했다.

이에 인터넷이 본격적으로 보급화되기 전 20년 동안은 대규모 전자상거래가 이루어지지 않았다. 그러다 보니 인터넷으로 할 수 있는 비즈니스 모델은 하나밖에 없었는데, 그것은 바로 사용자의 주의력을 집중시키는 일이었다. 새롭고 흥미로운 콘텐츠를 제공하여 사용자의 관심을 끌어 데이터의 흐름을 파악한 후 광고를 내보내기 시작했다. 본질적으로는 많은 사용자의 주의를 집중시킨 뒤 잘 포장해서 광고주에게 판 것에 불과하다.

아마 사람들은 자신의 주의력이 광고주에게 이런 식으로 팔렸다는 것을 전혀 인식하지 못했을 것이다. 정말 아이러니한 일이다. 일반적으로 초기 인터넷 사용자들은 상대적으로 '수준이 높은' 그룹이라고 생각하지만 다른 시각에서 보면 '누군가에게 팔려가 돈을 벌어주는' 사람이 더 어울렸던 것이다. 인터넷을 많이 하지 않아서 다행이라고 생각하는 사람들도 그렇게 만족해할 필요는 없다. 그들은 인터넷을 하지 않는 대신 하루 종일 TV를 보기 때문이다. 어차피 같은 비즈니스 모델이다. "마음대로 보세요! 전부 공짜입니다!" 그래서 많은 사람들의 관심이 TV로 몰려갔다. 이들의 집중력도 헐값에 대량 수집(아예 무료로 수집되었을 가능성이 높다)된 후 잘 포장되어 판매되었다.

그러니 주의력이 값어치가 없다고 생각하지 말자. 이 세상의 비즈니스 모델이 우리에게 그것을 증명하고 있다. 개개인의 주의력의 가치는 그닥 높지 않더라도 그것들을 대량으로 수집한다면 상당히 좋은 가격에 팔 수 있다!

인터넷과 TV로 수집되는 주의력은 다수의 자발적이지 않은 주의력으로 구성된다. 이런 주의력까지 좋은 가격에 팔린다면 자발적이고 효과적인 움직임으로 생기는 주의력의 값어치는 얼마나 될까? 훨씬 더 값진 것이지 않을까.

오랜 시간 관찰한 결과 나는 하나의 결론을, 아니 개념을 발견했다. 이름하여 '인생의 3대 구멍'이다. 누구나 '구멍(혹은 구덩이)'은 한 번쯤 경험해봤을 것이다. 어떤 구멍은 너무 깊어서 한 번 빠지면 다시 올라오기 쉽지 않고, 또 어떤 구멍은 얕아서 빠져도 금방 다시 나올 수 있을 뿐 아니라 오히려 전화위복의 기회가 될 수도 있다. 반면에 상당히 무섭고 두려운 구멍도 있다. 이 구멍은 형체가 없어서 이미 빠졌는데도 전혀 인식할 수조차 없다.

나는 이 세상에 이렇게 세 가지 유형의 구멍이 있고 그 안에 많은 사람들이 북적임에도 불구하고 그들 중 99.99%가 그 안에 있다는 사실을 인식하지 못한다는 것을 알게 되었다. 앞을 제대로 보지 못하기 때문이다. 다들 그렇지 않은가?

첫 번째 큰 구멍은 '이유 없이 시끌벅적한 구멍'이다.

길을 가다 보면 많은 사람이 모여 있는 시끌벅적한 광경을 분명히 본 적이 있을 것이다. 대부분의 사람들이 그때마다 그냥 지나치지 못하고 무슨 일이 생겼는지 궁금해한다. 하지만 알다시피 그 일은 우리와 전혀 관계없는 일이다. 그런데 왜 우리는 그토록 관심을 갖고 몰려들게 되는 걸까? 길에서 사람들이 구경할 수 있는 일은 무엇일까? 대부분 안 좋은 일인 경우가 많다. 이런 안 좋은 일에 왜 그렇게 사람들이 몰려드는 것일까? 싸우는 사람도 있고 주먹을 휘두르거나 다치는 사람도 있다. 확실한 것은 불의를 보면 참지 못해서 모인 건 아니라는 것이다.

요즘에는 길에서 이런 일을 마주할 확률이 매우 낮아졌다. 요즘은 길이 아니라 인터넷에서 구경할 수 있는 일이 더 많아졌기 때문이다.

힘들게 밖을 걸어 다니지 않아도 커피 한잔하면서 세상일을 구경할 수 있게 되었다. 반케China Vanke(중국 최대 부동산 회사)에 무슨 일이 났구나! 어떤 가수한테 무슨 일이 생겼대! 그 영화배우는 무슨 일이래? 인터넷에서 이렇게 다른 사람의 일, 사건에 주목하고 지나친 관심을 갖는 사람들을 '눈팅족'이라고 부른다. 길에서 구경하는 사람들보다 인터넷의 눈팅족들이 오히려 더 떠들썩한 분위기를 만들어낸다. 원래 괜히 구경하는 사람만 있어도 그 사람들 때문에 더 많은 사람들이 몰려들고, 결국 그 사람들끼리 소란을 일으켜 더 많은 사람들을 불러들이게 된다.

'호기심은 창의력의 원천'이라고 하는데, 아쉽게도 이 호기심은 소득도 없이 엉뚱한 곳에 소비된다. 하지만 이 또한 지극히 정상적인 일이다. 그렇게 많은 사람들이 구멍 속에 모여서 하는 일도 없이 얼마나 심심하겠는가. 그들에게는 죽여야 할 시간이 많고 에너지를 쏟아야 할 시간도 많고, 호기심을 충족할 시간도 아주 많은 것이다.

두 번째 구멍은 '조급하게 대세를 따라가는 구멍'이다.

갑자기 어느 순간, 새로운 트렌드가 나타났다. 몇 년 전부터 비약적인 발전을 보여주는 O2O Online to Offline 서비스를 비롯하여 최근 핫한 인공지능과 콘텐츠 창업을 살펴보자. 어떤 주제 혹은 상품은 인기가 생기면 순식간에 많은 사람들이 조급함에 얼른 시대의 흐름에 올라타려고 한다. 그런데 그들이 잊고 있는 게 하나 있다. 어느 큰 트렌드가 생긴다는 것은 그것을 이미 준비한 사람들이 있다는 의미라는 것을 말이다. 콘텐츠 창업이 정말 대세고 요즘 트렌드라면 그전에 이미 수십 년 동안 준비한 사람들은 의도하진 않았지만 준비가 충분히 된 사람들임이 분명하다. 이미 유행이 시작된 뒤에 따라가려는 사람들은 무척 조급해진다. 하지만 세상의 새로운 흐름과 기회는 지금 이 순간에도 조급함에 어쩔 줄 모르는 사람들의 것이 아니다. **그것은 의도했든 하지 않았든 미리 준비를 마친 사람들에게만 주어지는 것이다.** 우리는 '준비된 사람에게 기회가 온다'는 말을 항상 듣고 살지만 왜 막상 실제 적용하지는 못하는 걸까? 그 이유는 바로 평소에 한 번도 준비해본 적이 없기 때문이다.

솔직히 이 구멍에 있는 사람들은 첫 번째 구멍에 빠진 사람보다 '더 나은' 경우가 많다. 적어도 이들은 향상되는 것을 원한다. 하지만 안타깝게도 그들은 평소에 그런 마음은 가지고 있지만 결코 행동으로 옮기지는 않는다. 그래서 그들은 결국 두 구멍에 모두 빠진 것과 같다. 평소에는 시끌벅적하게 있다가 다른 사람이 기회를 잡으면 그때야 자신의 시간과 에너지를 쏟아부어 큰 흐름에 편승하려고 한다. 결국 이런 구멍에 빠지면 옳은 일이든 그렇지 않은 일이든 아무것도 제대로 해내지 못한다.

세 번째 구멍은 '남에게 오지랖 부리는' 구멍이다.

남의 일에 참견을 하는 사례는 아주 많다. 최근 많은 사람들이 '대중 창업'에 대해 관심을 갖고 있는데, 이에 대해 걱정하는 척하며 자신의 짧은 식견으로 부정적인 의견을 던지는 사람이 많다. 대중 창업이란 것이 다소 다듬어지지 않은 면이 있을지 몰라도 분명 성공하는 경우도 많을 뿐더러, 무엇보다 다른 사람이 창업을 하고 혼자 일을 하는 것은 나랑 상관없는 일이다. 말 그대로 남의 일이란 말이다! 지금의 사회 환경은 10~20년 전과 많이 달라서 개인의 생존이 이전보다 훨씬 쉬워진 것은 사실이다. 나는 이 시대에서 생각과 능력이 있는 사람이라면 반드시 창업을 해야 한다고 생각한다. 꼭 '세상을 바꾸는' 창업까지는 할 수 없어도 최소한 혼자 꾸려나가는 정도로는 꽤 장래성이 있을 것이다.

사회적 효율성 측면에서 혼자 일 하는 사람은 본질적으로 중간 과정을 생략하고 직접 사회에 공헌할 수 있는 일을 시도하는 존재이다. 실패할 수도 있지만 그렇다고 해도 나쁠 건 없으니 말이다. 그룹의 창업을 이끌어낸 사람은 개인보다 사회에 더 직접적인 기여를 하려고 한다. 마찬가지로 실패할 가능성은 있지만 나쁠 건 전혀 없다.

'실패는 성공의 어머니'라는 말은 누구나 아는 세상의 정확한 이치다. 다른 사람이 실패한다 하더라도 그들이 실패에서 경험을 얻을 수 없는 것을 어떻게 장담할 수 있는가? 그들이 실패한 후 다시 일어서지 못할 거라는 것을 어떻게 알 수 있는가?

다들 내 코가 석 자인 상황에서 한가하게 다른 사람을 위해 마음을 쓰다니, 대체 무슨 오지랖인가. 다른 사람이 창업에 실패하면 자신에게 나쁠 것 없다 생각하고, 창업에 성공하면 두려운 그런 심리인 걸까?

그렇다면 당신이 아직도 구멍에 빠져 있는지 생각해보자. 만약 구멍에서 빠져나왔다면 아직도 얼마나 많은 사람들이 구멍 속에서 '행복하게 살아'가고 있는지 돌아보자.

이 3대 구멍이 진짜 두려운 이유는 이 구멍들이 당신의 소중한 주의력을 낭비하게 만들고 아무것도 얻지 못하게 만들기 때문이다. 이는 주의력이 나의 가장 소중한 재산이라는 사실을 일깨워주는 중요한 지점이다.

주의력의 또 다른 정의에 대해 자세히 살펴보도록 하자.

주의력은 당신이 유일하게 마음대로 조정할 수 있고 만들어 낼 수 있는 자원이다.

이는 곧 **주의력은 어디서나 가치를 '채굴'하는 가장 기본적인 도구라는 결론에 이른다.** 그래서 주의력을 쓸 '장소'를 잘 선택해야 한다. 주의력을 학습에 둔다면 당신의 학업 능력은 향상될 것이고, 생각하는 데 둔다면 당신의 사고의 질은 급격히 높아질 것이다. 하지만 가치가 없는 곳에 주의력을 집중한다면 비참해지고 말 것이다. 당신에게 가장 소중한 것을 소비했지만 돌아오는 건 아무것도 없게 되는 것이다.

정리해보면, 당신은 다음 세 가지 종류의 자산을 가질 수 있다.

▶ 주의력
▶ 시간
▶ 돈

처음부터 돈의 여유가 있다면 자유롭게 배분하고 사용할 수 있지만 부모로부터 상속받은 것이 없이 시작을 한다면 당신의 시작점은 가진 돈도 많지 않고 이후에도 많은 돈을 벌기도 쉽지 않을 것이다.

당신이 가진 시간은 다른 사람과 똑같이 하루 24시간이다. 더 많지도 더 적지도 않다. 이는 돈과 달리 유전이나 상속과도 아무 상관 없다. 하지만 시간은 결코 당신의 지배를 받지 않는다. 그리고 당신이 무엇을 하든(혹은 하지 않든) 알아서 흘러간다.

하지만 당신의 주의력은 다르다. 원하는 만큼 가질 수 있고 원하는 대로 쓸 수 있으며 이론적으로 다른 사람의 통제를 받지 않아도 된다. 물론 유전이나 상속의 영향도 받지 않는다. 의지에 따라 더 많은 주의력을 가질 수 있고 더 가치 있는 곳에 쓸 수 있다. 그래서 다음의 공식에 더욱 부합된다.

주의력 > 시간 > 돈

이것은 이 책을 읽으면서 세워야 하는 첫 번째 체계적이고 완벽한 가치관일 것이다. 당신의 주의력이 시간보다 중요하고, 당신의 시간이 돈보다 중요하다는 사실을 당신은 이미 배웠다. 무엇이 더 중요한지, 결국 무엇이 가장 중요한지 아는 것, 이것이 가치관이다. 어떤 환경이나 조건에 따라 바뀌는 것은 선택이다. **변화된 가치관을 가진 사람이 개선되기 전과 같은 선택한다는 것은 사실상 불가능하다.** 이것이 진리다.

이런 가치관으로 보면 돈은 사실상 가장 '값싼' 물건이 아닐 수 없다. 돈으로 시간을 버는 것이야말로 가장 가치 있는 거래(가치가 낮은 자산을 가치가 높은 것과 교환하는 것)다. 돈으로 자신의 주의력이 분산되지 않도록 할 수 있다면 그것이야말로 훨씬 가치 있는 거래가 될 것이다.

내 삶에서 가장 중요한 원칙이 하나 있는데, 그것은 바로 시간을 씀으로써 집중력 소모를 줄일 수 있다면 절대 그 시간을 절약하지 않는다는 것이다. 예를 들어, 많은 사람들이 너무 바쁜 나머지 가족들과 시간을 보내지 못하는데 이는 바람직하지 못한 현상이다. 내가 20년 넘게 살아온 아내와 한 번도 싸워본 적이 없다고 어디선가 말한 적이 있다. 그게 어떻게 가능했을까? 아주 간단하다. 그녀와 함께 시간을 보내면 된다! 조금만 생각해보면 금방 깨달을 수 있듯이 이 결과는 나에게 더할 나위 없이 중요하다. 지난 20년 동안 나는 아내와 싸워서 하루 종일, 또는 며칠 동안 기분이 나빴던 적이 없다. 사람은 마음이 편하지 않고 기분이 좋지 않으면 집중력이 흐려지고 아무 일도 손에 잡히지 않는다.

흔히 여자 친구들 사이에서 이 남자가 당신에게 시간을 많이 투자하는지 아닌지, 당신에게 기꺼이 돈을 쓰는지 안 쓰는지로 애정도를 판단하곤 한다. 이것은 또 다른 가치관이라고 할 수 있는데, 좀 더 정확하게 말하자면 어리석은 가치관에서 비롯된 어리석은 판단이다.

대부분의 여성은 남성들이 문자에 빨리 답하지 않거나 전화를 바로 받지 않으면 자신을 사랑하지 않고 관심이 없다고 생각한다. 하지만 나는 휴대전화를 무조건 무음으로 설정하고 모든 알림은 꺼놓는다. 내가 일에 집중하고 있을 때는 어떤 방해도 받고 싶지 않다. 그리고 쉬는 시간이 되면 그동안 읽지 않았던 문자를 확인하고 부재중 전화를 처리한다.

그렇다면 이렇게 간단해 보이는 나만의 방법을 아내에게 어떻게 이해시켰을까? 이건 한 번 말해서 되는 일이 아니다. 아내는 내 인생에서 혈연관계가 없는 유일한 가족이기 때문에 나는 수차례 증명을 통해 아내에게 설명해주었다.

과장 없이 말해보자면, 나와 아내가 이 일에 대해 토론한 결과를 꺼내서 책을 쓴다고 해도 분명 잘 팔릴 것이다. 이런 예는 많지만 정작 본질은 하나다. 나는 많은 '시간'을 들여 아내와 효과적인 의사소통을 했다. **그 결과 나는 쓸데없는 방해를 받지 않게 되고 거기서 얻은 '주의력'으로 더 많은 지속적인 기회와 더 많은 에너지를 생산해냈다.** 이것이 바로 나만의 방법이다. 시간을 들여 주의력을 유지한다. 한마디로 많은 가정이 행복하지 않은 근본 원인은 서로 간에 시간을 너무 적게 투자하기 때문이다. 이제 종이와 펜을 꺼내서 생각을 정리해보자.

▶ 과거에 당신은 돈을 써야 하는 곳에 쓰지 않은 적이 있는가?
▶ 과거에 당신은 시간을 써야 하는 곳에 쓰지 않은 적이 있는가?
▶ 과거에 당신의 주의력을 어디서 자발적으로 포기하여 다른 사람에게 공짜로 갖다 바치지 않았는가?
▶ 당신이 더 많은 주의력을 가지고 있다면 그것을 어디에 쓸 것인가?
▶ 당신의 주변에 얼마나 많은 사람들이 가치의 순서를 헷갈려 하는

가? 상상해보자. 그들의 결말은 어떠할까?

A4용지 한 장을 채워서 쓰기 전까지는 이 책을 다시 손에 들지 말 길 바란다. 내용을 채우다 보면 당신은 자신이 쓴 내용에 대해 아마 깜짝 놀라게 될 것이다.

11

주의력의 효율성을 높이는
과학적인 방법

오랫동안 집중할 수 있는 능력을 갖추는 것은 이른바 학습 능력이 강한 사람에게 필요한 가장 기본적인 소양이라고 할 수 있다.

중국의 유명한 '치니우七牛'라는 클라우드 서비스 제공 업체의 창업자 쉬스웨이許式偉는 내 친구다. 그는 나를 포함한 주변 친구들 사이에서 정말 똑똑하고 학습 능력이 뛰어나다는 평을 듣는다. 쉬스웨이와 같이 밥을 먹을 때면 항상 자기만의 세계에 깊이 빠져 있는 모습을 자주 보곤 한다. 그 안에 빠져서 대체 무슨 생각을 하는지 모르겠지만 주변에서 무슨 일이 일어나도 전혀 알아채지 못한다. 어떤 일을 할 때 아주 빠른 속도로 완벽한 집중 상태에 이를 수 있을 뿐 아니라 집중력을 오랜 시간 지속할 수 있는 타입이라 할 수 있다.

그와 비슷한 부류의 똑똑한 사람들을 많이 만나봤는데, 그들은 대부분 스스로 멍청하다고 생각했다. 그들을 똑똑해 보이게 하는 모든 생각과 결론이 그들에게는 엄청난 시간과 에너지를 쏟아붓고 난 후 우여곡절 끝에 얻어낸 것이기 때문이다. 하지만 실제로 이런 착각은 아주 쉽고 간단하게 설명할 수 있다.

그들이 다른 사람보다 더 똑똑한 이유는 다음과 같다. 첫째, 그들은 문제 해결에 많은 시간을 투자한다. 둘째, 일할 때 발휘하는 주의력이 훨씬 높다. 이 두 가지를 결합하면 매우 우수한 결과를 얻을 수밖에 없다. 또 사람의 머릿속에서 일어나는 일은 다른 사람이 볼 수 없기 때문에 사람들은 대개 똑똑한 사람들은 갑자기 번쩍하고 아이디어가 떠올라 모든 것을 할 수 있다고 착각한다.

한편 '오랫동안 집중하는 능력'을 향상하는 방법은 '습관화'하는 것이다. 이는 아주 간단하긴 하지만 쉽지 않다. 하지만 인류는 일찍이 이러한 능력을 향상할 수 있는 방법을 고안해냈다. 놀랍게도 2,000년 전에 말이다!

세계에서 처음으로 이 방법을 발견하고 후대에 체계적으로 전파한 사람이 인도 출신의 그 유명한 석가모니였다. 오늘날 이런 연습 방법을 명상 등 다양한 명칭으로 부르곤 하는데, 나는 '좌향坐享'이라는 새로운 용어를 하나 만들었다.

모든 분명하고 정확하고 필요한 개념은 아래 세 가지 기본 요소를 갖고 있다.

▶ 무엇을? (what)
▶ 왜? (why)
▶ 어떻게? (how)

솔직히 인류는 정말 신기한 존재다. 역사적으로 인류는 다양한 영역에서 '무엇을'과 '왜'를 전혀 인지하지 못한 상황에서 일찍부터 '어떻게' 하는 방법을 능숙하게 익혀왔다. 이와 관련된 가장 고전적인 예가 유리다. 당시 인류는 유리가 무엇인지, 어떤 재질로 만들어졌는지도 모르는 상황에서 이미 수천 년이 넘도록 사용해왔다. 심지어 유리 공예의 장인을 많이 배출한 이탈리아 사람들조차도 제작 과정에서 왜 유리는 저을수록 점점 더 투명해지고 불순물과 기포가 적어지는지를 몰랐다고 한다. 그런 상황에서 '믹스'라는 비법을 300~400년 동안 잘 지켜왔다.

마약도 마찬가지다. 많은 사람들이 그것이 무엇인지도 모르고 왜 그런 희한한 기분을 느끼게 하는지도 모르지만 어쨌든 그것을 어떻게 사용하면 좋은지 알고 있었다. 사실 인류 역사 초기에는 의학 기술도, 약물도 모두 다 그랬다. 근본적인 이해도 없이 그냥 바로 사용하면 되는 것이다. 그리고 보면 '여하를 막론하고 우선 하고 보자'는 말도 결국 인류의 지혜에서 비롯된 것이다.

과거와 달리, 현재의 과학은 이미 '무엇'과 '왜' 그리고 '어떻게'라는 세 가지 문제를 정확하게 설명할 수 있다. 그래서 우리는 이미 과학적으로 증명된 효과적인 뇌의 운동 방식과 과거에 잘못 해석된 것을 최대한 구분해낼 필요가 있다.

석가모니는 지구상에서 처음으로 좌향을 어떻게 하는지 발견한 사람으로, 이것을 체계화하여 완전한 이론으로 해석해냈다. 그것이 바로 불교다. 이렇게 보면, 인류가 좌향을 연습하고 이를 통해 유익함을 얻은 역사가 최소한 2,500년이나 된다는 사실이 신기할 따름이다.

그러나 과학은 지금까지 발전해오고 있고, 특히 뇌과학의 연구 성과는 점점 명확해져서 좌향의 장점이 무엇인지, 왜 그런 것인지 뿐만 아니라 어떻게 하는지에 대한 2,000년 이상의 경험이 쌓인 증거들이 충분히 가지고 있다.

좌향을 연습하면 어떤 효과를 느낄 수 있을까? 더 건강해지고, 더 즐거워지고, 자제력을 높여주고, 능률을 높여주며, 두뇌를 개선해준다. 이 많은 긍정적인 효과를 증명한 수많은 논문 중에서 가장 놀라운 내용은 두뇌를 개선한다는 것, **즉 대뇌피질의 면적이 넓어지고 회백질이 두꺼워진다는 것이다.**

이번 장의 질문으로 돌아가보자. 왜 가만히 앉아있는 것(좌향)이 오랫동안 집중할 수 있는 능력을 높일 수 있을까? 그 답은 연습 방법에 있다.

> 주의력을 한 가지 일에 집중해서 써라(예를 들어 호흡에 집중해도 괜찮다). 그리고 쭉 유지해보자.

좌향은 어떻게 연습하는가? 실제로 너무 간단하다. 아래의 내용을 참고해보자.

(1) 자세

좌향하는 동안 집중력이 높아질 때 온몸이 풀리면서 사람이 잠을 잘 때의 상태와 거의 비슷해지기 때문에 보온뿐만 아니라 바람의 방향에도 신경을 써야 한다.

▶ 무릎에 담요를 덮어주어도 좋다.
▶ 귀 주변에 바람이 닿지 않도록 한다.

두 번째 규칙이 특히 중요하다. 얼굴의 감각 및 일부 근육 운동을 담당하는 삼차신경trigeminal nerve이 귀 부위에 집중되기 때문이다.

사실 자세는 그리 중요하지 않다. 편한 상태만 유지할 수 있으면 아래 어떤 자세를 하든 괜찮다. 반드시 양반다리를 할 필요는 없지만 등을 곧게 펴는 것이 중요하다.

(2) 순서

아래 순서대로 조금은 진지하게 시작해보자.
▶ 조용한 장소를 찾는다.
▶ 알람을 설정한다. (5분 또는 15분으로 시작해서 45분, 1시간으로 점점 늘려간다.)
▶ 편한 자세로 앉는다. (등은 곧게 펴는 것이 좋다.)

▶ 눈을 감는다.
▶ 심호흡을 한다.
▶ 호흡에 전심으로 집중한다.
▶ 집중력이 흐려졌다고 생각되면 더욱 호흡에 집중하도록 한다.
▶ 알람이 울릴 때까지 호흡을 유지한다.

(3) 응용

좌향을 몇 차례 마치고 나면 그 과정 중에 집중력으로 우리의 몸 전체를 스캔할 수 있다.

왼발 끝에서 시작해서 왼발 발바닥, 왼발 뒤꿈치, 왼쪽 종아리, 왼쪽 무릎, 왼쪽 허벅지, 왼쪽 엉덩이에 이어서 척추를 타고 목덜미까지, 그다음 왼쪽 어깨, 왼쪽 팔꿈치, 왼쪽 팔뚝, 그리고 왼쪽 손목에서 손바닥, 손가락 끝까지 갔다가 다시 손바닥으로 돌아가서 왼손 손목, 왼손 팔뚝, 왼손 팔꿈치, 왼쪽 팔, 왼쪽 어깨를 타고 오른쪽 어깨로, 오른쪽 팔뚝, 오른쪽 팔꿈치, 오른쪽 팔목, 오른손 손바닥, 손가락까지, 여기서 다시 돌아와 오른손 손바닥, 손목, 팔목, 팔꿈치, 어깨, 목덜미로 돌아와서 척추를 타고 다시 오른쪽 엉덩이, 오른쪽 허벅지, 오른쪽 무릎, 오른쪽 종아리, 오른발 뒤꿈치, 오른발 발바닥, 발가락까지 이어진다. 이 과정에서 어딘가 불편하게 느껴질 수 있다. 이런 상황이 생긴다면 불편한 곳에 집중하고 자신의 느낌을 자세히 파악하여 가만히 받아들이기를 시도해보자. 이것은 하나의 기회이자 도전이다. 기존에 불편했던 느낌을 받아들인다면 그 뒤에 오는 느낌은 의외로 아무렇지 않을 수도 있다.

(4) 습관

장소에 구애 없이 좌향을 시도해보길 권한다. 택시나 기차, 비행기, 심지어 흔들리는 배에서도 가능하다. 아주 시끄러운 곳도 상관없다. 요컨대, 집중력에 집중해서 결국에는 자유자재로 집중력을 제어할 수 있어야 진정한 좌향이라고 할 수 있다. 궁극적인 목표는 시간이 지날수록 마음대로 집중할 수 있게 그 집중력을 제어하는 데 있다. 허튼 생각을 하거나 멍하게 있거나 잠이 든다면 뇌의 활동에 아무런 도움이 되지 않기 때문에 좌향이라고 볼 수 없다.

좀 더 쉬운 방법은 없을까? 지금도 이렇게 쉬운데, 이보다 더 쉬운 방법을 찾는다면 욕심이 지나치지 않았나 돌아보길 바란다. 정말 쉬운 방법이 하나 더 있긴 한데, 이 방법 역시 과학적으로 증명된 것이다. 2분 동안 천천히 호흡을 하는 것이다. 정말 간단하지 않은가! 엄밀히 말하면 집중력을 더욱 강화하는 부수적인 방법이다. '느린 호흡'은 분당 5~6회, 약 10초에 한 번씩 호흡을 이어가는 것이다. 2분의 느린 호흡으로 '심장 박동수 변동 정도'를 크게 향상시킬 수 있다.

우리의 심장 박동수가 완벽하게 고른 편은 아니기 때문에 언제나 심장 박동수 변동이 발생한다. 예를 들어, 우리가 극도로 긴장하면 심장 박동이 점점 빨라진다. 이때 심장 박동수 변동 정도가 높다면 심박수가 빠르게 정상 수준으로 돌아와서 긴장감과 불안감을 해소할 수 있다. 하지만 심장 박동수의 변화가 느리면 심장 박동수가 높아졌을 때 빨리 정상 수준으로 회복하기 힘들다. 다시 말해서, 심장 박동수의 변동 정도를 높이는 것이 정상적인 심장 박동수 수준을 유지하는 데 도움이 된다는 것이다. 심장 박동수가 정상 수준에 있을 때 대뇌피질과 회백질에 양분 공급이 가장 잘 된다. 즉, 대뇌가 최적의 운동 상태에 있기 때문에 주의력 집중도 자연스럽게 최상의 상태로 유지해주는 것이다. 정말 간단하지 않은가.

이런 간단한 좌향 방법은 거의 모든 상황에서 적용이 가능하다. 앞으로 집중력을 높여야 하는 상황(회의, 수업, 시험, 면접 등)이 오면 한번 시도해봐도 좋다. 호흡 속도를 분당 5~6회까지 낮추고 2~3분 정도 지속하면 몸(대뇌 포함)이 바로 최적의 상태로 진입할 수 있다.

경제적 자유와 투자에 관한 이야기를 하는 책에서 왜 갑자기 명상에 대한 내용을 길게 얘기했는지 의아해할 사람도 있을 것이다. 하지만 제대로 된 부를 이루기 위해선 스스로의 업그레이드, 특히 집중력 컨트롤이 무엇보다 선행되어야 한다. 이는 확실히 내 경험에서 나온 것이니 의심 없이 믿어도 좋다.

12

자신이 원하는 미래를 쟁취하기 위해 가장 필요한 능력

 이런 능력은 대부분의 사람들이 한 번도 고민해본 적 없고 연구해본 적도 없는 개념일 것이다.
 '메타인지'란 '인지적 인지'를 말한다. 즉 당신이 인지할 수 있는 당신의 인지를 말한다. 표현이 약간 어색하긴 하지만 이해하기 어려운 개념은 아니다. 우리가 생각이란 걸 할 때 자신이 생각하고 있다는 것을 깨달을 수 있고, 더 나아가 무엇을 생각하는지 또 자신의 사고방식과 결과가 옳은지 스스로 판단하고 자신의 잘못된 사고방식이나 결과를 바로 잡을 수 있음을 인지할 수 있는 능력이다.
 이것으로 사람이 성장할 기회가 있는지 없는지를 결정하기 때문에 이는 매우 중요한 개념이다. 당신의 운영체제가 스스로 도태되었다는 사실을 알지 못한다면 어떻게 업그레이드가 필요하다는 생각을 할 수 있겠는가? 스스로 업그레이드한다는 전제는 자신이 뒤처져 있다는 사실을 알아야 한다는 것이다.

메타인지 능력을 가진 우리는 우리의 사고방식과 그 결과가 과연 확실하고 합리적인 사고방식과 사고의 결과인지 따져볼 수 있을 정도의 수준까지 생각할 수 있다. 메타인지 능력은 거의 모든 학습과 발전에 있어 가장 기본적이고 근본적인 능력이다. 한 사람의 잠재력의 크기는 전적으로 그 사람의 메타인지 능력이 얼마나 강한가에 달려 있다. 상당수 사람들은 자신의 사고를 인식하지도 못하며 정확성이나 사고 과정 중의 누락, 결과의 합리성조차도 완벽하게 인식하지 못하기 때문에 자신의 사고를 바로잡는 것은 더욱이나 기대할 수 없다. 이른바 '개성이 강하고 성격이 센' 사람들이 많은데 사실 숨은 원인은 메타인지 능력 부족인 경우가 많다. 사실 이런 사람들은 누가 '주인'이고 누가 '하인'인지 구분하지 못하는 상황과 같다. 당신의 대뇌는 당신이 아니다. **당신의 대뇌가 당신에게 속한 것이지, 당신이 당신의 뇌에 속한 것이 아니다.**

오스트리아의 심리학자 프로이트 Sigmund Freud는 다음과 같이 말했다. "나는 말이고 자아는 마부다. 말은 구동력이 있고 마부는 말에게 방향을 안내한다. 자아는 나를 제어해야 하는데 말이 말을 듣지 않으면 둘은 한쪽이 무릎을 꿇을 때까지 서로 대치하게 된다."

오늘날로 치면 인지 능력이 말이고 메타인지 능력이 마부라고 할 수 있다. 이처럼 우리는 **우리의 개념을 끊임없이 업그레이드하고**, 그에 따라 발전하고 있다.

개인의 메타인지 능력의 강약은 대뇌피질의 면적과 회백질의 두께와 밀접한 관련이 있다. 과거에는 머리, 즉 머리통이 큰 사람이 똑똑하다고 생각했지만 지금은 머리(뇌)의 크기가 아니라 대뇌피질의 면적에 따라 결정된다는 사실을 알게 됐다. 대뇌피질 표면에 도랑이 얼마나 많은지에 따라 대뇌피질 면적의 크기가 결정된다(사람에 따라 대뇌피질 면적이 두 배 이상 차이가 날 수 있다).

그러나 사실 개인의 똑똑함과 대뇌피질 면적은 한쪽이 다른 쪽을 결정하는 관계가 아니라 상호보완하는 관계다. 효과적인 학습을 통해 대뇌는 더 많은 단련을 하게 되고 그 결과 대뇌피질 면적이 커지고 회백질이 두꺼워진다. 반면, 대뇌피질 면적이 커지고 회백질이 두꺼워지면 학습 능력도 더욱 확장되고 증가한다.

메타인지 능력이 생기는 것이 지식의 습득과 관계되는 것은 어떤 학습 과정이든 본질적으로 '더 많은 도랑을 만들기' 때문이다. 또 한편으로는 팔의 이두박근을 단련하는 것처럼 일정한 방법으로 대뇌를 단련할 수 있는데, 앞에서 언급한 좌향도 단련 방법 중 하나다.

좌향으로 두뇌를 이완시켜 장시간 몸의 어느 한 부분에만 집중하면 개인이 메타인지 능력을 활용해 끊임없이 자신의 주의력을 향상할 수 있다. 집중력은 가장 중요한 인지 방식 중 하나이다. 그러나 흩어진 주의력을 다시 집중시키는 과정에서 연습자가 자신의 인지 능력이 제대로 작동하거나 작동하지 않는 것을 인지하면 그는 자신의 메타인지 능력을 통해 자신의 인지 및 운영 방식을 바로잡을 수 있다.

이런 연습은 간단해 보이지만 엄청난 실제적 의미를 갖는다. 알고 보면 우리 몸 모든 부분의 능력은 매우 간단한 방식으로 강화될 수 있다. 다른 건 말할 것도 없이, 걷기만 봐도 아주 간단한 행위다. 하루에 1시간 이상 걸으면 그만큼 몸에 큰 도움이 된다. 하지만 이렇게 간단한 일이라도 실행하는 사람은 별로 없다. 그냥 이렇게 하는 것이 얼마나 좋은지 몸소 느끼지 못했기 때문에, 하지 않았을 때 생기는 해로움도 잘 모를 뿐이다.

하루 15분에서 1시간 정도 좌향을 하는 것만으로도 뇌를 단련하기에 충분하다. 대뇌피질 면적을 넓히고 회백질을 두껍게 하는 것 외에도 인체의 면역체계를 강화시켜 주는 등 우리에게 많은 유익이 있다는 사실은 이미 과학적으로 충분히 증명되었다. 더욱 중요한 것은 사람의 메타인지 능력이 강해지면 진취적인 성향으로 변하고 감정에 좌우되지 않아 상대적으로 냉정하고 정확한 사고를 할 수 있다는 점이다. 어느 모로 보나 좌향은 **삶의 질을 극대화할 수 있는 활동**이다.

앞에서 얘기한 세 가지 개인 비즈니스 모델에 대한 내용을 봤을 때 머릿속으로 '전에는 왜 이걸 생각 못 했을까!'라는 생각이 스쳤을지도 모른다. 이런 사고가 바로 '자신의 과거 사고에 대한 현재적 사고'다.

'주의력 > 시간 > 돈'이라는 가치관을 이해하고 인정하고 나면 과거의 여러 판단을 의식적으로 바로잡게 되는데, 이런 사고를 '과거의 사고에 대한 현재적 사고'라고 할 수 있다.

《논어》에서 증자曾子의 '나는 하루 세 번 자신을 반성한다吾日三省吾身'는 말 역시 강한 메타인지 능력을 표현한 것이다. 나의 전작 《시간을 친구 삼아》에서도 이미 "모르는 것은 두렵지 않다. 진짜 두려운 것은 '당신이 모른다'는 사실을 모르는 것이다."고 수차례 말해왔다. 좀 더 자세히 살펴보면 많은 사람들이 정말 모르는 척을 하는 것이 아니라 진짜 '자신이 모른다'는 사실을 아예 모르고 있다. 왜 그럴까? 한마디로 요약하자면 그들은 메타인지 능력이 떨어지고 심지어 아예 메타인지 능력이 없는 상태인 것이다.

고수일수록 겸손하고 전문가일수록 신중한 이유는 무엇일까? 그들은 능력이 뛰어나고 경험도 풍부할 뿐 아니라, 무엇보다 강력한 메타인지 능력을 가지고 있기 때문에 자신의 사고와 수준, 경험에 대해 더욱 엄격한 잣대를 들이댄다. 그 결과 그들은 더 많은 경외심을 품고 있어 일부러 겸손한 척하는 것이 아닌 진짜 전문가의 모습으로 변화하는 것이다. 그들은 스스로 천하무적이라고 생각하지 않는다. 그들은 '모든 일은 그렇게 간단하지 않고 아주 긴 여정이 될 것'이라고 생각할 뿐이다.

이처럼 메타인지 능력은 거의 모든 것을 주도한다. 전체 운영체제에서 각각의 최하위 개념이 분명하고 정확하고 필요한지, 또 각각의 분명하고 정확하고 필수적인 개념 간의 연관성도 분명하고 정확하고 필수적인지 살펴보고 가치관이 올바른지, 무엇이 더 중요한지, 또 가장 중요한지 살펴본다. 그래야만 우리는 반복적으로 자신의 방법론을 돌아보고 바로잡으며 개선할 수 있다. 그렇지 않으면 우리 유전자에는 게으른 사람으로 변화시키려는 성향이 있기 때문에 능동적인 행동을 취하기가 좀처럼 쉽지 않다.

개인의 메타인지 능력 존재 여부와 정도에 따라 자신의 모든 운영 체제에 대한 일상적인 품질 유지 정도가 결정된다. 메타인지 능력은 운영체제의 보디가드처럼 모든 조작 과정마다 누락 유무와 품질 정도를 계속해서 검토하고 이를 통해 어떻게 응급상황에 대처하고 어떻게 업그레이드하고 스스로 보완해야 하는지 결정한다.

좋은 소식은 이 능력은 한 번 작동하면 꺼지지 않는다는 점이다. 그리고 그것은 당신의 다른 모든 능력과 마찬가지로 쓸수록 점점 강해진다. 작동 방법도 매우 간단하다. 끊임없이 자극해주면 된다. 이 책이 짧은 시간 안에 높은 빈도수로 당신의 메타인지 능력을 자극하여 '아, 이렇게 생각할 수도 있구나!'라거나 '응? 생각지도 못했네!' 혹은 '아! 이번에는 내가 맞았네!'라고 끊임없이 생각하게 한다면 그 임무를 완벽하게 다했다고 생각한다.

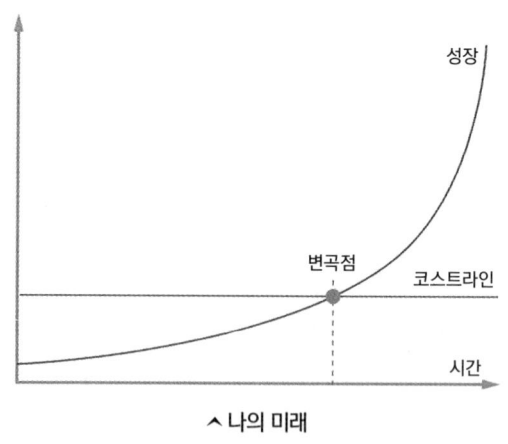

▲ 나의 미래

앞서 등장했던 곡선을 떠올려보자. 이 곡선을 확실하게 기억하고 있다가 항상 스스로에게 '내가 누구인가?'를 상기시키고 얘기해주자. 그리고 항상 '내가 확신하는 미래'를 되새기며 자신의 결정과 행동을 돌아보자. 이는 실제로 당신이 믿는 미래를 성취하기 위해 가장 기본적인 능력인 메타인지 능력을 끊임없이 강화시키는 과정이다.

13

100% 안전감을 버렸을 때
비로소 보이는 것

많은 일들은 생각만으로 다 이해할 수 없고 이해한다고 생각해도 알고 보면 제대로 이해하지 못한 경우가 많다. 전면적이고 깊이 있는 사고는 특히나 어려운 일이다. 집중력이 부족하면 전면적이고 깊이 있는 사고 자체가 불가능하기 때문이다. 앞서 우리가 이미 주의력에 대해 깊이 있는 사고를 했지만 다음의 토론 내용은 또 완전히 예상 밖일지도 모른다.

대부분의 사람들은 매 순간 주변의 관심을 가질 수 있는 모든 것에 관심을 가지면서 '자신이 빠트린 것'에 대해 두려움을 느낀다.

거의 모든 하등동물은 눈이 모두 머리 양쪽에 길게 나 있어서 시각적인 사각지대도 없고 위, 아래, 좌, 우, 앞, 뒤에 있는 물체를 한 번에 볼 수 있다. 이는 확실히 안전한 배치다. 하지만 여기에도 문제가 있다. 바로 자신의 시선을 한곳에 집중할 수 없고 어떤 한 부분을 장기간 깊이 들여다볼 수도 없기 때문에 장기적으로 깊은 사고가 불가능하다는 점이다. 따라서 그들은 진화 과정에서 대뇌피질이 발전할 기회를 갖지 못한다. 실제로 필요가 없긴 하다. 그들에게는 생존이 더 중요하기 때문에 그들이 성장시킨 것은 더욱 강력한 번식 능력이다.

또 다른 측면에서 보면 그것들은 장기간 깊이 있게 관찰하고 생각할 수 없기 때문에 그들의 주의력은 자기 주변에서 일어나는 모든 것에 소모된다. 이 때문에 실제로 과거와 미래가 존재하지 않고 과거와 미래가 존재한다는 사실조차 모른다. 그저 현재만 존재할 뿐이다. 전과 후의 개념이 없는 그런 현재 말이다. 그래서인지 **그들은 영원한 현재에 갇힌 것과 같다. 영원한 현재에 갇혀 있는 것**은 다른 종에게, 혹은 적어도 일부 인간에게는 감히 상상할 수 없는 악몽과 같다.

자세히 살펴보면, 결국 일부 종의 눈은 진화해서 머리 정면에 위치하게 되면서 장기적으로 깊이 있게 관찰할 수 있는 기회가 생겼고, 대뇌피질이 진화할 수 있는 기회도 생겼다. 생각해보면 모든 인류 문명은 사실상 대뇌피질로 인해 발생한 것이나 마찬가지다. 문제는 여기 '전체 시각을 포기하고 시야의 사각지대를 받아들였다'는 전제에 있다. **이런 관점에서 보면 솔직히 거의 모든 발전은 부분적 안전함을 버릴 때 비로소 가능하다.**

이 사실은 우리에게 많은 깨달음을 전해준다. 대부분의 사람들이 100%의 안전감을 추구하고 주변에서 일어나는 모든 일(사실 '마음을 분산시키는 것分神'이라고 불러야 한다)에 신경을 쓰는 바람에 모든 일에 오랫동안 깊은 관찰이나 사고를 하기 어렵다. 본성 자체가 그런 것이 아니라, 앞서 말한 영원한 현재에 갇혀 있는 동물처럼 이러한 생존 방식의 한계를 의식하지 못하고 있는 것이다. 사실 이는 지나친 안정감을 추구했을 때 발생하는 일이다.

▶ **100% 안전감을 추구하면 영원한 현재에 갇히고 만다.**
▶ **우리는 부분적인 안전감을 버려야만 장기적으로 깊이 있게 관찰하고 생각할 수 있다.**

또 다른 측면에서 봤을 때, 일부 안전감을 포기했다면 이 자발적으로 포기한 안전감을 어떻게 보충할 수 있을까 고민하는 사람들이 있을 것이다. 물론 방법이 있다. **그들은 혼자 있는 것보다 다른 사람과 협력하는 것을 선택할 수 있다(혹은 '효과적인 사교'라고 한다).**

더 깊이 들여다보면 일부 안전감을 과감히 버리는 사람들은 끊임없이 그들의 정신력으로 사회의 발전을 이끌어낸다. 인류 역사에서 자주 나타나는 대량 학살 같은 경우는 본질적으로 아주 일부의 안전감을 포기하지 않는 자들의 내면의 깊은 두려움에서 비롯되는 경우가 많다. 개가 사람을 무는 것은 사나워서가 아니라 내면의 두려움 때문이다.

다양한 사회 속에 존재하는 기본 개념을 결정짓는 중요한 요소이기 때문에 안전감의 본질을 잘 이해하는 것이 정말 중요하다. 깊이 있게 논의할 것도 새롭게 수정해야 할 것도 많지만 여기서는 협력과 신뢰의 본질만 얘기해보려고 한다.

협력의 본질은 사실 우리 각자가 일부 안전감을 포기하고 함께 협력하는 사람에게 맡기는 것이다. 신뢰는 상대방이 자신이 포기한 안전감을 이용하지 않는다고 믿는 것이다. '안전감 결핍'이란 자신이 포기한 부분을 다른 사람이 이용하지 않을 거라는 사실을 믿지 않아서 발생한다. 이러면 몸과 마음이 모두 방전되는 상태가 벌어진다. 만약 사람들이 안전감 결핍의 근본적인 원인이 무엇인지 알고 있다면 지금 내 조언이 왜 필요한지 알게 될 것이다.

> 안전감이 결여된 사람과는 협력하지 마라, 그들의 세계에 진정한 협력관계란 결코 있을 수 없다.

용기도 다시 정의해볼 수 있다. 용기란 과감히 안전감을 포기하는 것이 아닐까 생각한다. 그래서 소수의 지혜로운 사람은 신경 쓰는 일이 별로 없고 두려워하는 일도 많지 않다.

용기는 어떤 의미에서 보면 태어나면서부터 타고나는 것이 아니라 습득할 수 있다. 하지만 다른 사람이 가르쳐서 해결되는 부분이 아니므로 스스로 자신을 가르쳐야 한다. 방법은 매우 간단하다. 잠시라도 자발적으로 안전감을 포기해보자. 사실 많은 부분을 포기할 필요도,

포기해야만 하는 것도 아니다. 그저 아주 조금의 안전감만 포기하면 된다. 이렇게 하면 처음부터 하찮은 일에 매달리지 않고 더 긴박하고 중요한 일을 먼저 해결함으로서 더 큰 이익을 얻을 수 있다.

14

내가 비트코인에
지속적으로 투자할 수 있었던 이유

기초가 어긋나면 그 위에 아무리 화려한 것을 세워도 아무런 소용이 없다. '현재를 살아라'는 요즘 매우 유행하는 말이다. 그러나 앞의 내용을 제대로 읽어보았다면, 특히 '그들은 영원한 현재에 갇혀 있다'라는 구절을 찬찬히 읽어보았다면 '현재를 살아라'라는 이 말이 아직도 좋은 말로 들릴지 의문이다. 아마 그렇지 않을 거라 생각한다. 아니, 그럴 리 없을 것이다. 정신을 바짝 조이고 몸서리를 칠지도 모르겠다. 그리고 머릿속에서 들리는 소리에 귀를 기울여보자. '나는 절대 나 자신을 영원한 현재에 가두지 않을 거야!'라는 말이 들리지 않는가? (이는 분명 메타인지 능력이 작동하고 작용하는 실제 사례이다.)

'미래를 사는 방법'은 없을까? 내 답은 아주 긍정적이다. **'물론 있**

다!' 실제로 우리에겐 미래를 사는 방법이 있을 뿐만 아니라, 반드시 미래를 잘 살아내야만 한다. 그렇다. 반드시 그래야 한다. 그렇지 않으면 답이 없다. 현재를 산다는 것은 영원히 갇히는 것이고, 과거를 산다는 것은 더 좋지 않은 상태에 영원히 갇히는 것과 같기 때문에 발버둥을 치더라도, 부분적으로라도 우리는 미래에 살아야 한다. 그렇다면 어떻게 미래를 살 수 있을까? 이 말이 이상하게 들릴지 모르겠지만, 사실 하려고 하면 아주 간단하다.

▶ 당신은 지금 미래에 대해 예측을 하고 있다.
▶ 그 예측은 시간이 지나야 결과를 얻을 수 있다.
▶ 당신은 지금 자신의 예측이 정확하다고 굳게 믿는다.
▶ 당신은 그 예측 결과에 따라 행동하고 선택하고 생각한다.
▶ 시간은 쉼없이 흘러 결국 예측의 결과가 나오는 순간이 다가온다.
▶ 최종 결과가 당신의 예측이 옳았다는 것을 증명해준다.

　미리 미래의 정확한 결과에 따라 행동하고, 선택하고, 생각하기 때문에 꽤 긴 시간 동안 당신 삶의 일부가 바로 '미래'에 사는 것과 동일해지는 것이다.
　'예측'은 소수만이 최종적으로 습득할 수 있는 능력이다. 그 이유는 앞에서도 말했지만, 대부분의 사람들은 100%의 안전감을 포기하지 않고 전체 시간을 포기하지 않기 때문에 어떠한 문제에도 장기적이고 깊은 관심을 갖고 생각할 수 없다.

지식의 축적이라는 면에서 나는 지난 여러 해 동안 확실히 미래에 살고 있었다는 생각이 든다. 오랫동안 나는 지식으로 돈을 벌어왔다. 책을 쓰거나 강의를 하고 주식 투자하는 것과 창업하는 일 모두 지식이 필요했기에 끊임없이 배우고, 개선하고 쌓아 가다 보니 비로소 의미 있는 지식이 되었다.

이것은 삶의 극히 일부분일 뿐이다. 나머지 대부분, 특히 육신은 줄곧 어쩔 수 없이 현재를 사는 것이다. 그러므로 미래를 산다는 것은 본질적으로 사유적, 사고적 경우에 해당되는 것이라고 할 수 있다. 그전까지 당신이 미처 이해하지 못했던 표현으로 얘기해보자면, **당신의 메타인지가 미래를 살아가는 것이다.**

다른 예를 하나 들어보자. 다음은 2016년 8월 전까지 내가 예측해봤던 미래이다. 2014년 한 해 동안 고민한 끝에 2015년 상반기까지 나는 다음과 같은 결론을 내렸다.

- 인터넷에서 이미 사라진 것처럼 보이는 각종 공동체는 반드시 다시 살아날 것이다.
- 신생 공동체의 수가 이전 세대의 수를 틀림없이 초과할 것이다.
- 신생 공동체에서 유료 집단이 무료 집단을 추월할 확률이 높다.
- 거래를 핵심으로 하는 나눔이 점차 정보 중심의 나눔을 넘어설 것이다.
- 공동체의 보루가 될 수 있는 것은 비용과 콘텐츠의 축적이다.

그래서 나는 주변 친구들에게 "유료시대가 오면 공동체도 점점 더 부흥할 거야."라고 얘기하고 다녔지만 내 말에 귀를 기울여주는 사람은 몇 명 없었다. 그래도 나는 2015년 8월 위챗 구독 계정을 개설했다(당시 많은 사람들이 '위챗의 배당 기간은 이미 끝났다'고 말하기도 했다). 2015년 10월 말까지 내 위챗 계정에는 약 4만 명의 구독자가 생겼고, 2015년 11월, 각종 유료 커뮤니티를 만들기 시작했으며 주변 친구들의 계정 개설과 디자인하는 것을 도와주었다. 심지어 팀을 하나 구성해서 커뮤니티를 구축할 때 필요한 인프라를 개발해서 커뮤니티를 만들고 싶어 하는 다른 사람들을 도와주기도 했다.

이런 모든 생각과 행동이 모두 공개되었고 흥미 있는 독자들은 나의 위챗 구독 계정인 '배우고 배우고 또 배우자!'를 열심히 들여다보았다. 그간 나는 아이디어가 있다고 잘난 척하는 것처럼 보이는 게 싫어서 항상 꽁꽁 숨겨왔는데 결국은 내가 하고 싶고 알고 있는 것을 그 공간에서 모두 말하게 됐다. 어차피 매일 미래를 위해 수많은 '한 발 앞선 생각'을 하고 있는 것은 다를 바 없었다.

그 후 1~2년이 지나고 유료 커뮤니티가 일상화됐을 때 모두가 내가 미리 예견했던 것을 인정했다. 나는 다시 한번 '미래를 사는 것'을 실현한 것이다.

또 다른 예로, 2017년 5월 비트코인 가격이 급등했다. 내가 본 것은 무엇일까?

▶ 비트코인의 시가총액이 270억 달러에 달한다.

▶ 비트코인을 포함한 각종 블록체인 자산의 시가총액이 520억 달러에 달한다.
▶ 비트코인 시가총액은 여전히 급격하게 상승하고 있지만 블록체인 자산 시가총액에서 차지하는 비중은 하락하여 50%에 불과하다.

예측은 간단하면서도 명확하다.

▶ 앞으로 몇 년간 블록체인 자산 유통의 시가총액은 놀랄 만한 수준으로 늘어날 것이다.
▶ 그중 비트코인 외의 블록체인의 총액은 80% 내지 심지어 90%를 초과할 것이다.

그렇다면 나는 무엇을 해야 할까?

▶ 다른 고효율의 블록체인을 찾아서 투자한다.

사실 이 예측은 2016년 7월, 여러 블록체인 회사에 투자했을 때 생각했던 것이다. 그때가 블록체인 자산 시가총액에서 차지하는 비중이 75%를 밑돌던 때였다. 나는 행동으로 '미래를 사는 것'이라는 메타인지에 맞춰야 했다. 결국 1년도 안 돼 내 예측은 현실의 추세로 나타났다.

부디 주의해주기 바란다. 나의 예측이 반드시 정확한 것은 아니다.

사실 나는 내 성공 예측 스코어가 그닥 대단하지 않다는 것을 알고 있다. 하지만 어차피 불확실성은 없앨 수 없기 때문에 그저 방법을 따를 수밖에 없다. 그저 나는 미래에 살려고 노력할 뿐이고, 반대로 가끔은 잘못된 미래에 살 때도 있다. 그러면 또 어떤가? 어쨌든 나 같은 사람은 '100% 안전감 추구'를 포기한 지 오래다.

이 그림이 또 나왔다!

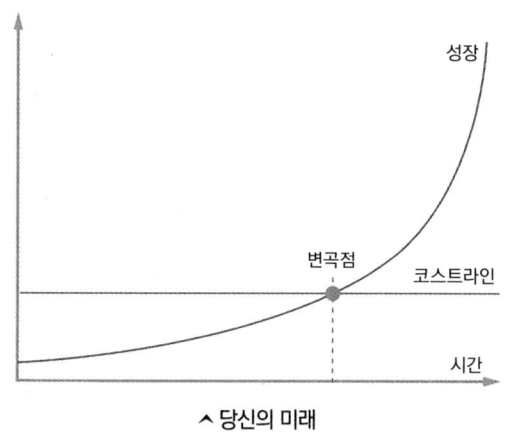

▲ 당신의 미래

이것이 당신의 미래라면 지금부터 당신은 '미래에 사는 것'을 시작해야 한다. 종이와 펜을 꺼내 '미래에 사는' 당신이 꼭 해야 하는 일이 무엇이고 절대로 해서는 안 되는 일이 무엇인지 나열해보도록 하자.

'미래에 사는 것'을 평생 단 한 번이라도 할 수 있다면 더할 나위 없이 기쁘고 상상할 수 없는 결과를 이뤄낼 수 있다. 문제가 있다면 이런 모델이 개방되면, 한번 성공을 경험하고 나면 그 뒤로는 결코 멈출 수 없다는 것이다. '이루었다'는 것이 갈수록 쉬워지고 자연스러워지면서 당신의 생각은 계속 미래에 머무르게 될 것이다.

여기까지 읽었다면 잠시 멈추고 아래 간단한 질문에 대한 답을 진지하게 고민해보자.

당신이 지금까지 한 가장 중요하고 정확한 예측은 무엇인가?

어쩌면 쓸 내용이 없을지도 모른다. 걱정할 것 없다. 지극히 정상적인 모습이다. 대부분의 사람들이 같은 상황일 것이다. 하지만 이제부터 당신에게도 약간의 변화가 필요하다는 사실은 알아야 한다!

15

당신은 '귀인'의 도움을 받을 준비가 되어 있는가?

메타인지로 미래를 살아가는 것은 성장하는 방법일 뿐만 아니라 자신, 특히 자신의 미래를 더 가치 있게 만드는 방법이다. 그렇다면 가장 소박한 방법은 무엇일까?

옳은 방법으로 옳은 일을 하는 것이다.

방법이 옳은지 판단하는 방법은 무엇일까? 어떤 일이 옳은지 판단하는 방법은 무엇일까? 우리는 오직 한 가지, '논리'를 가지고 그 여부를 판단할 수 있다. 많은 사람들이 자신의 논리가 약하다는 이유로 제대로 노력을 해보지 않는 경향이 있다. 논리는 우리 유전자에 새겨진 것이 아니라 인류가 발전하는 과정에서 지혜로운 소수의 사람들이 귀납하여 결론을 내린 것이다. 그렇다면 이 논리는 대체 어디에 쓰이는 걸까? 바로 '미래 예측'에 쓰인다. 누가 학교 다닐 때 아무 쓸모 없는 학문이라고 했는지 모르겠지만 논리학 이외에 수학이나 확률, 통계 등이 모두 논리를 위해 쓰인다.

우리 삶에는 수많은 단순하고 정확한 논리가 존재한다. 그것들을 잘 따라가면 좋은 결과를 얻을 수 있다. 그러나 이런 단순하고 정확한 논리라도 우리는 많은 힘을 쏟아야만 제대로 이해하고 경험할 수 있다.

누군가 무협소설 사조영웅전의 주인공 곽정이 많은 사람들로부터 도움을 받은 이유를 다음과 같이 설명했다.

> IQ(지능지수) 일류, EQ(감성지수) 일류면 천하를 다스릴 수 있다. IQ가 이류고 EQ가 일류면 많은 귀인들로부터 도움을 받는다. IQ가 일류고 EQ가 이류면 많은 사람들로부터 배척을 당한다. IQ가 이류고 EQ도 이류면 평생 일반 백성으로만 살아갈 수밖에 없다.

누구의 말인지 모르겠지만 이 해석에는 실제로 맞지 않는 부분이 너무 많다. 첫째, 나는 IQ가 낮은 사람이 EQ가 높을 수 있다는 말을 믿을 수 없다. 둘째, 이 해석에 따르면 IQ와 EQ가 마치 충돌하는 것처럼 보이지만 사실은 그렇지 않다. 둘 다 명백한 두뇌활동이다. 셋째, 나는 EQ라는 개념 자체가 존재할 필요가 없다고 생각한다. 그들이 설명하는 EQ가 이류라는 상황은 좀 더 정확하게 말하면 '**두뇌활동이 부족하기 때문에 생각이 치밀하지 못하고 생각이 깊지 못해 뜻하지 않은 결과를 초래하게 된다**'로 해석할 수 있다.

여기서 우리가 궁금한 것은, 어떤 사람들은 항상 귀인의 도움을 받는데 대부분의 사람들은 왜 그렇지 않느냐는 것이다. 단지 운이 좋았다고 할 수밖에 없는가? 거꾸로 생각해보면, 당신은 지금 근거 있는 예측이 가능한가?

▶ 미래에 당신은 많은 귀인의 도움을 받을 수 있는가?
▶ 당신의 판단 근거는 무엇인가?

서두르지 말고 천천히 생각해보자. 나 역시도 위 두 가지 질문이 너무 까다롭다고 생각한다. 바로 이해하고 답할 수 있는 것은 아니다. 그러니 계속 이어서 읽어 내려가보자.

1980년까지 우리 아버지는 고향의 중학교에서 7년 간 학생들을 가르치셨다(문화대혁명 때 간부나 지식인들의 사상 단련을 위해 공장이나 농촌, 광산 등으로 보내는 정책 때문이었다). 그전에는 '오칠 간부 학교'라고 모택동의 '5월 7일 지시'에 따라 창립된 간부를 훈련하는 학교에 3년 동안 갇혀 지내셨다. 당시 그들 세대는 정말 비참했다. 마침내 따뜻한 봄바람이 불어 변방 소도시까지 많은 지식인들의 누명을 벗겨지고 명예를 회복하고 있다는 소식이 전해졌다.

어머니는 아버지께 베이징으로 가시라고 했지만 아버지는 "그럼 먼저 돈 모을 궁리를 먼저 해야지. 반년 넘게 베이징에서 고생하고 있는 사람이 있는데, 아직 정책이 실행되지는 못했다고 들었소."라는 말뿐이었다. 우리 어머니는 결정적인 순간에 판단력이 유난히 좋은 분이셨다. 다음 날 저녁이었다. "집을 팔았어요. 여기 집 팔고 남은 절반이에요. 계약금이라고 생각하세요. 기차표는 미리 사뒀고, 내일 하루 준비해서 다음 날 가시면 돼요. 아이들은 제가 데리고 출근하면 돼요." 아버지의 입이 떡 벌어졌다.

이튿날, 어머니는 아버지를 데리고 시장에 가서 새 옷 두 벌을 사고는 아버지께 당부하셨다. "당신이 몇 년째 선생님으로 있으면서 말재주도 있고 뚜렷한 논리도 있어서 그건 걱정 안 해요. 우리도 나쁜 짓을 하면서 살지 않았으니 겁나는 건 없어요. 그러니까 베이징에 가서 가슴 딱 펴고 고개도 빳빳하게 들고 다니세요. 너무 자만하지는 마시고 겸손하고 깨끗하게만 계세요."

우리 가족은 기차역에서 아버지를 배웅했다. 어머니는 나와 동생을 데리고 직장으로 가시더니 역장에게 "내 남편이 베이징에 정책 구현하러 가는데, 집에 돈이 없어서 집을 팔았어요. 지금 갈 데가 없어요."라고 말했다. 그러자 역장이 당시 세 식구의 임시 숙소로 직장에 작은 방을 하나 내주었다.

한 달하고 보름째 되던 날, 아버지께서 돌아오셨다. 그는 하이린현에서 가장 처음으로 '정책 구현'에 성공한 사람이 되었고, 그 이후로 성공한 사람들 가운데서도 가장 빠른 속도로 성공한 사람이었다.

1980년 여름, 우리 가족은 우리가 나고 자란 헤이룽장성 하이린현을 떠나 지린성 옌지시로 옮겨갔다. 우리 아버지는 옌볜 의대에서 외국어학과를 만들었고 어머니는 도서관장이 되셨다. "그때 당신 판단이 옳았어." 나중에 아버지가 어머니에게 한 말이다. 베이징에서 아버지는 상대적으로 모든 과정이 순조로웠고 가는 길에서 많은 귀인들도 만났다고 했다.

어머니 역시 살면서 많은 귀인들을 만났다고 말씀하시곤 했다. 그리고 귀인을 만난다는 것에 대한 나름의 원칙을 가지고 있었다. **'먼저 자신이 스스로 귀인이 되어야 귀인을 만날 수 있고 나아가 더 많은 귀인을 만날 수 있다.'**

몇 년 후, 나는 책에서 "당신이 훌륭하지 않으면 효과적인 사회적 교류를 형성할 수 없다."라는 말을 썼었는데, 이는 사실 어머니의 교육에서 비롯된 것이다. 이것은 아주 기본적이고 너무 단순하지만 영원히 유효한 이치이다.

사실 14편에서 언급한 두 가지 문제는 대다수 사람들을 난처하게 할 수 있는 질문이었다.

> 당신이 지금까지 한 가장 중요하고 정확한 예측은 무엇인가? 왜 그 예측이 그렇게 중요했는가?

아마 80% 이상이 아예 대답을 못할 것이고, 대답한 사람들도 그저 대충 맞춘 거라고 믿어 의심치 않는다. 사람들 가운데서 상대적으로

'비교적 앞선' 사람들을 봐도 미래에 대해 심각하게 생각하지 않거나 아예 어떻게 생각해야 할지 모르는 경우가 많다. '손이 없어서'가 아니라 어떻게 손을 대야 할지, 어디서부터 손을 대야 할지 몰라서 그렇다.

사실, 아주 간단하고 안전하게 미래를 예측하는 전략이 있다. (앞에서 대충 얘기하긴 했었는데, 눈치챘을지 모르겠다.)

만일 어떤 이치가 객관적으로 확실히 옳다면 과거에 그것은 성립되었고 지금도 성립된다. 그렇다면 큰 이변이 없는 한 미래에도 그것은 성립될 것이다.

예를 들어, '옳은 일을 하는 것'이 '일을 올바르게 하는 것'보다 훨씬 중요하다고 해보자. 이를 반복해서 연구한 결과 나는 객관적으로 옳은 일은 그것이 과거에 성립되었고 현재에도 성립되는 것을 확신하며 미래에도 성립될 것이라는 결론을 얻었다. 그래서 나는 여기에 맞게 행동한다. 그런 면에서 나는 '미래에 사는 것'을 가장 간단한 전략으로 삼았다. 이를 통해 성공 확률을 극대화할 수 있는 예측을 했기 때문이다. 어릴 때부터 귀동냥을 많이 해서 **'일을 올바르게 하는 것보다 옳은 일을 하는 것이 더 중요하다'**는 말을 들으면 훨씬 쉽게 이해하고 공감할 수 있다.

소박한 이치일수록 영원히 오래간다. 소박하고 영원한, 심지어 사람들이 흘려듣거나 판에 박힌 말이라고 여겨도 잘 연구하면 당신은 한순간에 미래로 넘어가는 경험을 할 수 있을 것이다. 이 모든 이치가 모두 미래에도 여전히 성립되기 때문이다.

이런 이치는 사실 도처에 깔려 있다. '젊어서 열심히 일하지 않으면 늙어서 후회해도 소용없다'나 '다른 사람을 속이면 언젠가 돌려받게 된다' 등 얼마나 주옥같은 말이 많은가! **많은 사람들이 이를 무시하는 이유는 스스로 미래를 예측하려는 생각을 해본 적이 없기 때문이다.**

나 또한 내 인생에서 많은 귀인을 만났다. 그래서 어머니가 말씀해주신 몇 가지 원칙을 꾸준히 보완하고 수정하고 있다. 말 그대로 아주 소박하고 간단하고 어쩌면 영원할 수도 있는 이치다.

▶ 낙관적인 사람은 다른 사람의 귀인이 되기 쉽다.
▶ 귀인이 귀인을 더 쉽게 만날 수 있다.
▶ 다른 사람의 발전을 도울 수 있는 사람이야말로 진짜 귀인이다.
▶ 훌륭한 사람, 존경할 만한 사람이 더 쉽게 도움을 받을 수 있다.
▶ 나눔을 즐기는 사람은 도움을 받기 쉽다.
▶ 남에게 부담을 주지 않는 사람이 도움을 받기 쉽다.
▶ 도움을 청하는 사람이 도움을 받기 쉽다.
▶ 도움을 청할 때는 금전적으로만 보답해서는 안 되고, 남을 도울 때는 금전적인 대가를 바라면 안 된다.
▶ 귀인은 화합을 중요하게 생각하며 혼자보다 다른 사람과 함께하는 것이 더 소중하다는 것을 잘 알고 있다.
▶ 많은 경우에 한 사람이 성공할 수 있는 것은 많은 사람들이 그의 성공을 바라기 때문이다. 거꾸로 그의 성공을 바라지 않는 사람이 많

다면 그 사람은 귀인의 도움을 받기 어려울 것이다.
- ▶ 올바른 일을 하고 있는 사람은 귀인의 도움을 받기 쉽다. 사람의 마음을 얻으면 도와주는 사람이 많다.
- ▶ 미래를 살아가는 사람은 다른 사람이 그의 주변에서 미래를 볼 수 있기 때문에 귀인의 도움을 받기 쉽다.
- ▶ …… (여생 동안 계속 보충하도록 하겠다.)

보다시피 그렇게 대단한 이치가 아니다. 하지만 당신이 여기에 담긴 메커니즘을 진짜 이해한다면 당신은 미래에 끊임없이 다양한 귀인을 만날 수 있으며 여러 형태의 뜻밖의 행운을 얻게 될 것이다. 그게 내일일지 내년일지, 어쩌면 5년 뒤일지 모르겠지만 분명 귀한 경험을 하게 될 것이다. **안타까운 것은 일반적으로 대부분의 사람들은 3개월도 기다리지 못한다는 것이다.** 대부분 사람들에게는 '장기적 사고, 인내심 검증, 세심한 결론 도출'이라는 능력 자체가 없다.

하지만 그 이면에는 따로 말할 만한 깊은 이치가 있다. 대부분의 사람들이 '도움을 청한다'는 개념에 대해 깊은 오해를 하고 있는데, 도움을 청한다는 것은 목소리를 낮추거나 굽실거리거나 어깨를 잔뜩 움츠리는 행위가 아니다. 이건 도움을 요청하는 것이 아니라 구걸하는 것이다. 만약 당신의 머릿속(당신의 운영체제)에서 도움을 요청하는 것을 이렇게 이해하고 있다면 본질적으로 자신을 구걸하는 거지로 만드는 것과 같으며 과거든 현재든, 그리고 미래에도 좋은 결과는 얻지 못할 것이다.

사실 **도움을 요청하는 것은 의미가 매우 큰 거래이다.** 귀인은 당신이 자신의 가치를 높이는 데 도움이 될 것이며, 미래에 대한 어떤 가능성이 있다는 판단(비록 그것이 확실하진 않더라도)을 했기 때문에 당신에게 도움을 주려는 것이다. 당신 스스로가 누군가의 귀인이 된 적이 있다면 당신이 도움을 건네는 그 순간, 이미 보답을 받은 것이나 다름없고, 이것이야말로 당신이 기꺼이 도움을 건넨 근본적인 이유임을 알고 있을 것이다.

이 세상은 점점 하나의 큰 시장처럼 변해간다. 모든 사람이 가치 교환과 가치 집단 속에서 살아가는데, 지혜로운 사람들은 자신을 위해 두 가지 일을 한다. 바로 인간 가치를 비축하는 것과 인간 가치가 높은 곳으로 모이는 것이다. 이것은 모든 인간의 본능이다. 이런 관점에서 보면, 도움을 구하는 것은 근본적으로 **비위를 맞추는 기술이 아니라, '자신의 가치를 올바르게 보여주는'** 기술이라고 할 수 있다.

한발 더 나가서 생각해보자. **어떻게 하면 자신을 귀인을 끌어들일 수 있는 개체로 바꿀 수 있을까?** 다른 말로 하자면, 도움을 잘 요청하고, 쉽게 도움을 받을 수 있는 사람이 되는 방법 말이다. 이것은 경제적 자유를 획득하기 위한 근본이라고 할 수 있다.

16

세상의 피드백을 받아들이는 용기

대부분의 사람들은 습관적인 '고지식함'을 가지고 있어서 1차원적으로만 생각하고 다른 차원으로 사물을 살펴본 적이 없다. 다음의 표를 보자.

	다른 사람 모두가 맞았다	다른 사람 모두가 틀렸다
당신이 맞았다		
당신이 틀렸다		

당신이 옳은 동시에 다른 사람들도 옳다면 '옳다'는 것 자체의 가치는 결코 크지 않다. 당신이 옳지 않은데 다른 사람들이 옳다면 그것은 정말 무서운 상황이 될 것이다. 만일 당신이 옳은데 다른 사람들

이 옳지 않다면 그때는 '당신의 옳음'이 비로소 큰 가치를 갖게 되는 것이다. 영어로 'contrarian'라는 단어가 있는데, 주식시장에서 역행적으로 투자하는 사람을 의미한다(여기서는 '역행'이라는 글자적인 의미만 가져왔다). **'독자적'이라는 말이 갖는 가치와 '옳다'라는 말이 각각 갖는 가치는 그리 크지 않다. 하지만 '독자적이고 옳다'는 가치는 정말이지 아주 크다.**

그래서 우리는 두 가지 차원에서 가치에 대해 생각해보려 한다. 결과는 아주 분명하다.

▲ 옳음 자체의 가치

즉, 당신이 옳을수록 이와 동시에 이를 인정하지 않는 사람이 많아지고 당신의 가치는 더 커진다. 당신이 매우 옳은데 이와 동일하게 모든 사람이 옳다면 당신의 가치는 사실상 제로일 것이다.

예를 들어, 지금 당신이 VR/AR의 전망이 좋을 거라고 예측하고 있는데 다른 사람들 역시 동일하게 생각하고 있다면 이 분야에서 창업을 하는 것은 그리 승산이 높지 않다. 모두가 긍정적으로 예측하면 다들 해볼까 하는 생각을 갖게 되기 때문에 누가 가진 자원이 강력하나에 따라 성공이 결정된다. 그리고 당신의 눈이 맞다는 사실 자체가 상대적 이점을 가져다줄 수는 없다.

따라서 당신이 옳다고 확신하고 당신 주변 사람들 대다수가 그 생각을 인정하지 않는다면 그때 괴로워하지 말고 기뻐하길 바란다. 인정받지 못할수록 오히려 기뻐하는 것이 맞다. 사람들 모두 일생 동안 자신의 가치를 찾겠다고 공공연하게 말하는데, 대부분의 사람들은 어쩌다 진정한 가치를 찾았어도 자신이 찾았는지 모른다. 모르고 있을 뿐만 아니라, 기분 나빠하고 심지어 고통스러워서 어쩔 줄을 몰라 한다. 내 눈에는 정말 이상해 보인다.

왜 사람들은 진정한 가치에 직면했을 때 이렇게 고통스러워할까? 바로 그들이 옳고 그름을 판단하는 방식이 틀렸기 때문이다. 그들은 논리와 독립적 사고에 의해 판단하는 것이 아니라, '자신을 인정하는 사람이 충분한지'에 따라 판단한다. 여기에는 몇 가지 중요한 요소가 작용한다.

> 대부분 사람들이 '표현형 인격'을 갖고 있기 때문에 좋고, 나쁘고, 맞고, 틀리고는 그다지 신경 쓰지 않고, 오로지 '보기에 좋은지'만 신경 쓴다.

표현형 인격은 대세에 따르는 부류의 흔들리지 않는 튼튼한 기초를 형성한다. '모두 다 함께', '많은 사람들과 똑같이' 해야 비로소 안전하다고 느낀다.

2011년 나는 비트코인 연구에 상당한 시간을 쏟았다. 초반에는 당연히 다른 사람과 마찬가지로 도무지 갈피를 잡을 수 없었지만 나에게는 정독하고 연구하는 능력, 그리고 그보다 더 중요한 '읽으면서 이해가 되지 않더라도 끝까지 읽고, 또 읽으면서 이해해가는 능력'이 있었다. 그 결과 나는 결국 '이 일은 해야겠다!'라는 결론에 도달하게 되었다. 그 후로 나는 똑똑한 주변 사람들에게 여러 자문을 구하고 필요하면 그들과 토론도 서슴지 않았다. 그렇게 파헤친 결과, 이 사실이 맞다고 생각하는 사람의 비율이 매우 낮았고, 이들 중 실제 행동으로 그 가치를 검증하고자 하는 사람의 비율은 더 낮다는 것을 알게 되었다.

나와 신동방에서 함께 일했던 동료 티에링鐵嶺이 간단한 원칙 하나를 알려주었다. '다수의 말을 듣고, 소수의 의견은 참고하고, 최종 결정은 자신이 한다.' 이보다 더 지혜로운 원칙이 있을까. 여기서 '다수의 말을 듣는다'는 말은 '그들이 말하는 대로 해라'라는 의미가 아니라, '그들이 하는 말을 들어보고 어떻게 생각하는지 고민해보라'는 의미다. **내가 내린 결론은 첫째, 비트코인은 잘 시작했다는 것이고, 둘째는 '그 사실이 맞는다는 것'을 인정하는 사람이 아주 소수라는 것이었다. 그래서 '나의 결정이 맞았다'는 가치가 엄청나게 클 것이라는 것을 확신할 수 있었다.**

앞서 언급했듯, 2015년 초에도 내 생각이 맞았다는 생각을 한 적이 있다. 인터넷의 무료 시대는 가고 유료 시대가 곧 올 것이라는 얘기를 주변 사람들에게 계속 하고 다녔다. 그 결과 어떻게 됐을까? 반년 넘도록 말하고 다녀도 모두 예의상 들어줬을 뿐 실제로 믿어주거나 반박하는 사람은 거의 없었다.

이미 '은퇴'를 준비하던 나는 '싫으면 관둬라, 나 혼자 하지 뭐!'라고 생각했다. '단독적이고 올바른' 기회가 분명한데다 가치도 꽤 크다고 생각했기 때문에 하지 않고는 참을 수 없을 것 같았다. 또 다른 각도에서 나는 이런 기회가 실제로 많지 않다는 것 역시 알고 있었고, 일생에 이런 기회를 만났다는 것은 정말 운이 좋은 것이라고 생각했기에 할 수밖에 없었다. 그렇게 나는 내 판단을 행동으로 옮기기 시작했다. 그 후의 일은 모두 알고 있을 거라 생각한다.

하지만 독자적이고 올바르다고 해도 반드시 그 가치를 검증하고 수확할 기회가 있을 것이라는 보장은 없다는 것을 주의하기 바란다. 2013년 중반에 국내 거의 모든 비트코인 거래소에서 나를 찾아와서 아주 좋은 조건을 제시하며 나에게 가입과 투자를 권하기도 했다. 물론 모두 거절했다. 지금까지 나는 그때의 결정이 옳았다고 생각한다. 점점 분산되는 세상에서 큰 중심 세력을 만드는 것은 논리적으로 맞지 않았다.

그런데 실제로 그 결과는 어땠을까? 내가 가입하지 않았거나 투자하지 않은 거래소의 평가는 그 후 2~3년 사이에 엄청나게 성장했다. 나는 지속적으로 타격을 당했다. 이와 동시에 내가 옳다고 생각하는 논리대로 만든 투자 거래소의 성장은 상당히 더뎠다. 나는 또다시 타격을 입었다. 벤처 투자사의 경우 지금까지의 거래소 모델을 선호해왔고 내 개인보다 그들의 자금력이 훨씬 뛰어났기 때문에 이번 게임에서는 승산이 거의 없었다(1~2년 뒤부터 조금씩 나아지긴 했다).

이때야말로 진정한 용기가 필요하다. 이 세상이 당신에게 피드백을 준다면 괜히 우쭐대거나 잘난 체하지 말고 그저 참착하게 받아들이면 된다. 반대로 만약 이 세상이 피드백은커녕 부정적인 얘기만 해준다 해도 편하게 받아들이면 된다. 그것 때문에 낙담할 필요는 없다. 이것이 바로 진정한 용기다. '독단적이고 올바른' 것은 결국 하기 힘든 일이다. 물론 정말 가치 있는 일은 모두 하기 힘들다. 그렇지 않으면 가치는 누구나 쉽게 실현할 수 있는 것이 돼버리지 않겠는가.

돌이켜 생각해보면, 20대 때는 이 사실을 전혀 몰랐다. 제대로 알려주는 사람도 없었다. 그래서 나는 스스로 옳다고 생각하는 일을 인정받지 못하는 것에 항상 괴로워하거나 괴로움으로 인해 비틀어진 일을 많이 하곤 했다. 당시 바로 알 수 있는 손해뿐만 아니라 몇 년 후에야 나타나는, 보이지 않는 손해도 많이 입었다.

오랜 뒤에 나는 많은 사람들과 내 경험과 성장 과정을 나눌 기회가 있었다. 그럴 때마다 나 역시도 지나고 나서야 알게 된 이런 일들을 겪어보지 못한 사람들에게 전달하는 것이 정말 어렵다는 생각을 하곤 했었다. 경험을 아주 분명하게 말해야 할 뿐만 아니라, 일단 듣는 상대방에게 강한 상상력과 메타인지 능력이 필요하다. 메타인지 능력은 모든 반성의 기초가 되는데, 당시 대부분의 사람들은 메타인지 능력이 무엇인지도 몰랐다.

그러나 많은 사람들이 읽기 훈련을 충분히 해봤고, 메타인지 능력은 한 번 얻으면 쉽게 사라지지 않는 능력이기 때문에 이 글을 본 사람은 언젠가 변하게 될 것이다. 그러고 나면 어떤 고통은 환각일 뿐이고 이전에 가치를 얻지 못했던 이유는 자신에게 알아보는 눈이 없었기 때문이었다는 것을 이해하게 될 것이다.

그래도 다행이다. 우리는 한 단계 업그레이드됐다.

CHAPTER 3

부자의 길로 가는 방향 찾기

지금 불평하고 있다는 것은

곧 과거의 내 선택이 잘못 되었다는 뜻이다.

그리고 선택을 좌우하는 것은 내가 만든 가치관이다.

우리는 '올바른 불편함'을 선택하는 데 주저해서는 안 된다.

17

현재를 사는 사람
vs. 미래를 사는 사람

우리가 사는 세상은 차가운 객관적 존재만으로 구성되어 있는 것은 아니다. 이 세상은 생명이 있고 영혼도 있다. 당신이 그것을 어떻게 대하냐에 따라 당신도 동일하게 대우를 받을 것이다. 설령 당신이 틀렸다 하더라도 언젠가 당신이 맞았다는 것을 증명해주는 그런 기적을 맛볼 수 있다.

만약 당신이 이 개념을 알게 되면 세상은 '당신이 진작 알았어야 할 것처럼' 계속 발전한다. 정말 신기하게도 그전에는 세상이 당신에게 무관심한 듯 보였다면, 그 후로는 당신에게 언제나 응답하는 살아 있는 존재처럼 느껴질 것이다.

어릴 적 친구, 스마티잔Smartisan의 창업자 뤄용하오 덕분에 알게 된 친구인데, 이름은 진광金光이다. 사실 진광을 못 본 지 참 오래됐다. 우리 사이는 그닥 각별하지도 않고 서로 인사를 챙기는 정도지만 나는 그에게서 아주 중요한 이치 두 가지를 배웠다. 먼저 여기서 한 가지를 설명하고 다른 하나는 나중에 다루려고 한다.

내가 고등학교를 다니고 있을 때, 이미 진광은 여기저기를 떠돌며 경험을 쌓았다. 그 당시 우리 고향의 많은 사람들이 돈을 벌기 위해 해외로 나갔다. 해외에서 1년 정도 일을 하면 10만 위안 이상의 돈을 벌 수 있었다. 이것은 국내에서 버는 소득의 20~30배에 달하는 돈이었다. 그래서 진광도 다른 젊은이들처럼 선원이 되기 위해 출국길에 올랐다. 굳이 상상하지 않아도 알 수 있듯이 그 길은 고되고 힘든 일이었다. 하지만 그가 돌아왔을 때 그의 2년의 시간은 '전설적인 세계 일주'로 변해 있었고, 충분히 그럴듯해 보였다.

하지만 나와 뤄용하오 둘 다 진광에게 어떤 한 지점에서 뭔가 느껴지는 것이 있었다. 그동안 진광은 많은 사람들을 만났다. 한번은 암스테르담에서 집으로 전화를 하려고 봤더니 수중에 동전이 하나도 없어 이리저리 헤매고 있을 때 한 커플이 지나가면서 그에게 무슨 일이 있는지 물었다고 했다. 정작 그는 커플의 질문을 알아듣지 못했지만 손짓 발짓을 해가며 자신에게 무엇이 필요한지 알려줬다. 그 커플은 잠깐 기다리라는 손짓을 하고는 이내 동전을 두 움큼이나 가져다 주었다. 얼마나 많이 가져왔는지 두 손에 다 받지 못할 정도였다. 배가 항구에서 머무르는 일주일 동안 진광은 매일 집으로 전화를 걸었는데도 그 커플이 준 동전을 다 쓰지 못했다. 이런 운 좋았던 일들이 너무 많아서 모임을 할 때마다 진광은 각기 다른 경험담을 들려주었는데, 그때 만났던 좋은 사람들에 대한 얘기도 빠지지 않았다.

나와 뤄용하오가 예의주시했던 부분은 이와 비슷한 상황에서 진광과 같은 경로로 해외에 다녀온 사람이었다. 그들이 돌아와서 사람들에게 들려준 이야기는 그곳에서 만난 질 나쁜 사람들과 잊고 싶을 만큼 괴로운 경험담뿐이었다. 나와 뤄용하오는 의아함을 느꼈다. 그리고 같은 결론에 다다랐다.

당신이 어떤 사람이냐에 따라 살아가는 세상의 모양이 달라진다.

당신이 좋은 사람이라면 좋은 세상을 살아갈 수 있고, 당신이 나쁜 사람이라면 별로 좋지 않은, 나쁜 세상을 살아가게 될 것이다. 그런데 이게 어떻게 가능할까? 이후 시간이 지나 '자기충족적 예언self-fulfilling prophecy(피그말리온 효과)'이라는 개념을 습득하고 나니 그 궁금증은 비로소 해소되었다.

가끔 누군가 내린 결정이 당신의 이익에 손실을 입히는 경우가 있다. 그러면 당신도 모르게 '일부러 그런 게 분명해! 지금 나랑 한번 해보자는 거지!'라고 생각하게 된다. 당신뿐만 아니라 거의 모든 사람이 자동적으로 그런 생각을 한다. 하지만 정작 사실은 그렇지 않을 수 있다. 이치는 아주 간단하다. 자신에게 좀 솔직해져 보자. 당신은 실수로 남의 이익을 해치는 결정을 내린 적이 없었을까? 분명히 있었을 것이다! 물론 당신은 고의가 아니었을 것이다. 당신의 결정이 다른 사람의 이익에 손해를 끼칠 수 있다는 것을 알았을 때 당신은 죄책감을 느꼈을 것이다. 그렇다면 이번에는 그 상대방 또한 당신의 그 입장과 같을 수 있지 않을까?

여기까지 생각할 수 있다면 당신은 자연스럽게 합리적인 결론에 도달할 것이다.

▶ 상대방에게 그로 인해 당신의 이익이 어떤 손실을 입었는지 알려준다(과장하거나 숨기지 않는다).
▶ 상대방에게 당신이 잘못해서 타인의 이익을 해쳤을 때도 있다고 알려준다.

만약 다음번에도 상대방이 같은 행동을 한다면 별로인 사람이라고 생각해도 무방하다. 하지만 나는 상대방이 다음에는 그러지 않을 것이고 그가 어떻게든 방법을 찾아 상황을 조정할 것이라고 감히 보증할 수 있다. 만일 다음에도 여전히 당신을 배려하지 못했다면, 고의는 아니지만 또다시 당신의 이익에 손해를 입히고 자신의 문제가 무엇인지 발견했을 때에는, 반드시 자발적으로 당신에게 사과할 것이다. 물론 그렇지 않다면 더 이상 그 사람을 상대할 가치도 없다.

나는 원래 인간은 선이나 악의 구분이 있다는 사실을 믿지 않는다. 이제 막 세상에 나온 생명은 모두 선도 아니고 악도 아니다. 선과 악은 결국 습득되는 것이라고 믿는다. 모든 선과 악에 대한 선택은 자신을 만들기도 하고 그 속에 자신이 존재하는 세상을 만들기도 한다. 그래서 그 생명이 있는 세계는 자신의 영혼을 가질 수 있게 되고 그것의 선과 악은 사실 자신이 스스로 선택한 거울일 뿐이다.

당신이 당신의 세상에 관용을 베푼다면 당신의 세상도 당신에게 충분한 관용을 보여줄 것이다. 당신이 열심히 세상을 사는 사람이라면 세상도 당신을 성실하게 대할 것이다.

여기까지 잘 따라왔다면 한 가지 다른 예측을 해보자.

결국 현재를 사는 사람보다 미래를 사는 사람이 더 많은 재산을 갖게 될 것이다. 즉, 투자란 현재의 자원을 미래의 자원과 바꾸는 것이다.

이 또한 매우 간단하다.

조금 다른 시선에서 보면, **진정한 안정감은 집이나 차, 주식, 예금처럼 다른 사람의 눈에 보이는 '실제로' 존재하는 것에서 오는 것이 아니라 사실은 미래에 대한 정확한 생각에서 나오는 것**이라는 것을 알 수 있다.

18

'자기 증명'보다 중요한 '자기 성장'

내가 가장 아끼는 책 세 권이다.

- ▶ 첸종슈钱锺书의 《포위된 성围城》
- ▶ 조지 오웰의 《동물농장》
- ▶ 빈센트 라이언 루기에로Vincent Ryan Ruggiero의 《감정 너머: 비판적 사고를 위한 지침Beyond Feelings : A Guide to Critical Thinking》

《포위된 성》은 몇 번이나 읽었는지 모르겠다. 이 책은 나의 언어 교과서이자 문장 다듬기 교본과도 같은 책이다. 이 책을 읽고 난 후 '비유'에 푹 빠지고 말았다. 《동물농장》은 내가 두 번째로 읽었던 원서로 이 책은 나의 영어 작문 교본이 되어 영어를 쉽고 간편하게 사용하는 묘미를 깨닫게 해주었다. 《감정 너머: 비판적 사고를 위한 지침》은 나의 논리적 사고의 교본이 되었다. 일정한 간격을 두고 책을 꺼내서 복습을 하다 보면 가끔 그 당시 어리숙하고 깨어있지 않았던 나의 모습이 떠오르곤 했다. 그때 나는 어떤 모습이었는지, 어떻게 문제를 바라보았었는지 말이다. 격세지감 속에서 이 책들을 만나지 못했다면 지금 어떤 모습으로 살고 있을지 생각하면 다행이다 싶다가도 한편으로는 후회가 밀려오기도 한다. 좋은 책은 원서로 읽을 수 있다면 역서보다는 원서로 읽기를 추천한다.

《감정 너머: 비판적 사고를 위한 지침》에서는 인간의 출발점(시각 perspective)이 사고와 판단에 영향을 준다고 얘기한다. 그리고 토마스 해리스Thomas A. Harris의 《아임 오케이 유어 오케이I'm OK-You're OK》의 일부 내용을 인용하여, 사람은 대개 아래의 4단계를 거쳐야 한다고 말한다.

▶ I'm not OK, and you're not OK. (자기 부정 - 타인 부정)
▶ I'm not OK, and you're OK. (자기 부정 - 타인 긍정)
▶ I'm OK, and you're not OK. (자기 긍정 - 타인 부정)
▶ I'm OK, and you're OK. (자기 긍정 - 타인 긍정)

눈치챘는지 모르겠지만, 이것은 또 하나의 이분법적 사고다. 아래와 유사한 표는 앞에서도 본 적이 있을 것이다.

	I'm OK	I'm not OK
you're OK		
you're not OK		

생각해보면 그렇다. 우리 나이가 아직 어렸을 때 어른들이 통제하고 주도하는 세상을 마주하다가 처음 유치원에 가서 친구들을 만나면 당연히 첫 번째 상황, 즉 'I'm not OK, and you're not OK'에 처하게 된다. 그리고 부모님과 선생님을 만날 때면 우리는 늘 '제가 잘못했어요. 당신들이 맞아요(I'm not OK, and you're OK).'라는 난처한 상황에 처하곤 했다.

이런 초기 상태는 항상 많은 사람들의 이후의 상태에 영향을 줄 수 있다. 초기의 '억압/억눌림'은 훗날 결국 '보복 반응'을 이끌어 낸다. 그래서 절대다수의 사람들이 주의하지 않으면 평생 2단계와 3단계 사이만 오가게 된다.

▶ I'm not OK, and you're OK.
▶ I'm OK, and you're not OK.

대부분의 사람들이 영원히 4단계에 들어가지 못한다.

▶ I'm OK, and you're OK.

근본적인 이유는 바로 2단계와 3단계에 있는 사람이 다른 사람의 좋은 점을 보지 못한다는 데 있다. 다른 사람의 좋은 점을 보지 못한다는 것은 말 그대로 다른 사람의 장점을 발견하지 못한다는 의미다. 상대방에게 나쁜 점도 있지만 좋은 점도 있기 마련이다. 그런데 나쁜 점을 맞닥뜨리면 좋은 점이 완전히 부정되거나 가려지기 때문에 '다른 사람의 좋은 점을 보지 못하는' 상태에 흔히 처하게 되는 것이다.

승패와 좋고 나쁨을 따지기 때문에 2단계와 3단계에 있는 사람들은 항상 자기도 모르게 상대방의 장점이 아니라 단점에, 옳음보다는 잘못에 더 관심을 갖는다. 이 상태가 오래도록 지속되다 보니, 그들은 어느새 평생 다른 사람의 단점에만 관심을 둔다. 사실 이렇게 해야 편안함을 느낀다. 그렇게 대부분의 사람들은 2단계나 3단계에 머무르며 그 중간에서 떠도느라 평생 4단계에 진입하지 못하는 것이다.

사실, 나는 최근에서야 '다 좋다'라는 생각을 하기 시작했다. 나는 계속해서 나를 되돌아본다. 이 일은 왜 이렇게 어려운 걸까? 얼마나 많은 시간을 쏟아야 돌파할 수 있을까? 이 문제는 **'당신이 어떤 면에서 어느 정도 많은 인정을 받아야 진정한 마음의 평화를 얻을 수 있다'**라는 말로 설명할 수 있다. 이런 상황에서는 당신이 나서서 애써 비교할 필요가 없기 때문이다. 그렇지 않으면 대부분의 사람과 마찬가지로 끊임없이 자기 증명에만 신경을 쓰고 항상 지나친 힘을 들여 변형된 모습을 만들어내기도 하고 걸핏하면 상황을 망쳐버리고 만다. 그럼 또 시간과 에너지를 들여 구석에 숨어서 상처를 핥거나 어쩔 수 없이 끙끙대며 버텨내야 한다. 하지만 이것은 성장에 아무런 도움이 되지 않는다.

관건은 바로 여기에 있다. **어떤 경우에도 모든 가능한 주의력을 자신의 성장에 두어야 한다.** 이것이 우리에게 경제적 자유를 가져다줄 확실한 길이며, 사실상 모든 '자유의 길'로 통하는 가장 기본적인 단계이다.

내 경험을 되돌아보면, 2, 3단계를 벗어나는 것은 사실 어느 정도 부의 자유를 얻고 난 후에 일어난 일이었다. 경제적 스트레스가 확실히 삶에서 느낄 수 있는 가장 큰 스트레스이기 때문이고, 그런 면에서 남들과 비교를 하지 않으면 다른 면에서는 굳이 비교할 필요도 없기 때문일 수도 있다. 그러나 4단계까지는 이르러야 이 이야기 속의 놀라운 비밀을 알 수 있다.

'원래 당신이 싫어할 수 있는 사람'으로부터 의외로 많은 것을 배울 수 있다.

더 놀라운 것은 다른 사람의 좋은 모습을 더 많이, 끊임없이 볼 수 있기 때문에 당신이 살고 있는 세계는 확실히 이전보다 더 아름다워진다는 점이다.

자신이 지금 2단계 혹은 3단계에 있다는 사실을 인식하거나 그 사이를 왔다 갔다 하고 있다면 당신의 메타인지 능력을 작동시켜 스스로에게 알려주자. "아니야, 틀렸어."

- 나는 내가 성장하는 데 주의력을 집중할 거야.
- 나는 다른 사람의 '잘못'과 '나쁜' 것에 나의 주의력을 두지 않겠어.
- 나에게 남은 주의력이 있다면 다른 사람들이 어디가 옳고 얼마나 잘하고 있는지 살펴보고 그들의 경험을 토대로 성장할 거야.

가끔 다른 사람과 비교하다 보면 지금 자신의 모습에 만족하지 못하는 자신을 발견하게 된다. 그럴 때 바로 자신의 메타인지 능력을 가동시켜 스스로 깨닫도록 해야 한다.

우리는 '미래'를 사는 사람이기 때문에 비교를 하더라도 현재가 아닌 미래와 비교해야 한다.

현재 우리가 할 일은 딱 하나, 바로 성장이다. 그렇게만 된다면 우리는 어떠한 상황이 와도 미래와 비교하는 것을 두려워하지 않는다. 절대 다수의 일반인에게 있어 이것은 거의 유일한 방법론이다.

마지막으로 한 가지 부탁이 있다. 자신을 증명해 보이는 것은 전혀 중요하지 않다. 성장이 중요하다. 성장을 이루어낸다면 증명은 자동으로 알아서 된다.

19

불평은 무능함과 무력함의 표현일 뿐이다

가장 철저하게 끊어내야 하는 또 하나의 악습은 바로 **원망**이다.

이 얘기도 진광이 나에게 해준 얘기다. 그렇다, 또 그 친구이다(17편에 등장했던 내 친구다). 진광이 귀국한 지 얼마 되지 않아 나는 첫 번째 대학 입시에서 떨어지고 말았다. 나는 시험 준비를 제대로 하지 못한 것을 후회하며 재수학원에 들어갔고 그 후 1년간 나 자신을 괴롭히며 시간을 보냈다. 그리고 결국 그저 그런 장춘대학에 합격했다.

여름 방학이 시작되고 집에 돌아온 나는 눈부신 오후에 길을 나섰다가 공사 작업반장이 된 진광과 마주쳤다. 우리 둘은 강변을 따라 걷다가 제방에 앉아서 오후 내내 이런저런 얘기를 나눴다.

사실 나는 당시 진광의 상황이 좋지 않다는 것을 알고 있었다.

1992년, 전국적으로 한창 경제체제의 전환이 이루어지고 있었고 수많은 선견지명 있는 사람들이 다양한 방법으로 은행에서 돈을 빌려 여러 사업을 시작했다. 그중 가장 맹렬하고 인기 있던 사업이 부동산이었다. 진광은 무슨 수를 써서 자금을 마련했는지 모르겠지만 어찌어찌 '인력 하청업자'가 되어 있었다. 하지만 그는 나이도 어리고 험한 건설 현장에 대한 경험이 적었기 때문에 일찍부터 불량한 패거리에 둘러싸여 갖고 있던 많은 돈도 날리고 말았다. 그렇게 온갖 어려움과 함정에 빠져 있는 상황이었다.

하지만 오후 내내 진광과 내가 나눈 얘기는 실없는 얘기들뿐이었다. 각자의 진짜 문제에 대해서는 한마디도 하지 않았다. 처음에는 관심을 표현해보려고 했지만 곧 나의 이런 관심이 그저 말뿐이라는 것을 깨달았다. 나는 그가 곤경에서 벗어나도록 도울 수 있는 어떤 능력도 없기 때문에 말을 꺼낸다 해도 별다른 소용이 없었다. 나는 다른 각도에서 생각해보기로 했다. 진광은 꽤 자존감이 강한 사람이었기 때문에 일부러 자신이 처한 어려움에 대해서 한마디도 하지 않았을 거라는 생각이 들었다. 자신의 어려움에 대해 일절 언급하지 않고 작은 불평 하나 하지 않았다. 그날 진광이 보여준 모습은 나에게 지울 수 없는 인상을 남겼다.

눈 깜짝할 사이에 다시 몇 년이 지나갔다. 무사히 대학을 졸업한 나는 2년간 일을 하다가 유학을 가기로 결심했다. 선양沈陽으로 가는 기차에서 나는 뜻밖에도 같은 침대칸에서 진광과 다시 만났다.

그때도 그동안 다른 친구들로부터 진광에 대한 소식을 대충 들어서 알고 있었다. 하고 있던 공사 작업반장은 결국 그만두고 다시 큰 빚을 지면서 최근 몇 년간 복잡한 시간을 보냈다고 했다. 이야기해보니 그는 러시아로 외화벌이를 하러 가는 길이었다.

그래도 진광은 진광이었다. 그는 여전히 웃는 얼굴이었다. 원래 나는 기차만 타면 잠을 자는데 가는 내내 한숨도 자지 않고 얘기를 주고받았다. 무슨 얘기를 했는지 대화 내용은 기억이 안 나지만 진광이 예전 그대로였다는 것만은 생생하게 기억한다. 그는 여전히 불평 한마디, 안 좋은 얘기 한 번 하지 않았다. 기차에서 내린 그는 나에게 손을 흔들며 말했다. "갈게!" 나는 가만히 서서 진광이 사람들 사이로 점점 멀어져 가는 모습을 지켜봤다. 그 후로 나는 다시는 그를 보지 못했고 그가 잘 지내는지 주변 사람들에게 물어보지도 않았다. 나는 항상 그가 여전히 웃는 얼굴에 찬란함을 머금고 있을 거라고 믿고 있다.

시간이 흐르고 나서 가끔 내가 어떻게 하다가 불평을 하지 않는 사람이 되었는지 얘기할 때면 그건 바로 내 친구 진광이 가르쳐준 것이라고 말한다. 나에게 무엇을 가르쳐주었는지 정작 그는 모르겠지만 나에겐 무엇보다 큰 가르침이었다.

그때 나는 기차를 타고 선양에 가서 이틀을 지낸 후 비자를 발급받아서 한국의 전남대학으로 유학을 떠났다. 나는 그곳에서 인생에서 가장 어두운 14개월을 보낼 거라곤 전혀 생각지도 못했다. 왜 그때를 '내 인생에서 가장 어두웠던 14개월'이라고 생각하는 것일까? 그 14개월은 살면서 나의 독서 밀도가 가장 높았던 시기였고, 내 평생 가장 중요한 세 권의 책 중 두 권을 읽었던 시기였는데 말이다. 그 시간을 인생에서 가장 어두웠던 암흑의 시간으로 여기는 이유는 그 시간 동안 내 주변 사람들 전부가 불평하는 데 목숨을 건 것처럼 쉬지 않고 불평만 해댔기 때문이다. 그때는 나의 암울함이 거기서 비롯되었다는 것을 미처 깨닫지 못했었다.

당시 환경의 변화와도 관련이 있었을지 모르겠다. 한국에 갔을 때 마침 아시아의 금융 위기가 불어닥쳤는데, 한국도 그 여파를 피해가지 못했다. 모든 사람이 걱정과 불안에 휩싸여 하루하루를 살아가는 것 같았다.

그때 전남대에는 중국인 유학생이 몇 명 없었다. 우리는 한자리에 모이기만 하면 2분도 안 돼서 한국의 경제 문제부터 중국의 미래 전망까지 이런저런 불만을 터트렸다. 너도나도 같은 말을 되풀이하고 있는데 누구도 지겹거나 지친 내색을 보이는 사람은 없었다. 그래서 매번 그 모임은 나에게 지루함을 견디는 일종의 시달림과 같았다. 다행히도 당시 나는 나이가 가장 어렸던 덕분에 굳이 말을 하지 않아도 괜찮았기 때문에 오히려 일정 부분 벗어날 수 있었다.

귀국하고 몇 년이 지난 어느 날 같이 유학했던 친구가 찾아와 같이 저녁 식사를 하러 갔다. 식당에 자리를 잡고 앉은 지 얼마 되지도 않아 그는 역시나 불평을 쏟아내기 시작했다. 어딘지 모르게 '세상의 부정적인 에너지가 그에게 응집되어 있다'는 느낌을 받았다. 하지만 이보다 내가 더 놀란 이유는 나도 자연스럽게 불평을 털어놓기 시작했다는 사실, 나도 모르게 동화됐다는 사실이었다. 그걸 깨달은 나는 곧 자리에서 일어나 계산을 하고 최대한 예의를 갖춰 친구를 돌려보냈다. 그리고 다시는 그들과 연락하지 않기로 마음을 먹었다.

그날 밤, 문득 진광의 눈부신 웃는 얼굴이 떠올랐다. 그리고 앞으로 다시는 어떤 사람에게도, 무슨 일이 있더라도 절대 불평하지 않기로 결심했다. 나에게 있어 정말 중요한 결정이었다. 이 결정으로 그 후 나의 뇌가 재구성된 것 같은 느낌이 들었다.

불평은 무능함과 무력함의 표현에 지나지 않는다.

얼마나 간단명료한 사실인가. 나는 주변에 너무나 좋은 본보기가 있었는데 이 사실을 오랫동안 외면해왔다. 귀찮거나 잘 안 풀리는 일을 만났을 땐, 해결할 수 있으면 해결하고 그렇지 못하면 그냥 받아들이면 된다. 이것이 올바른 태도다. 불평한다고 무슨 소용이 있겠는가? 그저 다른 사람에게 무능하고 무력한 자신의 모습을 보여주는 것일 뿐이다.

그전에는 잘못 이해하고 있었다. 다른 사람에게 불평하지 않는 것은 자존심에 상처를 입을까, 혹은 다른 사람이 자기를 무시할까 두려워서가 아니라 자신 안에 능력과 강인함이 있기 때문이다.

▶ 해결할 수 있으면 해결해라. (능력)
▶ 해결할 수 없으면 받아들여라. (강인함)

좀 더 살펴보면, 사실 절대다수의 사람들이 첫 번째 단계(능력)에서 이미 지고 들어가기 때문에 두 번째 단계(강인함)에서도 한 치의 진전도 없다는 것을 알게 된다. 나는 나 자신에게 '나는 그런 사람이 될 수도 없고, 돼서도 안 되고, 결코 가만히 보고 있지만도 않을 거야. 그렇지 않으면 나조차도 나 자신을 받아들일 수 없어.'라고 끊임없이 되뇌인다.

그 후 몇 년 동안 이 원칙은 내가 친구를 사귀는 가장 중요한 원칙이 되었다. **주변의 누군가가 불평하고 있다는 것은 곧 과거의 내 선택이 잘못되었다는 뜻이다.**

얼마 후 나는 신동방 그룹에서 일하게 되었다. 그곳에서 7년을 '감혀' 지낸 것 치고는 나는 많은 친구를 사귀었다. 그렇게 몇 년이 지난 후에도 여전히 나와 좋은 친구 사이로 남아 있는 이들은 예외 없이 모두 '불평이 전혀 없는 사람'뿐이다.

오랜 시간이 흘러서 '긍정 에너지'라는 말이 유행하기 시작했을 때만 해도 사람들이 말하는 긍정 에너지의 정확한 의미를 잘 몰랐었다. 하지만 '부정 에너지'가 무엇인지는 확실히 알고 있었다. 불평이야말로 세상에서 가장 강한 부정 에너지라고 생각한다.

▶ 불평은 다른 사람을 짜증 나게 한다.
▶ 발버둥 치는 능력과 견뎌내는 강인함을 잃어버리게 한다.
▶ 시간 낭비, 자신의 무능함 폭로뿐 아니라 자기통제 능력도 잃게 만든다.

우리는 '철인'이 아니기 때문에 당연히 누구나 낙담할 수 있다. 이것은 지극히 정상적인 현상이다. 하지만 역경 속에서, 혹은 특히 중요한 시점에서 포기는 아주 치명적이다. 심리학자들은 오래전부터 이 사실을 알고 있었고, 이와 관련하여 상세하게 논리를 펼치기도 했었다.

사실 말이라는 것은 모든 사람에게 있어 '뇌를 재구성하는' 과정이다. 우리 모두 다른 사람에게 전달하는 그 내용을 '연기'하거나 심지어 그런 모습이 되려고 하는 경향이 있다.

당신도 느꼈겠지만, 항상 불평하는 사람들은 말을 하다가 어느새 그 상황을 '연기'하는 것을 느낄 수 있다. 그들은 당신의 공감뿐 아니라 온 세상으로부터의 공감과 이해가 필요하기 때문에 심하게 몰입하고 만다. 당신과 모든 사람으로부터 공감을 얻기 위해 그들은 자신도 모르게 '현실보다 더 비참한 역할'을 연기해낸다. 그렇게 연기를 하다 보면 다른 사람이 보기에는 별거 아닌 일이 자신을 스스로 믿는 대로 '더 비참한 주인공'으로 만들어버리는 것이다. 당신은 더 비참한 사람이 되고 싶은가? 그럼 지금 바로 불평을 늘어놓으면 된다. 아주 간단하다!

인생을 아끼고 소중히 여기자. 그러기 위해서는 먼저 불평하는 사람과 멀어져야 한다.

20

시장을 보는 가치관이 나의 운명을 결정한다

내 친한 친구 티에링은 코빌드CoBuild 창업투자 펀드의 창립 파트너이다. 그는 창업에 대해 멋진 생각을 가지고 있었다.

'창업 성공'은 주관식 고수들이 객관식 문제를 잘 풀어낸 것에 지나지 않는다.

그는 무슨 말을 하든지 항상 담담한 표정으로 일관하지만, 종종 그가 무심코 던진 말들을 좀 더 반복해서 생각해볼 필요가 있다. 내 생각에는 '창업'이라는 말을 빼버려도 될 것 같다.

'성공'은 주관식 고수들이 객관식 문제를 잘 풀어낸 것에 지나지 않는다.

먼저 성공은 고수들에게만 국한된 것으로, 최소 결국 고수가 된 사람에게만 일어나는 일이다. 둘째, 많은 고수들은 주관식 문제를 푸는 수준이 뛰어나다. 그들에게 문제 풀이를 시키면 더 높은 수준, 더 높은 효율, 더 빠른 속도, 더 나은 결과를 얻을 것이다. 하지만 그들 대부분이 반드시 성공하는 것은 아니다. 이는 그들이 어떤 일을 선택해야 하는 객관식 문제를 푸는 능력이 떨어지기 때문으로, 대체로 그들이 선택한 일은 큰 성공을 거두지 못한다. 그들이 객관식 문제를 잘 풀지 못한다고 하는 이유도 여기서 비롯된 것이다. 마지막으로 성공에 대한 다른 해석이 있는데, 앞서 여러 차례 언급했듯이 **올바른 방법으로 올바른 일을 하는 것이다.**

선택이라는 행위는 항상 행동하기 전에 일어난다. 그래서 잘못했거나 잘못된 선택을 하고 난 뒤에는 아무리 높은 수준으로 접근해도 아무런 도움이 안 된다. 돌이켜보면 결과적으로 처음 선택을 할 때 이미 '확정'되는 것이다. 이를 흔히 '운명' 또는 '숙명'이라고 한다.

'창업'이라는 두 글자를 다시 붙여보자. 창업 성공은 항상 여러 사람이 함께 협력하여 '패싸움'의 승리를 이끄는 것이기 때문에 이런 판단은 창업자와 투자자가 공통적으로 갖춰야 하는 사고 능력이다.

창업자 \ 투자자	주관식 고수	객관식 고수
주관식 고수	?	
객관식 고수	x	

창업자는 주관식 고수고, 투자자 역시 주관식 고수인데 그들 모두 객관식 고수는 아닌 상황이라면 크게 성공할 확률은 그리 높지 않다. 창업자와 투자자가 모두 주관식 고수이기도 하고 객관식 고수이기도 하다면 이는 최고의 조합으로 큰 성공을 거둘 확률이 높다. 반면에 최악의 조합은 창업자는 객관식 고수고 투자자는 주관식 고수일 때다. 이는 정말 황당하기 짝이 없는 조합으로 존재 자체가 위험한 수준이다.

집중해서 아래 핵심 문제를 생각해보자.

왜 이렇게 많은 주관식 고수들은 객관식 문제를 잘 풀지 못할까?

그들은 올바르고 효과적인 가치관을 길러내지 못했기 때문이다. 가치관이란 무엇인가? 가치관의 가장 통속적이고 효과적인 정의는 다음과 같다.

▶ 무엇이 좋고, 더 좋은지, 가장 좋은지 알고 있다.
▶ 무엇이 중요하고, 더 중요하고, 가장 중요한지 알고 있다.

무엇이 좋은지 알면 무엇이 나쁜지 알게 되고, 무엇이 더 좋은지 알면 무엇이 더 나쁜지 알게 된다. 그리고 무엇이 가장 좋은지 알면 무엇이 가장 나쁜지도 알게 된다.

이런 측면에서 당신은 왜 내가 IQ가 유전이라고 믿지 않는지(심지어 IQ라는 개념 자체가 필요 없다) 그리고 왜 '모든 사람이 훈련과 자기 수양을 통해서 더 똑똑해질 수 있다'고 믿는지 알 수 있을 것이다. 똑똑함은 분명 습득하는 것이지 타고나는 것이 아니다. 사람마다 타고나는 데 어느 정도 차이가 있다고 해도 그 차이는 후천적인 훈련으로 습득하는 것에 비하면 아주 미미한 수준이다.

이 기본적인 이치를 이해할 수 있다면 자신의 똑똑한 정도를 올바르게 파악하는 데 있어서 좀 더 '진취적 인격 Be-Better Type'을 사용할 수 있을 것이다.

다시 생각해보면 모든 선택의 기로에서 주저하거나 고민하는 이유는 단지 어떤 선택이 더 좋은지, 더 나쁜지 확신할 수 없기 때문이다. 어떤 것이 더 좋은지 안다면 바로 그것을 선택하면 된다. 그러면 선택은 어렵지 않고 어쩌면 존재하지 않을 수도 있다. 선택이란 가치관에 따라 결정되는 자연스러운 결과일 뿐이다.

그렇다면 우리는 더 깊은 결론에 도달할 수 있다.

가치관이 운명을 결정한다.

우리의 운명을 결정하는 것은 알고 보면 가치관이라는 사실을 생각해본 사람은 별로 없을 것이다. 세계관과 인생관과 가치관 즉, '삼관'이 무너진 사람들은 그 운명 또한 무척이나 나약하다. 유리 멘탈을 가진 사람들은 말할 필요도 없다. 그들의 운명은 유리보다 더 약해서 어느 순간 바람 속으로 산산이 흩어져 사라져버린다.

방법론은 얘기할 때 본질적으로 연구하는 것은 '좋은 것과 나쁜 것을 어떻게 구분할 것인가'이다. 하지만 이 정도면 '주관식'이라고도 할 수 있는 것 아닌가? 왜 그렇게 많은 주관식 고수가 이런 상황에 처했을 때 갑자기 완전히 능력을 잃어버린 것 같을까?

사람들은 자신이 느낀 것을 온 세상이 느낀 것으로 여기고, 자신이 관찰한 것과 자신의 견해를 온 세상의 관찰과 그들의 견해라고 생각한다. 모든 것이 자신으로부터 출발하기 때문에 다른 사람이 사는 세상과 크게 다를 수 있다는 것을 전혀 인식하지 못한다. 모든 면에서 크게 다를 수 있는데 말이다.

이 '일반화의 오류'의 첫 번째 사례로 나는 흔히 볼 수 있는 창업자 마인드를 얘기해보려고 한다.

▶ 만족되지 않은 하나의 수요를 발견한다.
▶ 위의 수요에 대한 나 자신의 수요가 매우 강렬해진다.
▶ 주변 사람에게 물어보니 그들도 그것에 대한 수요가 있다고 한다.
▶ 시장에는 이런 수요를 만족시킬 만한 상품이 없다.
▶ 이 수요를 만족시키는 상품을 제일 먼저 만들 수 있다면 내 상품은 분명히 경쟁력이 있고 전망이 밝을 것이다.

이것은 흔히 볼 수 있는 생각이며, 가장 설득하기 어려운 생각이기도 하다. 들으면 한 마디 한 마디가 다 맞는 말이고 연결해서 봐도 맞는 말인 것 같다. 그런데 정말 그럴까?

'나에게 강렬한 욕구가 있다' 와 '모든 사람이, 이 세상이 이런 동일한 강렬한 욕구가 있다' 의 차이는 꽤 크다.

예를 들어, 내게 있어 전자책은 여러 책의 전문을 기반으로 검색할 수 있어야 한다. 그렇지 않으면 전자책이 무슨 의미가 있겠는가? 킨들Kindle은 몇 년째 나의 이 욕구를 만족시켜주지 못하고 있다. 그런데도 킨들의 판매량은 여전히 좋다! 대체 왜 그럴까? 대부분 킨들을 이용해 주로 소설을 읽는데, 그들에게 여러 책 내용을 한 번에 검색하는 기능에 대한 욕구가 전혀 없는 데다가 심지어 지금 읽고 있는 책 내용 중의 검색에 대한 욕구도 거의 없기 때문이다. 즉, 나의 그런 욕구는 진짜 필요하긴 하지만 극히 적은 수의 욕구이기 때문에 실제로 충족된다고 해도 시장에서 반응은 그리 크지 않을 것이다.

관건은 '시장에 그 욕구를 충족시킬 만한 상품이 없다'는 것이 꼭 '아직 아무도 만들 생각을 하지 못했다'는 것의 결과는 아니며, '이미 누군가가 생각하고 해봤지만 결국 망했다'는 결과일 수도 있다는 것이다. 너무 무섭지 않은가! 사실 시장에서 그 아이디어가 통하지 않음이 이미 증명되었는데도 그 시도를 한 사람이 조용히 실패했기 때문에 당신은 이 사실을 모를 수도 있는 것이다. 그래서 당신이 다시 한번

'몸소' 실행하는 것이 '불나방이 불 속으로 뛰어드는 것'과 같다는 사실을 전혀 모르고 있는 것이다.

자신의 세상이 다인 줄 아는 '일반화의 오류'적 사고로 제대로 된 사고가 제한되었다는 것을 깨닫게 된다면 당신에게도 비로소 반성의 메커니즘이 생길 것이다. 당신도 그런 사람이 되기 싫지 않은가? 그렇다면 방법을 강구해야 하지 않을까?

선택은 운명을 결정하고 선택을 결정하는 것은 가치관이다. 그러므로 한 사람의 운명을 결정하는 것은 바로 그 사람의 가치관이다. 가치관을 형성하는 과정에서 가장 조심해야 할 것은 딱 하나, 일반화의 오류에 빠지지 않는 것이다.

21

재산을 키우기 위해
가장 필요한 미덕인 인내심

올바른 절대 수요는 모든 추진력의 원천이다. 굳이 '올바른'을 붙인 이유는 어떤 절대 수요는 사람을 발전시키지 못하기 때문이다. 가만히 보면 우리 주변의 많은 이들이 '하소연'에 대한 절대 수요를 갖고 있는 것 같다. 불평을 하지 않으면 견디지 못한다. 밖으로 표출하지 않으면 감정이 폭발할 것 같지만, 막상 표출하고 나면 다시 허무함이 몰려온다. 또 주변에 '과거에 사는 것'을 절대 수요로 여기는 사람들도 많은데, 항상 세상에 대한 한탄만 늘어놓고 긍정적으로 미래를 바라보지 않는다. 그러니 당연히 미래를 사는 것도 불가능하다.

과거 20년 동안 과학자들의 뇌에 대한 인식이 급격히 발전하고 있는데, 그중 가장 중요한 결론은 바로 '뇌는 가소성을 갖는다'는 것이다.

다시 말해서 사람의 뇌는 거시적으로는 평생 변화가 없을 수 있지만 (머리통의 크기나 모양은 고정불변인 것 같다) 미시적으로는 고정불변이 아니다. 앞서 우리 뇌의 회백질의 두께도 훈련을 통해 늘어날 수 있다고 다뤘듯이, 뇌는 계속해서 환경적인 요인으로 인해 변형되고 있다. 더 중요한 것은 놀랍게도 그것은 스스로에 의해 변형된다는 점이다. 이것은 명백한 메커니즘이라고 생각한다.

절대 수요가 뇌를 만들어간다.

끊임없이 뇌를 새롭게 만드는 것은 사실 인간의 자기 추진력, 즉 절대 수요에 대한 인식과 선택이라고 할 수 있다. 그럼 다시 문제로 돌아가보자. 어떻게 정확한 절대 수요를 인지하고 선택하고 키워나갈 수 있을까?

곰곰이 생각해보면 알 수 있다. '절대 수요'라는 것은 본질적으로 가치관에 뿌리를 둔 것이다. 가치관이 한 사람의 거의 모든 것을 결정짓는다는 것쯤은 이미 다 알고 있을 것이다.

'표현형 인격Be-Good Type'을 가진 사람들은 자신이 남 앞에 나서는 것을 크게 인식하기 때문에 성공이라는 상태는 그들의 절대 수요로 작용한다. 그들은 언제나 다른 사람에게 잘 보이길 바라기 때문에 성공 상태는 단연코 그들에게 가장 큰 선망의 대상이 될 수밖에 없다.

이에 비해, 소수의 '진취형 인격Be-Better Type'을 가진 사람들은 자신의 변화와 발전에 더 신경을 쓰기 때문에 자신의 현재 모습은 크게 개의치 않는다. 그들은 학습과 변화, 발전에도 과정이 필요하기 때문에 초반에는 비틀거리고 넘어지는 것이 아주 당연하고 정상적이라는 것을 알고 있다. 또 꾸준히 노력하면 반드시 발전과 변화가 있을 것이고 결국 모든 것이 다 잘 될 거라는 것도 알고 있다. 그래서 진취적 성향의 사람들은 쉽게 이해하고 받아들이며 바로 행동으로 실천한다.

> 성공은 한순간의 상태에 불과하다. 진짜 중요한 것은 성장이고, 성장이야말로 진짜 절대적인 수요다.

'당신의 가치관이 운명을 결정한다.'는 말은 조금도 지나치지 않다. 하지만 이미 많은 사람들의 가치관은 다음과 같다.

▶ 돈 > 시간 > 주의력
▶ 성공 > 성장
▶ 현재 > 과거 > 미래

만약 당신의 가치관이 아래와 같다면 당신의 선택은 자연스럽게 바뀌고 당신의 절대 수요도 자연스럽게 남들과 달라질 것이다.

▶ 주의력 > 시간 > 돈
▶ 성장 > 성공
▶ 미래 > 현재 > 과거

그저 천성을 따른다면 게으름이나 탐욕, 질투 같은 것들이 절대 수요가 될지도 모른다. 그렇기에 모든 발전과 성장은 모두 '절대 수요를 새로 선택하는 과정'이라고 할 수 있다.

내가 선택할 수 있다고 생각하는 메타인지가 우리에게는 매우 중요하다. 우리는 사회생활을 하면 내 마음대로 할 수 없다고 생각하는데, 사실 어떻게 보면 내 마음대로 할 수 없다는 말은 상당 경우 거짓에 지나지 않는다. 극단적이기 하지만 자살조차도 죽는 방법을 선택하지 않은가.

다음은 오스트리아의 신경의학자이자 정신의학자였던 빅터 프랭클Viktor Frankl의 말이다. 반드시 이 말을 머릿속에 새겨 수시로 꺼내 생각하고 느껴보길 바란다.

"인간이 가진 것은 무엇이든 빼앗길 수 있지만 유일하게 인간의 최후의 자유는 결코 빼앗길 수 없다. 어떤 경우에서는 자신의 태도와 생활 방식을 선택할 수 있는 자유말이다."

이 말이 당신의 가슴에 새겨지면 당신은 99%의 사람을 제친 것이다. 그들이 인생의 중요한 순간마다 보이는 나약함과 갈등, 망설임, 어리석음, 그리고 일이 일어난 후의 걱정과 후회 등은 잘못된 선택으로 인해서일 수도 있고, 자신에게 선택의 자유가 있다는 것을 미처 깨닫지 못했기 때문일 수도 있다. 그런 상황이라면 스스로 선택하는 용기를 기대하는 건 더욱 어려울 것이다.

수많은 '올바른 절대 수요' 중에서 가장 중요하고 핵심적인 것은 무엇일까?

인내심

인내심은 모든 성장의 절대 수요다. 심리학자들은 학부모들에게 아이들이 동물을 키우는 것보다 식물을 기르는 것이 훨씬 교육에 좋다고 조언했다. 식물을 기르는 데 더 많은 인내심이 필요하기 때문이다. 식물의 성장 속도는 그렇게 빠르지도 않고 동물처럼 직접적인 반응을 보이는 경우도 극히 드물다. 사람도 한평생 오랜 세월을 살아야 한다. 많으면 80까지도 사는데, 요즘은 또 백세시대라고 하지 않나? 인내심이 없다면 어떻게 이렇게 긴 여정을 갈 수 있을까?

제목이 《부자의 길을 선택하다》인 이 책에서 왜 돈 얘기를 거의 하지 않는 것일까? 언급한다고 해도 글이 시작하고 한참 뒤에나 나온 걸까? 이 이치 또한 아주 간단하고 분명하다.

▶ 'FQ(금융지수)'를 기르기 위해 가장 필요한 것은 인내심이다.
▶ 재산과 관련된 모든 중요한 기능은 '보기에' 모두 무의미해 보인다.

이런 것들은 보기에 재산과 관계가 그리 크지 않게 느껴져, 대부분의 사람이 무시하기 때문에 자신이 배워야 한다는 것도, 훈련해야 한다는 것조차도 아예 모른다. 더 나아가 인내심이 없으면 무수히 많은 상관없어 보이는 기능 중에서 진짜 상관없는 것들을 걸러내고, 상관없어 보이지만 실제로 중요한 기능을 찾아내서 열심히 훈련하는 것이 쉽지 않을 것이다. 심지어 다른 사람의 도움으로 실제로 중요하고 반드시 필요한 기능을 가려냈다고 하더라도 결국 인내심 부족으로 그런 기능들의 중요성이나 필수성을 깨닫지 못하고 언제든 훈련을 포기하게 된다. 그리고서는 나중에 '그것 봐, 역시 쓸데없는 짓이지?'라며 자신의 느낌을 증명하려고 한다.

그럼 인내심이 강한 사람은 어떤 사람일까? 왜 어떤 사람은 귀찮음을 두려워하지 않을까? 이미 정답을 알고 있겠지만 그들은 '미래를 살기' 때문이다. 미래를 사는 사람만이 진정한 인내심을 가질 수 있다. 다시 말해 인내심의 정도를 가늠하는 것은 그가 얼마나 먼 미래를 살고 있는지를 보면 된다.

근시안적인 사람들이 훨씬 많다. 그들은 무엇을 하든 즉각적인 효과를 원하고 즉각적인 효과는 그들에게 절대적인 실수요라고 할 정도다. 즉각적인 효과를 내지 못하거나, 낼 수 없을 것 같은 느낌이 든다면 그들은 바로 포기해버리고 만다.

현상 現狀

우리는 계속해서 미래를 살아야 한다고 강조하지만 그동안의 배움과 사고를 통해서 미래에 사는 것이 얼마나 어려운 일인지 알고 있다. 처음 며칠은 열정에 사로잡혀서 다시 태어난 것 같다가도 얼마 지나지 않아 다른 사람들과 마찬가지로 까맣게 잊어버리고 문득 한 번씩 괴로워할 뿐이다.

대부분의 사람들에게 현상은 지구의 중력처럼 작용하여 날기 어렵게 한다. 그러니 나아갈 생각은 엄두조차 내지 못한다. 현상이 대체

뭐길래 많은 사람들을 미래에 대해 생각하지 못하게 만들어 장기적 성공 투자자가 되지 못하고 결국 단기적 투기 실패자로 전락시키는 걸까? 현상이란 원래 사람들의 시야를 가리고 좁은 안목을 갖게 하는 것일까?

현상이란 본질적으로 과거의 축적일 뿐이다. 현상을 이렇게 이해하면 현상이 만족스럽지 않다는 것은 과거의 축적이 부족하기 때문이라고 이해할 수 있다.

시야가 좁아지는 근본적인 원인은 **조급하게 현상을 바꾸고 싶어 하기 때문**이다. 현상이 나빠질수록, 축적되는 것이 없을수록 마음은 더 급해진다. 현실을 쌓아가는 것은 어느 누구도 마법처럼 한번에 이룰 수 없다.

부모를 원망하거나 자신의 운명을 한탄하며 '금수저'가 아닌 자신의 출신을 탓하는 사람들이 있는데, 사실 바꿔서 생각해보면 내가 충분히 축적된 사람이 된다면 최소한 후대는 부모를 원망하지 않아도 되고 자신의 운명을 한탄하지 않아도 된다.

현상을 과거의 축적으로 명확히 정의하면 현실을 당장 바꾸기란 현실적으로 불가능할 정도로 어렵다는 것을 알 수 있다. 우리가 기껏해야 할 수 있는 일은 **'현재를 새로운 출발점으로 삼아 하나씩 쌓아가며 미래를 내다보고 미래를 사는 것'** 뿐이다.

'불평을 끊어내자'라고 했던 말을 기억하는가? 그러면 지금 당신이 갖고 있는 현상에 대한 불만이 아무런 의미가 없다는 것을 이해할 수 있을 것이다. 불만 자체는 어떤 도움도 축적도 만들지 못한다.

마지막으로 앞에 나온 몇 가지 내용을 종합해서 응용해보자.

▶ 결국 선택의 자유가 있다는 사실을 알고 있다.
▶ 인내를 갖고 '미래를 살아야 한다'는 것을 알고 있다.
▶ 현상은 과거로부터 축적되어 나타나는 것이기에 불만을 가져도 아무 의미가 없으며, 모든 깨달음도 결국 축적된 현실에서 비롯된다는 것을 알고 있다.

자, 그럼 이런 인식과 가치관을 기반으로 당신은 또 다른 '최종 무기'를 사용할 수 있다.

올바른 '불편함'을 선택하라.

부를 추구하는 측면에서 보면 '쓸 돈이 없다'와 '돈을 못 번다'는 것 모두 우리를 힘들게 한다. 그러나 잘 생각해보면 전자는 '돈을 얼마나 벌든 남는 게 없다'는 말이기 때문에 후자를 해결하는 것이 더 중요하다는 것을 알 수 있다. 후자를 해결하는 데 집중하면서 거기에 올바른 가치관과 선택을 더하면 '필연적으로 좋은 결과를 낳는 행동'을 취하게 될 것이다.

▶ 돈을 못 버는 건 능력이 부족하기 때문이다.
▶ 충분한 인내만 있다면 모든 능력을 습득할 수 있다.

▶ 시일이 지나면 나의 수확은 점점 커질 것이다.

   어떤 기능을 습득하든, 모든 과정에는 어려움이 따르기 마련이다. 그렇기 때문에 항상 올바른 불편함을 선택하는 것이 관건이다. 이제, 당신이 진지하게 생각해보길 바란다. 왜 사람들이 편안하고 쉬운 것을 선택하면서 올바른 것을 선택하지 않는 경우가 많은 것일까? 이 편에서 얘기한 방법론을 가지고 어떤 선택과 변화를 이루어내면 좋을지 생각해보자.

22

위기감이 없는 사람은 시장에서 도태되고 만다

과거 우리는 느낌상 평균 이상 수준이면 뒤처지지 않는다고 생각했다. **이 느낌은 분명히 편차가 있었다.** 우선 사람의 느낌은 원래, 그리고 언제나 편차가 존재하고 오류가 있기 때문이다. 그 사실을 증명하기 위해 자주 사용되는 예시가 있는데 바로 '90%에 가까운 사람들이 자신의 운전 수준을 평균 이상이라고 생각한다'는 것이다. 현실적으로 말이 안 되는 일임에도 막상 자신을 두고 생각하면 '나도 평균 이상은 하지'라고 생각한다. 더 깊이 들어가보면 원인은 이렇다.

우리는 결코 세상 전체를 느낄 수 없다. 자신이 평균 이상인지 아닌지는 주변을 통해 판단할 수밖에 없다.

우리의 결론을 뒷받침하는 것은 사실 매우 제한적이고 극히 일부분이며 우리가 느낄 수 있는 주위에서 비롯된 것에 불과하다. 우물 안 개구리가 자기가 평균 이상이라고 생각하는 것과 다를 바 없다.

한 치의 과장 없이, 이제 모바일 인터넷은 모든 사람이 접속할 수 있는, 모든 사람에게 없어서는 안 될 우리 몸의 '기관'처럼 돼버렸다. 당신은 과연 휴대전화 없이 며칠이나 버틸 수 있을까? 금식이라면 3일 정도는 문제없을 것 같은데 말이다.

모든 사람이 연결되어 있는 이러한 직접적인 결과는, 우리가 느낄 수 있는 세계가 더 이상 우리 주변으로만 국한되지 않는다는 것이다. **이제 우리 모두는 이 세상의 모든 것을 최대한으로 느낄 수 있다.**

최근 몇 년 사이 다양한 지식을 거래하는 소셜 네트워크 기업이 쏟아져 나왔는데 모두 잘되고 있다. 왜 그럴까? **이제 사람들이 성공한 사람들(또는 어쩌다 한 방으로 '돈을 많이 버는 사람')은 다른 사람이 모르는 일과 방법을 많이 알고 있다는 것을 인식하고 있기 때문이다.** 또 다른 각도에서 보면, 전통적인 정규 교육 제도는 이미 불충분하다. 예를 들어, '제품 담당 책임자PM'는 최근 몇 년 사이에 크게 각광 받은 직업인데 사람들은 학교에서 이와 관련한 일에 대해 한 번도 배운 적이 없다. 어떤 대학에서 관련 학과를 개설한다고 하더라도 이 방면을 가르칠 만한 전문가가 실제로 없는 상황이다. 그럼 어떻게 해야 할까? 요즘은 이와 관련된 전문가들이 온라인 커뮤니티에 개설한 강의를 구매해서 들으면 된다.

모바일 인터넷이 모든 사람을 하나로 묶을 때 서로 간의 차이가 더욱 명확하게 보이기 때문에 지식에 대한 갈망은 더 강해진다. 심지어 그 갈망은 이제 뒤처질까 노심초사하는 두려움으로 굳어지고 있다.

사실 우리는 두려워해야 한다. 두려운 사실은 이미 존재하고 있었는데 대부분의 사람들이 반응하지 않았던 것뿐이다.

▶ 과거, 40% 이후로는 뒤처진다. (정규 교육 과정의 합격선)
▶ 현재, 20% 이후로는 뒤처진다고 생각한다. (파레토의 법칙)
▶ 현재, 실제로 1% 뒤로는 모두 뒤처질 수 있다. (인터넷 상의 경쟁)
▶ 미래, 1/1,000, 1/10,000 뒤로는 모두 뒤처질 수 있다.

그리고 한 가지 더욱 두려운 현실은 로봇과 인공지능AI 기술이 부상하며 대다수 사람들이 점점 '쓸모없는' 길로 가게 된다는 것이다. 당신 주변에 빅데이터를 다룰 줄 아는 사람이 몇 명이나 있는지 생각해보라. 사람들 중 빅데이터를 이해하는 데 가장 기초적인 지식이 되는 확률통계를 제대로 이해하고 있는 사람이 얼마나 되는지 추측해보자.

2015년 중국 대학생 수는 약 3,200만 명으로 사실상 해당 연령 인구의 10% 수준에 불과하다. 여기서 다시 생각해보자. 대학생 중 실제로 확률통계를 제대로 배우고 그것을 자신의 생활에 응용할 수 있는 능력을 가진 학생이 얼마나 될까? 10% 미만이다. 어쩌면 1%도 안 될 수도 있다. 이것은 많아봤자 1%에 해당하는 사람들만 빅데이터를 배우고 이해한다는 뜻이다. 빅데이터 이론이 그렇게 어렵진 않지만 모두에게 배울 수 있는 기회가 주어지는 것은 아니다. 빅데이터를 실제 접하는 일 자체가 장벽이 특히나 높기 때문이다. 다시 1%를 곱해보자. 결국 사람들 중 1/10,000도 안 되는, 능력 있고 빅데이터를 다룰 수 있는 기회가 있는 사람들이 이런 엄청난 이점을 이용해서 훨씬 큰 보상을 받게 될 것이다.

이런 상황이 당신을 초조하게 만들지 모르겠지만 이런 초조함을 적절하게 사용하면 그것이 바로 가치 있는 일이다. 적당하고 충분한 초조함에 대신 사용할 수 있는 딱 맞는 용어가 있는데 그것은 '위기감'이다. 위기감이 없는 사람은 장차 쓸모없는 사람이 될 수밖에 없는 운명에 처하게 된다. 다행인 점은 우리에게는 위기감에서 비롯되는 초조함을 해소할 수 있는 방법이 분명히 있다는 사실이다.

당신은 이제 미래 목표 두 개를 갖게 되었다.

▶ 곧 당신은 살기 위해 자신의 시간을 팔지 않을 것이다.
▶ 곧 당신은 뒤처지지 않고 상위 20%, 심지어 상위 1%에 해당하는 사람이 될 것이다.

23

인생의 경계를
뛰어넘는 순간을 캐치하는 법

많은 사람들의 '행복'은 비교라는 기초 위에 세워진 것이다. 그래서인지 가끔 농담으로 하는 말이 있다.

"행복이란 자신의 소득이 사촌보다 항상 20% 더 많은 것이다."

비교는 상대적인 것이며, 상대적인 것에는 영원히 끝이 없다. 따라서 다른 사람과 비교하여 얻은 결과를 자신의 행복으로 삼는 사람은 행복과 즐거움을 영원히 얻을 수 없다. 그저 가끔 그런 기분이 들 뿐이고 그렇다 한들 아주 짧은 순간에 불과하다. 언제나 그들 앞에는 훨씬 젊고 아름답고 멋질 뿐 아니라 높은 소득과 지위를 가진 사람들이 나타날 것이기 때문이다.

비교는 곧 함정이다. 그렇기에 우리는 비교 없이 얻을 수 있는 행복과 즐거움을 선택하는 방법을 모색해야 한다. 그러나 비교 자체가 매우 현실적이고 가혹해서 의식하지 않아도 저절로 이루어진다는 것이 가장 큰 문제다. 즉, 어떤 함정들은 우리가 피할 수 없다. 그렇기 때문에 함정에 빠졌더라도 애써 기어 나오려는 사람은 진짜 용기 있는 사람이다.

예를 들어, 자신의 실력이나 경쟁력을 가늠하기 위해서는 자신이 갖고 있는 능력에 대해 충분히 깊은, 그리고 솔직하고 객관적인 판단을 할 수 있어야 한다. 자신의 능력을 과대평가 하는 사람은 대다수지만 자기 은행 계좌의 잔액에 일말의 환상을 갖고 있는 사람은 아주 드물다. 같은 맥락에서, 우리는 확실히 측정할 수 있는 능력에 대해서는 잘못 평가하지 않을뿐더러 평가할 필요도 없다.

아주 불행한 사실이 하나 있다.

또 다른 관점에서 보면 '성장'이란 나를 남과 끊임없이 비교하는 과정이다.

다른 사람과 비교해서 자신이 앞선다면 괜찮지만 반대로 비교도 안 된다면 매우 고통스러울 것이다. '비교도 안 된다'는 것은 많은 사람들이 분명히 느끼는 '불행'이다. 이런 상황에서는 주변 사람들의 좋은 위로도 나를 위로하지 못하는 경우가 많다.

어떤 경쟁을 할 때 이기기 위해 죽기 살기로 덤비는 것은 확실한 전략이며 굳이 나쁜 전략이라고는 할 수 없다. 하지만 다른 전략은 없을까?

몇 가지 전문용어를 빌려 쉽게 설명해보자.

▶ 1차원에서는 길이를 비교한다.
▶ 2차원에서는 면적을 비교한다.
▶ 3차원에서는 부피를 비교한다.

실제 우리 삶에는 여러 차원이 존재하며 사람들도 모두 입체적이다. 평면적이지도 선형적이지도 않다.

1차원에서 1등은 한 명뿐이고, '상위권에 속하는 사람'은 소수일 뿐이다. 그러면 대부분의 나머지 사람들은 뒤처지게 된다. 이 점을 이해하고 나면 그 사실이 그렇게 잔인하게 느껴지지 않을 것이다. 이보다 더 잔인한 일도 있기 때문이다. 1등을 해도 뭐 어쩌겠냐는 생각이 들 때도 많다. 1등 중에서도 눈에 띄는 성과를 내는 사람은 극소수로 정해져 있기 때문이다.

그렇게 소수의 사람들만 유독 성공적으로 비춰지는 이유는 무엇일까? 여러 가지 해석이 있을 수 있지만 여기서 우리가 논의한 내용을 종합해보면 다음과 같은 해석이 타당하다고 볼 수 있다.

> 그들은 모두 자신이 이미 최고가 되었던 차원을 뛰어넘어 다양한 차원에서 자신을 개발하고 개척해냈다.

1차원에서 최선을 다했을 때의 가치를 100으로 가정했을 때, 1차원에서의 최고치는 100이다. 그에 비해 2차원에서는 각각 50만 취해도 그 면적이 이미 2,500이 되는데, 3차원에서 각각 50을 취하면 그 부피는 얼마나 될까? 바로 12만 5,000이다. 물론 여기서 이 숫자들은 단지 이미지에 불과할 뿐 실제 사실이라고 할 수는 없지만 이미 충분히 시사하는 바가 있다.

이는 왜 중학교 선생님이 종종 학생들이 졸업하고 여러 해가 지나서 '결국 진짜 출세하는 애들은 대부분 그때 성적이 보통 수준이었던 애들이라니까….'라는 탄식을 내뱉는 이유를 설명해주기도 한다. 그 이유는 바로 '전혀 예상하지 못했기' 때문이다. 그들이 예상하지 못한 까닭은 애초에 인생의 성공 요인에는 학교 성적 외에 더 많은 변수가 있다는 사실을 몰랐기 때문이다.

나이가 들수록 점점 명확해지는 사실은 어릴 때 참가했던 경시대회나 1등을 한 경험 같은 건 정말 아무 소용없다는 것이다. '어릴 때 잘한다고 해서 커서도 잘 된다는 보장은 없다'는 사실을 수많은 사람들이 증명하고 있지 않는가? 나는 **다양한 차원에서 경쟁력을 만들자**는 전략을 이미 오랫동안 써왔고, 그래서인지 점점 더 잘하게 되는 것을 느낀다.

신동방에서 영어 강사로 일할 당시, 나보다 발음이 좋은 선생님들이 많았다. 그들과 비교해보면 내 발음은 100점 만점에 20점 정도였다. 나보다 어휘 실력이 좋은 선생님들도 많았고 나보다 훨씬 좋은 학벌을 갖고 있는 선생님들도 많았다. 그들과 비교해보면 내 어휘량이나 학력 역시 대충 20점에 불과했다. 거기다가 나는 그들보다 출중한 외모를 가진 것도 아니었기에, 이 또한 점수를 주자면 20점 정도가 적당했다.

하지만 나는 내가 어떻게 해야 하는지 알고 있었다. 그들은 1차원적인 경쟁자에 불과했다. 영어를 전공했다는 것뿐이었다. 그렇다면 나는 전공으로는 그들보다 부족한 게 당연한 상황이니 다양한 차원으로 나의 가치를 보여 줘야겠다고 생각했다.

▶ 학생들의 시험 성적을 올린다. (물론 시험 성적이 수준을 보여주는 것은 아니지만)
▶ 아주 체계적이고 전면적이며 계획적인 방법론으로 학생들의 학습 효율을 높였다.
▶ 다양한 심리학 연구 성과로 학생들이 심리적 어려움을 극복하도록 도왔다.

다른 선생님은 전공 부분에서 90점을 받았을지 몰라도 나는 '3차원 작전'으로 각 부분에서 20점을 받았고 총 8,000점만큼의 실력을 발휘했다. 결국 나는 학생들에게 최고의 강사로 평가받았다.

2011년, 나는 비트코인을 접하게 됐다. 나에게 있어 그 기회는 어떻게 보면 다차원적으로 얻은 낮은 점수를 곱해서 얻은 높은 점수이자 결과였다. 영어 조금, 인터넷 조금, 프로그래밍 조금, 수학 조금, 금융 조금, 심리학 조금, 전문적으로 연구한 방법론 조금이 낳은 결과

랄까. 비록 내가 이렇게 다양한 차원에서 절대적인 최고의 수준까지 이르진 못했지만 공교롭게도 온갖 다양한 차원에서 쌓은 능력과 경험을 합치니 '기이한 경쟁력'을 만들어낼 수 있었다.

이 전략은 내가 오랫동안 시도해보고 얻은 결과이니 의심하지 않아도 된다. 예를 하나 들어보자. 나는 내가 최고의 작가가 아니라는 것과 뛰어난 문체를 갖고 있지 않다는 것쯤은 알고 있다. 그럼에도 불구하고 내가 글을 쓰기 시작한 것은 확실히 내가 이미 다양한 차원으로 생각할 줄 알기 때문이었다. 이때 한 가지 주의해야 할 점이 있다. 그건 내가 최소한 어느 정도는 할 수 있는 차원이라는 전제가 필요하다는 것이다.

사실 여기에 무슨 비밀이나 비결 같은 게 있는 것은 아니다. 그저 너무 뻔해서 대부분의 사람들이 대수롭지 않게 여길 뿐이다. 사람들이 비결을 좋아하는 까닭은 대부분의 사람들이 '큰 성공에는 반드시 대단한 비결이 있어야 말이 된다'고 생각하기 때문이다.

스티브 잡스의 성공도 이런 전략의 좋은 사례가 아닐 수 없다. 초기 괴짜들이 각종 기술의 매개변수에 빠져들었을 때 스티브 잡스는 직감적으로 다른 사람에겐 없었던, 심지어 불가능했던 생각을 덧입혔는데, 그건 바로 디자인 기술이었다. 시간이 흐를수록 이런 다양한 차원의 생각이 가져다주는 경쟁력은 점점 커졌다.

'크로스오버'는 최근 몇 년 사이에 유행한 단어다. 다양한 경계를 넘나드는 사람들은 결국 자신도 모르게 **매번 경계를 넘나들 때마다 자신의 지평이 넓어진다는 이치**를 깨닫게 된다. 일단 크로스오버에 성공하면 실력이나 경쟁력의 향상은 '매일 조금씩 발전'하는 단순한 수준이 아니라 기하급수적 수준으로 이루어진다. 이 전략은 알면 매우 간단하고 자연스럽지만 모르면 도통 이해가 되지 않으며 '뭐가 문제지? 왜 이렇게 차이가 날까?'라는 고민을 매일 하게 된다.

나는 개인적으로 '안전지대를 벗어나라' 등의 일부 유행하는 말이나 개념에 대해 크게 개의치 않는다. 내 눈에는 하나같이 핵심에서 벗어났거나 실질적으로 배울 만한 의미가 충분하지 않는 이론들로 보일 뿐이다. 곰곰이 생각해보면 대부분의 사람들이 이른바 안전지대를 벗어나지 않는 것은 '다양한 차원에서 경쟁력을 만들자'는 전략이 있다는 것을 모르기 때문이다. 이 전략에 대한 이해가 전혀 없다면 이에 따르는 좋은 점도 모르는 게 당연하고 그렇기에 지금의 상태로 남아 있는 것이다. 그리고 만약 안전지대가 진짜 존재한다면 나처럼 이런 전략을 잘 쓰는 사람들은 빠져나가지 않으면 불편해서 못 견딜 게 뻔하다.

그러므로 나와 같은 생각을 가진 사람이라면 **경계를 넘는 기회를 보면 절대 놓치지 말고 꽉 잡아야 한다.** 하지만 이처럼 간단한 방법론에는 아주 중요한 비결이 있다.

적어도 하나의 차원에서는 충분히 뛰어나야 한다.

이렇게 이해할 수도 있다.

모든 일에는 원가가 존재한다.

돈을 벌 때 '필수 생활비'가 곧 원가인데, 우리가 이 수치보다 적게 벌면 돈을 버는 기능이 사라져버릴 수도 있다. 그래서 무엇이든 하찮게 여기면 안 된다. 모든 분야에서 뛰어나지는 않아도 적어도 하나, 많게는 다양한 차원에서 상당히 우수한 수준에 있어야 한다. 그러면 그때 다차원적 의미가 기하급수적으로 늘어가기 시작할 것이다.

다차원적 경쟁 속에서 각 차원의 수준이 합격선(각 영역에서 상위 60% 이상)을 넘어선다면 그야말로 감탄할 일이다. 지식은 운명을 바꾸고, 사고도 역시 운명을 바꿀 수 있다. 이건 절대 빈말이 아니다.

24

당신이 아닌
세상이 필요로 하는 것을 읽어라

앞서 '평가'보다는 '가치'가 더 중요하다고 얘기했었는데, 우선 자기 가치를 높이는 과정에서 무엇이 우리의 가치를 결정하는지 이해할 필요가 있다. 가장 중요한 요소는 과연 무엇일까? 아마 모두 '자신의 가치'를 생각했을 것이다. 성장해야만 끊임없이 가치를 높일 수 있다. 하지만 오늘 우리가 다룰 내용은 다른 것이다. 사실 더 중요한 요소가 있다. 내가 답을 알려주고 나면 '아, 이거였구나!'라는 생각이 들 것이다. 문제는 알아도 소용이 없다는 데 있다. 나뿐만 아니라 모든 사람들이 그렇듯 자칫하면 어느새 잊어버리고 말기 때문이다.

우리는 누구나 그렇듯 '가장 중요한 것은 무엇인가'를 깜빡 잊어버리곤 한다. 가까이서 볼 수 있는 상황으로 예를 들어보자. 휴대폰을 구입했으면 그걸로 세상과 더 많이 더 잘 소통하는 것이 중요하다. 사실 세상과 강하게 연결되는 것이 삶의 행복을 높이는 가장 근본적인 방법이다. 하지만 주변을 살펴보면 알겠지만 많은 사람들이 오히려 휴대폰 때문에 모든 방면에서 자신과 세상과의 진정한 관계를 끊어내는 경우가 있다. 정말 끔찍한 일이 아닐 수 없다. 사람들은 가장 중요한 것이 무엇인지 걸핏하면 잊어버리는 경향이 있다.

이제 당신이 알고 있어야 할 답으로 돌아가보자.

시장에서 가격을 결정하는 가장 중요한 요소는 수요다.

추측하건대, 당신은 그 답을 알고 있었지만 살면서 그것을 까맣게 잊어버리고 만 것이다('실수요(절대 수요)'에 대해서는 앞에서 적어도 두 번은 언급했었다).

제발 가격과 원가가 직접적으로 완전히 연관되어 있다고 생각하지 마라. 사실 그것들은 간접적으로 일부만 연관되어 있을 뿐이다. 사람들이 돈을 내고 제품을 사는 것은 그것이 정말 필요하기 때문이지 그 상품의 제작 원가가 얼마인지 고려해서가 아니다. 당신이 상품을 가지고 있다면 내가 그것을 구매하기 전에 당신의 원가는 나와 무관하고 당신의 마음도 나와는 전혀 상관없다. 얼마를 주고 사야 하는지 생각할 때 당신의 원가를 따지지 않을 것이다. 내가 얼마를 주고 사야 하는지 가늠하는 주요 기준은 사실 나의 지불 능력이다. 하지만 이 또한 원가와는 무관한 일이다.

이런 관점에서 보면 사실 많은 사람들의 절망은 일치되고 명료하게 설명될 수 있다. '맙소사! 내가 얼마나 열심히 노력했는데, 이렇게 성실하게 일했는데 어떻게 이럴 수 있어? **무정하다 할지 몰라도 이게 현실이다. 이 세상은 당신을 원하지 않는 것이다.**

모름지기 사람이 되려면 정말 필요한 사람이 되어야 하고, 일을 하려면 정말 필요한 일을 해야 한다. 이는 사람뿐 아니라 상품에도 동일하게 적용된다. 좋은 상품이라면 사람들에게 꼭 필요한 물건이 되어야 한다. 이것은 아주 단순한 이치이지만 우리가 자칫하면 잊어버리는 가장 중요한 원칙이기도 하다.

〈경제적 자유로 가는 길〉이란 칼럼을 쓰기 시작했을 때 이미 베테랑의 경지에 오른 뤄전위는 나에게 어떻게 하면 더 가치를 높일 수 있는지 가르쳐주었다. 그리고 이제 베테랑이 된 내가 그 대답을 할 차례다.

당신은 어떻게 더 가치 있는 사람이 될 수 있는가?
답은 아주 간단하다. 진짜 필요한 사람이 되면 된다!

아까 언급했던 말이 있는데, 다시 한 번 이야기하겠다.

세상과 강하게 연결되어 있는 것이 삶의 행복을 높이는 가장 근본적인 방법이다.

이제 왜 극소수의 사람들이 대다수의 사람들보다 훨씬 더 행복하고 삶에 대한 만족도가 높은지 조금 감이 오는가? 답은 아주 간단하다. **그들은 세상과 더 강력하게 연결되어 있기 때문이다.** 조금 더 정확하고 깊이 있는 대답을 원한다면, **그들이 속한 세상이 정말 그들을 필요로 한다는 것이다.**

누군가에게 정말 필요한 사람이 된다는 것은 매우 어려운 일이다. 하지만 일단 진짜 필요로 하는 사람이 되면 삶의 어려움은 이로 인해 모두 사라져버릴 것이다.

회사에서 일을 한다면 직원들 사이에서 가장 필요한 사람이 되어야 한다. 그럼 당신의 연봉과 대우는 그 누구보다 높아질 것이다. 연애를 할 때도 마찬가지다. 상대방에게 정말 필요한 사람이 되어야 한다. 그러면 상대방이 당신을 사랑하는 걸 넘어서서 결코 당신을 떠날수 없을 것이다. 또 어떤 상품을 만들 때 사용자에게 가장 필요하고 유용해야 오래도록 사랑받을 수 있다. QQ나 위챗, 알리페이만 봐도 알 수 있듯이, 사용자가 많은 데에는 다 그만한 이유가 있다. **사용자들에게 매우 유용하기 때문이다.**

이제 가격을 결정하는 핵심 요소가 수요라는 것을 깨달았다면 이제 당신의 노력이 필요한 곳이 전혀 다른 방향이라는 사실도 곧 깨닫게 될 것이다.

나는 이 점에 대해 아주 분명하게 느낄 수 있다. 앞에서 언급했듯이, 나는 내가 쓴 글들이 다른 사람에게 정말 필요한 내용인지, 유용한 내용인지 매일 살펴본다. '수요가 가격을 결정한다'라는 가치관을 철저하게 행동으로 옮기는 것이다.

이제 각자 자신의 생활에 초점을 맞춰보자. 잘 살펴보면 우리가 사는 세상은 사람으로 이루어져 있다. 내가 사는 세상이 자신을 필요로 하길 바란다면 지금 내 주변에 있는 사람들이, 좀 더 정확히 말하자면 내게 중요한 사람들이 나를 필요로 하면 된다.

그렇다면 아래 내용은 천천히 생각해보자.

▶ 그(그들)의 진정한 필요는 무엇이며, 가장 필요한 것은 무엇일까?
▶ 나는 그(그들)의 필요를 만족시켜줄 수 있는 사람인가?
▶ 만족시킬 수 있다면 나는 꼭 필요한 사람이 될 수 있을까?
▶ 만족시킬 수 없다면 어떻게 해야 할까?
▶ 내가 꼭 그(그들)의 필요를 채워야 할 필요가 있을까?

위의 내용처럼 너무 단순해 보여서 대부분의 사람들이 아예 필요 없다고 생각하는 문제를 심각하게 고민해본 적이 있는가? 사실 많은 사람들이 이에 대해 한 번도 진지하게 고민해보지 않았을 것이다. 그들은 자신이 필요 없다는 말을 들었을 때 화부터 냈지 대체 무엇이 문제인지는 파악하지 못했을 것이다.

마지막 문제는 꽤 심각하다. 모두가 재미있는 사람을 필요로 한다는 것은 나도 일찍부터 알고 있긴 했지만 '꼭 내가 그 필요를 채워줘야 할까?'라고 자문해봤을 때 내가 얻은 대답은 '꼭 그럴 필요는 없다'였다. 바꿔서 생각해보면 재미있는 사람이 되는 것과 재미있게 사는 것은 서로 전혀 관계없는 완전히 다른 일이다. 그뿐만 아니라 재미있는 사람이 되기 위해 재미있게 사는 것을 포기하거나 영향을 받는 경우도 종종 있다. 이 세상에 정말 그들이 필요하다면 이미 존재하는 '그들'로도 충분하기 때문에 나 하나 더 있고 없는 것은 전혀 상관없다. 그래서 나는 내가 꽤 합리적인 선택을 했다고 생각한다.

또 한 가지는 '수요'에서 출발하면 진짜 필요하든 필요하다고 느끼든 우리는 세상의 더 많은 진실과 마주할 수 있다는 점이다. 예를 들어, 나에게 있어 별자리는 '필요 없는 것'이자 사실 '존재할 필요도 없는 것'에 불과하다. 그런데 생각보다 많은 사람들이 별자리에 대해 토론하고 연구할 뿐 아니라, 심지어 별자리의 원리에 따라 자신을 이끌어 간다는 것을 알게 되었다. 이 현상은 내가 어떻게 생각하든 별자리에 대한 수요는 그것이 진짜 수요이든 가짜 수요이든 별자리가 불필요하다고 할 만한 이유가 없음을 분명히 알려주고 있다.

우리의 수요는 우리 것이고, 다른 사람의 수요는 다른 사람 것이니, 우리의 수요와 다른 사람의 수요는 반드시 같을 수도 같을 필요도 없다. 그렇기 때문에 우리는 필연적으로 다른 것에 시간을 낭비할 필요가 없다. 그건 그들의 선택으로 인정하고 내버려두자. 분명히 이 선택은 오랜 시간이 걸리지 않고도 충분히 단련할 수 있다. 그렇지 않은가?

당신이 자주 쓰는 다이어리나 수첩을 꺼내 한 번 적어보자.

가장 필요한 것을 골라서 하자.

지금 당신이 하고 있는 일이 가장 필요한 일이라면 당신은 정말 필요한 사람이다. 우리가 앞서 말했듯이 '가장 필요한 것'은 실제로 언제나 과대평가 받는다. 이런 현상은 거의 영원히 지속될 것이다.

신동방에서 일했을 때도 이와 동일한 생각으로 모든 선택을 했다. 처음 신동방에 들어갔을 때만 해도 나는 내가 무엇을 가르치면 좋을지 몰랐다. 그러다 이곳은 좋은 작문 선생님이 부족할 것이라는 생각이 들었다. TOEFL이든 GRE나 GMAT이든 아무튼 전반적으로 작문 선생님의 공급이 부족했다. 다시 말해서 내가 학생들에게 영작문을 잘 가르칠 수만 있다면 나는 모든 교사들 중 가장 필요로 하는 사람이 될 수밖에 없다는 것이었다. 그래서 나는 영작문을 가르치기 시작했다. 당시 나는 TOEFL 쓰기 시험 문제은행에 있던 185개 문항의 예시 답안을 작성했다. 1개 이상의 답안을 작성한 문제도 있었다. 나는 매일 쓰고, 또 썼다. 그렇게 반년을 쓰고 나니, 문제은행에 있는 문제들을 다 쓴 유일한 강사가 되어 있었다. 내가 생각해도 정말 많은 성장이 있었던 것 같다. 지금 돌이켜 생각해보면, 그 많은 양을 반년 만에 해냈으니 나름 괜찮은 장사였다. 게다가 결과도 좋아서 내가 예상했던 대로 수업을 배정받으려고 애쓰지 않아도 됐다.

사람들이 '역지사지易地思之'를 말할 때, 그 대상으로 항상 다른 사람을 가리키곤 하는데 나는 다르다. **내가 생각하는 역지사지의 대상은 어떤 누군가가 아니라 이 세상이다.** 반대편에 서 있는 누군가가 어떻게 생각하는지 뿐만 아니라, 최소한 '이런 부류의 사람들이 어떻게 생각하는지', 더 나아가 '대부분의 사람들이 어떻게 생각하는지'까지도 깊이 생각해보아야 한다. 방금 우리가 살펴본 대로 이 세상은 많은 사람들로 이루어져 있다. 당신이 이해하는 사람의 유형과 수가 많을수록 이 세상에 대한 이해도 넓어지고 이 세상이 정말 원하는 것이 무엇인지 더 쉽게 알 수 있다.

CHAPTER 4

투자형 인간이 되기 위한 마인드셋

우리가 어떤 때를 놓쳤을 때 가장 두려운 것은
놓쳤다는 사실보다 놓쳤다는 사실조차 모른다는 점이다.
아무리 좋은 기회가 와도 당신이 준비되어 있지 않다면
그 기회는 눈에 띄지 않는다.

25

'나와는 상관없다'는 생각을 버려라

2007년 여름, 신동방과의 이별을 앞둔 때였다. 마지막 수업이 끝날 무렵, 한 여학생이 앞으로 나오더니 명함 한 장을 내게 건네면서 말했다. "제 친구가 한번 뵙고 싶어 하는데, 시간이 되실지 모르겠네요…." 그 말에 나는 바로 대답했다. "어차피 이제 한가한걸요. 시간 내야죠." 그리곤 명함을 받아두었다.

나는 며칠이 지나고 나서야 그 여학생이 건네준 명함이 생각났다. 명함을 꺼내서 그 안에 적혀 있는 번호로 전화를 걸었다. 본인의 요청에 따라 그의 본명 대신 '장이莊軼'라는 가명을 사용하겠다. 장이는 어느 유명한 벤처 캐피털 투자사의 창업 파트너였다. 그때만 해도 창업지원 회사와 접촉할 만한 기회도 없었고 창업 투자에 대한 개념도 없었기 때문에 어렴풋이 어디선가 유명한 회사라고 들어본 기억이 전부였다.

사람들은 잘 모르겠지만 신동방 강사들은 회사를 떠나기 전까지 대부분이 모두 촌뜨기나 마찬가지다. 신동방의 상당히 폐쇄적인 환경도 원인이겠지만, 사실 돈을 많이 벌어서 사는 데 걱정이 없어지면 쉽게 '외부세계에 무관심'한 상태가 되기 때문이다. 강사들의 마음가짐이 더 큰 문제이기도 하다.

원래 장이는 스탠퍼드대학에서 MBA를 할 수 있도록 이미 초청을 받았음에도 불구하고, 입학에 필요한 시험은 다 봐야 한다고 생각했다. (그렇지 않으면 너무 양심에 찔릴 것 같았다고 했다.) 그는 TOEFL과 GMAT을 빨리 끝내고 싶었지만 그의 스케줄이 일정하지 않아서 수업에 나올 수가 없었다. 그래서 그의 비서가 신동방의 두 개의 커리큘럼을 수강해서 강의를 최소 한 시간 이상 들어본 후 믿을 만한 선생님을 골라서 최종적으로 명함을 건네주게 된 것이다.

그렇게 나는 장이를 알게 됐고 아주 짧은 시간 내에 두 시험의 체계와 각 시험의 중요한 포인트를 알려주었다. 그 후 우리는 일주일에 한두 번씩 만나 세부적인 내용을 이야기했다. 이 과정에서 나는 지금 내 앞에 있는 이 사람이 국내 유명 창업 지원 회사의 전설적인 인물인데 비해 인터넷에는 그와 관련된 자료가 아주 드물다는 사실을 알게 됐다.

그러나 나는 지금까지 그래왔듯 다른 사람에 대해 몰래 알아보거나 캐묻지 않았다. 그렇게 두세 달 동안 그는 나에게 깊은 인상을 남겼다. 항상 여기저기 바쁘게 움직이며 일하느라 하루 수면 시간이 기껏해야 서너 시간밖에 안 되는 사람이 놀랍게도 공항에서 숙제를 해가며 약속한 수업시간에 딱 맞춰 오기까지 하다니! 나는 모든 일에 있어 독하게 하는 사람을 좋아하는데, 장이가 딱 그런 사람이었다.

그가 샌프란시스코로 떠나기 전이었다. 그가 한마디 툭 건넸다. "별 건 아니지만, 나에게 여러모로 많은 걸 가르쳐주셨으니 나도 한 가지 얘기해줄게요. 창업을 하는 방법입니다." 대략 이런 내용이었는데, 그때 무슨 말이 오갔는지 정말 기억나지 않는다.

장이는 키가 아주 컸다. 그는 한켠에 서서 화이트보드 가득 뭔가를 썼다, 지웠다, 썼다를 반복하며 두 시간 반 동안 열정적인 강의를 이어갔다. 기본적으로 내가 신동방에서 했던 강의 시간과 맞먹었다. 하지만 당시에는 애석하게도 그가 얘기해줬던 말들이 도통 기억에 남지 않았다.

2년은 아주 빨리 지나갔다. 장이가 샌프란시스코에서 돌아왔을 때쯤 나에게는 구체적인 변화가 별로 없었다. 그가 샌프란시스코로 떠나기 전 나는 신동방에서 함께 일했던 동료 슝잉熊瑩과 함께 해외 유학 컨설팅 회사를 차렸었고, 그가 돌아올 때까지도 우리는 그 회사를 운영하고 있었지만 놀랄 만한 성장도 변화도 없었다. 회사에 수익이 나긴 했지만 지금 와서 생각해보면 그건 전혀 '창업'이 아니라 '사업'에 불과했다. (43편에서 '창업'과 '사업'의 차이에 대해 다룰 예정이다.)

2013년 하반기, 나는 엔젤투자를 시작했는데 순탄치 않았다. 2014년 초에는 실리콘밸리에 다녀왔는데 비행기에서 불현듯 몇 년 전의 장이가 화이트보드 앞에 서서 이야기를 하던 장면이 생각났다. 그 순간 '악몽에서 깨어나는' 느낌이었다.

나름대로 여러 번 시도해봤지만 여전히 그 당시 장이가 말했던 내용이 정확히 기억나지 않았고 그날 그런 일이 있었다는 대강의 이미지가 다였다. 자세한 내용은 너무 흐릿해서 꿈에서 깨고 나면 아무리 기억을 더듬어도 기억해낼 수 없는 그런 느낌과 똑같았다. **그때 나는 장이가 한 얘기를 전혀 듣지 않은 것이다.**

당시 그곳에 앉아 있긴 했지만, 내 앞에는 어느 유명 투자회사의 창업 파트너가 서 있었지만, 그 사람이 하는 말은 틀림없이 중요한 것이라고만 생각했을 뿐이다.

그동안 우리는 한번씩 만나서 대화를 나누고, 그를 통해 경제 전문가도 알게 됐지만, 이 모든 교제도 나를 '완전 무지한 상태'에서 끌어내지 못했다. 나는 여전히 기존의 사고의 맥락대로 행동하고 '창업'에 대해서도 전혀 깨닫지 못했다. 나를 가로막는 것이 대체 무엇이었을까? 이런 경험은 나에게 한 번으로 그치지 않았다.

그 뒤로 재차 창업자와 대화를 나누던 중 드디어 번쩍하고 깨달음을 얻었다. 당시 내 상황은 지금 내가 만나는 창업자들과 똑같았다. 그들이 지금 내 앞에서 보여주는 반응이 그때 내가 장이에게 보여줬던 반응과 같은 것이라는 점이다. "당신 말이 다 맞는 것 같은데, 나와는 크게 상관없어 보이네요. 결국 나는 당신이 아니고, 당신도 내가 아니니까요. 당신이 할 수 있다고 해서 내가 꼭 할 수 있다는 것은 아니죠. 저는 그냥 마음 편히 내가 할 수 있는 일이나 할게요."

나는 이 결론을 도출해내자 어디선가 신기한 힘이 생겨나는 것 같았다. 나는 그때 장이가 들려준 내용이 조금씩 기억나기 시작했다. 어떻게 하면 업종을 변경하는 과정에서 큰 가치를 찾을 수 있을지, 어떻게 하면 '가장 긴 코스'의 끝까지 달릴 수 있을지, 어떻게 하면 **빠른 성장**을 이룰 수 있을지 등 기본적으로 지금 내가 사람들에게 자주 해주는 이야기와 비슷했다. 나는 내가 아등바등하며 배운 것인지, 아니면 오래전 장이가 심어둔 그 '씨앗'이 자라 마침에 싹을 틔웠는지조차 헷갈릴 정도였다.

그건 중요하지 않았다. 중요한 것은 내가 운이 좋았다는 것이다. 운이 그냥 좋은 정도가 아니라 최고로 좋았다. 그러니 내가 잠시 다른 길을 따라갔어도 지금까지 올 수 있었다. 내 운이 그저 그랬다면 오래전 그 모습 그대로 지금까지 살고 있었을 것이다. 그랬다면 나는 지금의 두려움이나 놀라움, 행운에 대한 소중함이 전혀 없었을 것이 분명하다. 내 운이 나빠서 지금의 경지에 이르지 못했더라도 그 사실에 대해 놀라지도 않았을 것이다.

어떤 관념이 당신과 관련되어 있다는 생각이 들더라도 그것이 반드시 효과가 있는 것은 아니다. 하지만, 당신과 무관하다고 느낀다면 그것은 분명히 효과가 없을 것이다.

상대적으로 나는 생각하기를 게을리하는 사람도 아니고 생각만 하고 움직이지 않는 사람도 아니다. 그럼에도 불구하고 나 또한 여전히 놓치며 살아간다. 지금까지 최소 두 번 정도 인생의 좋은 기회를 날

렸었다. 다만 나는 '잃어버렸다가 다시 찾을 만큼' 운이 정말 좋았을 뿐이다. 우리가 알아야 할 것은 인생에서 '두 번째 기회'를 얻기란 하늘에 있는 별을 따는 것만큼 힘든 일이란 사실이다.

물론 이전의 경험을 포함해서 당시 내 경험을 공유하는 이유는 내가 얼마나 운이 좋았는지 과시하기 위함이 아니라, 앞서 말했던 원리에 대해 몇 가지 더 설명하고자 함이니 오해가 없었으면 좋겠다.

정말 중요한 관념들은 너무 단순해서 무시당하거나 혹은 지나치게 직관적이라 신뢰를 얻지 못하기도 한다. 하지만 사람들이 인생의 전환점과 업그레이드 기회를 놓치는 가장 큰 이유는 그러한 관념들이 일리는 있지만 자신과는 아무 상관이 없다고 생각하기 때문이다.

'나와는 아무 상관없다'는 생각은 분명한 착각이자 가장 무서운 자기 예언이라는 사실을 이제야 깨달았다. 그런 생각을 자발적으로 편하게 받아들이고 그 관념을 따라갔다면 '나와 상관 있는' 결과를 만들어냈을 것이다. 못해도 상관없다. 처음부터 잘하는 사람은 아무도 없다. 그저 열심히 죽어라 하면 된다. 처음부터 그 관념에 따라 능숙한 사고를 하지 못해도 상관없다. 계속해서 생각하고 시도하다 보면 어느새 자연스러워진다. 최선을 다하고 깊이 생각해야 한다. 그렇지 않으면 부의 전환점과 업그레이드의 기회는 당신과 완전히 상관없는 일이 돼 버릴 것이다.

Chapter 4 투자형 인간이 되기 위한 마인드셋 이것이 내가 독자들에게 한 글자도 빠트리지 말고 읽어달라고 강조하는 이유이기도 하다. 이 책은 관념을 향상시키는 것과 관련된 것이다. 그렇기에 한 글자도 빼놓지 않고 읽어야 할 뿐 아니라, 반복해서 읽어야 한다. 우리 마음 저변에 깔린 관념들은 항상 '단순함'으로 위장해서 우리가 이미 알고 있다거나 별거 아니라고 생각하게 만들기 때문이다.

여기서 가장 중요한 것은 수많은 중요한 관념들이 '나와는 아무 상관 없다'는 식으로 위장해서 우리가 스스로 놓치고 자각하지 못하게 한다는 것이다. 그러므로 반복해서 읽는 것에서 그치지 않고 모든 관념이 자신과 관련이 있다고 가정하고 모든 감각기관을 동원해 자신에게 대입해볼 필요가 있다. 그리고 생각하고 연구하고 상상해보는 것이다. '내가 이 관념을 받아들이면 나에게 어떤 변화가 생길까?'

26

'뭔가를 이룬 사람'을 가까이하라

우리가 어떤 때를 놓쳤을 때 가장 두려운 것은 놓쳤다는 게 아니라 '놓쳤다는 사실조차 모른다는 것'이다. 당시 내 경험이 결국 교훈이 될 수 있었던 것은 나는 놓쳤다는 사실을 알았기 때문이다. 그래서 나 스스로 되돌아보고 여러 방법론을 고민해볼 수 있었다. '실수'가 또 다른 '재산'이 되어, 기회가 있을지도 모르는 다른 많은 것들을 놓치지 않도록 해준 것이다.

먼저 당신이 몰랐을 만한 개념을 하나 소개하겠다.

▶ 거울신경세포 Mirror neuron

나는 당뇨병 환자라 식사 전에 꼭 인슐린을 맞아야 한다. 가끔 밖에서 친한 사람들과 외식할 일이 생기면 거리낌 없이 직접 주사를 놓고 식사를 하곤 한다. 어떤 친구들은 내가 주사 놓는 걸 보면 마치 자기들이 맞는 것처럼 미간을 잔뜩 찌푸리고 숨을 크게 들이쉬기도 한다. 사실 생각보다 그렇게 아프지 않다. 그냥 모기에 물린 것처럼 아주 잠깐 따끔한 정도다. 그런데 옆에서 보는 사람들 눈에는 정말 아파 보이나 보다. 다른 사람이 주사 맞는 걸 보는데 왜 내가 아픈 것일까? 그리고 그 느낌이 어떻게 진짜처럼 생생한 것일까?

이는 우리 뇌의 뉴런 중 하나인 거울신경세포 때문이다. 원숭이의 뇌에도 거울신경세포가 있는데, 전체 뉴런의 10%를 차지한다(인간의 뇌에서는 거울신경세포가 차지하는 비중이 더 높을 것으로 추정된다). 연구에 따르면 새의 뇌에도 비슷한 거울신경세포가 있는 것으로 확인됐다.

거울신경세포는 우리가 다른 사람의 행동을 볼 때 활성화된다. 상대방의 특정한 행동을 관찰할 때 거울을 보듯이 관찰자 자신이 행동하는 것처럼 느끼게 하는 것이다. 이는 다른 사람이 주사를 맞는 걸 볼 때 왜 자신이 아픈 것처럼 느껴지는지 이유를 설명해준다. 당신의 거울신경세포가 당신이 보고 있는 행동에 활성화되면서 비슷한 느낌을 만들어내는 것이다.

상대방의 행동 의도를 추측하고, 행동 목표를 이해하려고 할 때마다 거울신경세포는 격렬하게 활성화된다. 거꾸로 유추해보면, 우리가 흔히 말하는 감성지수가 떨어지는 사람, 즉 다른 사람의 행동 의도를 추측하지 못하고 행동 목표를 이해하지 못하는 사람들은 거울신경세포의 수가 적거나 비율이 낮기 때문일 가능성이 높다.

거울신경세포는 학습 능력의 영역에서도 큰 역할을 한다. 대부분의 학습 행위가 모방에서 비롯되기 때문에 일반적으로 모방 능력이 뛰어난 사람이 학습 능력도 좋은 편이다. 평소에 '부부는 서로 닮는다'는 말을 자주 들어봤을 것이다. 사실 부부가 처음부터 비슷하게 생겨서 이런 말이 생긴 것이 아니라 오랜 세월 함께 지내면서 거울신경세포가 끊임없이 활성화되어 그들의 표정이 서로 닮아가게 된 것이다. 표정이 비슷한 사람은 안면근육과 주름도 비슷해져서 부부는 서로 닮는다는 말을 충족시키게 된다.

자폐증 환자는 뇌에 있는 거울신경세포 수가 적거나 비율이 낮을 수도 있다고 유추해볼 수도 있다. 거울신경세포가 적으면 외부(사람)와 연결되기 어렵고 다른 사람의 행동 의도와 행동 목표를 파악하지 못하며 학습 능력의 향상도 상대적으로 더디다. 또 실제로 학습 환경이 부족하다.

최근 연구 결과를 보면 거울신경세포의 비율에서 남녀 간 차이가 발생할 수 있다고 한다. 한 연구에 따르면, 편모 가정에서 자란 아이가 편부 가정에서 자란 아이보다 다른 사람의 정서 변화를 쉽게 인식한다는 결과가 나왔다. 이 또한 거울신경세포가 활성화되어 나타난 결과라고 할 수 있다. 이는 대부분의 문화가 남성들에게 최대한 감정을 드러내지 않도록 요구하기 때문일 것이라는 게 연구자들의 추측이다. 이 연구 결과로 인해 우리는 또 추측을 해볼 수 있다. 그 차이는 타고난 것보다는 습득된 것으로 보인다. 최근 20년간 뇌과학 연구에서 가장 중요한 결론은 다음과 같다. 거울신경세포의 수와 비율은 어떤 방식으로든 향상될 수 있다. **즉 뇌는 가소성이 있다.**

이는 우리의 학습 능력과 사교 능력에 큰 영향을 미칠 수 있다. 그리고 거울신경세포는 대뇌피질의 면적이 넓어지고 회백질의 두께가 증가하는 것처럼 그 수와 비율도 어떤 방식을 통하든 증가할 수 있다.

여기서 재미있는 점은 거울신경세포는 사람을 봤을 때만 활성화시킬 수 있다는 것이다. 일반적으로 물건이나 책처럼 비인간적인 것은 거울신경세포를 활성화시키지 못한다. 예를 들어, 당신이 어린아이에게 기타 하나를 줬다. 그 아이는 기타에 별로 관심이 없었다. 하지만 당신이 기타를 연주하는 모습을 그 아이가 봤다면 특히 당신이 기타를 연주할 때 멋있었다면, 그 아이의 거울신경세포는 당신의 행위(멋짐)로 인해 활성화되고 더 나아가 기타 연주에 흥미를 갖게 된다. 여기서 주의할 점은 기타 자체에 흥미를 갖는 건 아니라는 것이다. 그리고 그 아이가 당신의 기타 연주에 감동을 받았다면 더 쉽게 영향을 받을 것이다. 거울신경세포는 감정에 더욱 예민하고 활성화되기 때문이다. 다시 말해서, 모든 학습 과정은 모방에 기초한 것이며, 모든 모방은 모방자가 보는 실제 사람의 행동에서 비롯된다. 설령 그것을 실제가 아닌 영화를 통해서 봤을지라도 동일하게 적용된다.

당신 앞에 뭐든 잘하는 사람이 있다. 그런데 당신에게 어떤 반응도 일어나지 않고 당신의 거울신경세포도 활성화되지 않는다면, 나와는 상관없다고 생각하는 당신 자신에게서 원인을 찾아볼 수 있다. 우리가 깨달아야 하는 것은 바로 이것이다.

   학습이든 발전이든 결코 단독적인 행위가 아니다. 모두 사교적인 행위다.

   많은 사람들이 '독학'이라는 말을 '혼자서 (묵묵히) 공부하는 것'이라고 오해하고 있는데, 바로 이 때문에 대부분의 사람들이 평생 학습에 실패하는 것이다. 보다 심층적인 동기 부여는 아래 두 가지 상황에서 비롯될 가능성이 높다.

▶ 실제로 해낸 사람을 본 적이 있다.
▶ 결함이 있는 사람도 결국 해내는 것을 본 적이 있다.

   그러면서 자연스럽게 '너도 했으면, 나도 할 수 있겠네.'라는 생각을 갖게 된다. 그리고 이보다 더 효과적인 동기 부여는 없다는 사실을 알게 될 것이다.
   최근 몇 년 동안 나는 선생님도 돼 보고 학생도 돼 보면서 지식을 넓혀가다 두 가지 결론에 이르렀다.

▶ 정보 전달 자체는 교육이 아니라 기껏해야 출판에 불과하다.
▶ 효과적인 교류가 이루어지고 공동체가 함께 성장해야 진짜 교육이라 할 수 있다.

서당 개 삼 년이면 풍월을 읊는다고, 익숙하게 보고 듣는 교육이야말로 진짜 효과적인 교육이다. 자주 보고 듣는 익숙한 것들이 거울신경세포를 활성화시킬 수 있다는 정확한 과학 연구 결과도 나왔다.

그렇기 때문에 '진짜 해낸' 사람들을 만나는 것이 중요하고 '결점이 있음에도 불구하고 결국 해낸' 사람을 만나는 것은 더 중요하다. 어떻게든 우수하고 좋은 사람들과 가깝게 지내려 애써라. 설령 그들과 많은 교제를 나누지 못하더라도 그들을 보는 것 자체만으로도 거울신경세포를 활성화시킬 수 있기 때문에 이는 자신에게 자연스러운 동기부여가 된다. 이제 더 이상 대단한 일을 이루어낸 사람은 나와 상관 없다는 생각을 하지 말아야 한다.

27

매일 스스로 '뇌를 씻는' 것을 게을리 하지 말라

"당신은 매일 이를 닦습니까?"라는 질문을 던진다면 당신은 '내가 위생에 무신경한 사람처럼 보이나?'라는 생각에 어쩌면 불쾌함을 느낄지도 모른다.

우리는 매일 이를 닦고 세수를 하고, 손과 발을 씻는다. 하지만 뇌를 씻지는세뇌, 洗腦 않는다.(물론 문자 그대로 뇌를 씻는 게 가능하다면 정말 이보다 괴상망측한 일은 없을 것이다.) 하지만 나는 스스로 세뇌하지 않는 것을 최악의 개인 위생 습관이라고 생각한다. 사실상 많은 사람들이 세뇌하지만, 스스로 해왔다고 하기보다는 평생 다른 사람에게 세뇌당해왔다고 하는 게 맞을 것이다. 이것은 불쌍한 일이 아닐 수 없다.

우리는 밤에 자기 전에 샤워를 하고 발을 씻는다. 아침에 일어나면 세수를 하고 이를 닦는다. 그리고 외출을 한다. 미세먼지를 맞고, 세균에 노출되고 땀 흘리는 하루를 보내고 집에 돌아오면 어떤가? 자기 몸이 깨끗하지 못하다고 느껴져 그저 씻고 싶은 마음뿐이다. 그냥 씻는 것도 아니고 보다 효과적으로 씻기 위해 비누나 샴푸, 바디워시 같은 여러 가지 기능성 제품을 함께 사용한다.

이를 공부에 적용해볼 수 있다. 일단 공부를 시작하면 분명히 엄청난 공격과 충격을 받을 것이다. 공부하기 싫은 사람은 자기가 배우지 못할까 봐 두려운 것도 있지만 다른 사람이 더 잘 배울까 봐 두려워하는 것도 있다. 그래서 그들은 이미 '손을 써서' 자신에게 타격을 입힐 수 있는 사람이나 일을 공격하기도 한다. 바로 그런 사람들을 깎아내리는 것이다.

당신의 뇌가 어느새 그런 사람들의 영향을 받아 오염되어 더 이상 깨끗하지 않게 돼버렸다면 어떻게 해야 할까? 아주 간단하다. 스스로 깨끗하게 하는 수밖에 없다.

2009년, 가오야高雅라는 어린 소녀가 다롄大連에서 기차를 타고 베이징까지 나를 찾아와서 해외로 유학을 가야 해서 TOEFL을 공부해야 한다고 했다. 나는 그 소녀에게 어떤 수업을 들어야 할지 알려주었다. 가오야는 정말 열심히 공부했다. 수업을 얼마 듣지도 않았는데, TOEFL 성적이 62점에서 102점까지 올랐다. 가오야는 미국으로 가기 전, 나에게 미국에 가서 무엇을 배우느냐고 물었고 나는 학부 때는 수학 같은 기초학문을 배우게 된다고 대답해줬다. 그러자 그녀가 한마디 툭 내뱉었다. "저는 어릴 때부터 수학에 소질이 없는데요…." 나는 누가 '어렸을 때부터 뭔가에 소질이 없다'는 말을 하는 걸 원래 싫어했기 때문에 그녀의 대답이 살짝 거슬렸다. 이런 유형의 문장은 외부로부터 머릿속이 오염된 사람들이 많이 사용하는 것 같았다. 나는 날카롭게 쏘아붙였다. "누가 그래!" 나는 느낌표로 말했는데 가오야는 물음표로 받아들였다. 그녀의 목소리가 점점 낮아지더니 급기야 머리도 점점 수그러졌다. "학교 선생님들이 그랬어요…." 나는 말투를 누그러뜨리지 않고 직설적으로 말했다. "그거 다 헛소리야. 그 사람들 말 들을 필요 없어."

그 후로 어떻게 됐을까? 가오야는 미국으로 건너가 워싱턴대학에서 학부 과정을 마쳤다. 거기다 놀랍게도 수학을 전공했다. 이후 그녀는 카네기멜론대학에서 석사 과정을 마쳤고 그다음에는 디자인을 전공했다. 지금은 실리콘밸리에서 일하고 있다.

우리는 매일 스스로 세뇌해야 한다. 이것은 내가 발명한 습관은 아니다. 《논어》에 '나는 날마다 세 번 나 자신을 되돌아본다'라는 구절이 있다. 2,000여 년 전부터 사람들은 좋은 '개인의 뇌 위생' 습관을 들여야 한다는 사실을 알고 있었던 것이다. 그래서 매일 씻어내는 것에서 그치지 않고 심지어 매일 여러 번 씻어내야 한다고 말하고 있지 않는가.

아래의 구절을 매일 읽고 자신 스스로를 세뇌하길 바란다. 한 번으로 부족하다면 여러 번 씻어내도 좋다.

- 학습은 생활 방식이며, 학습 자체가 최고의 세뇌 방식이다.
- 장기적으로 봤을 때, 시간과 에너지를 투자한다면 배우지 못할 것은 없다.
- 배워서 할 수 있는 게 많을수록 새로운 것을 배우는 속도가 빨라진다.
- 배우는 건 목적이 아니라 그것을 사용하는 데 있다. 가치는 창조를 통해서만 실현되기 때문이다.
- 지금 자기 자신이 한심해 보일 것이다. 처음에는 누구나 그렇다. 실천이 많아지면 자연스러워지고 그러다 보면 저절로 좋아진다.
- 배우는 데 있어서 다른 사람이 나를 이해하지 못하는 것은 지극히 정상이다. 나도 다른 사람을 이해할 필요가 없다. 우리는 모두 독립된 사람이기 때문이다.
- 다른 사람에게 상처를 주고 싶지 않다면 논쟁하지 말고, 자신에게 상처를 주고 싶지 않다면 다른 사람의 영향을 받지 말아야 한다.
- 피나는 연습은 언제나 필요하다. 쉽지 않겠지만 그에 따르는 복리 효과는 틀림없이 크다.
- 다음 세대를 위해서라도 지금부터 노력해서 학습 전문가가 되어야 한다. 그래야 아이들과 함께 성장할 수 있는 자격이 주어진다.
- 아직 갈 길이 많이 남아있기 때문에 건강하고 깨끗해야 한다. 특히 우리 뇌를 깨끗하게 해야 한다.

이 정도면 완벽한 '진취형 인격 선언'이 아닌가? 이제야 나는 '표현형 인격'과 '진취형 인격'이 무슨 뜻인지 말할 수 있게 됐다.

개념이 우리의 운영체제의 핵심인 이유는 우리가 지금까지 다양한 개념을 이해함으로써 이 세상을 이해해왔기 때문이다.

스탠퍼드대학 심리학 교수 캐롤 드웩Carol Dweck은 표현형 인격과 진취형 인격이라는 말을 최초로 언급했다. 그녀는 TED 강연에서 〈자신이 발전할 수 있다는 믿음의 힘The power of believing that you can improve〉이라는 제목으로 아주 멋진 연설을 했는데 꼭 한번 들어보길 추천한다.

캐롤 드웩 교수의 이론에서는 사람을 두 가지 유형으로 분류한다. 첫 번째 유형의 사람들은 다른 사람의 눈에 자신이 어떻게 비춰지는지를 더 의식한다. 무슨 일을 할 때 제대로 해내지 못하면 다른 사람에게 좋게 보이지 않을까 봐 그 일을 아예 하지 않는다. 두 번째 유형의 사람들은 자신이 더 나아질 수 있는지를 의식하기 때문에 다른 사람의 평가에 크게 연연해하지 않는다. 당장은 부족해 보일지라도 계속 시도해나가면 언젠가 모든 것이 변화되고, 더 나아가 아무도 자신을 막지 못할 정도로 기적적인 성공을 이뤄낼 수 있다는 사실을 알고 있다. 이것이야말로 아주 간단하면서도 중요한 이론이다.

내 식으로 바꿔 말해보면, 이것은 바로 두 개의 다른 가치관이 만들어낸 완전히 다른 두 개의 종이라고 할 수 있다.

▶ 표현형 인격을 가진 종은 자신의 현재 모습을 가장 의식한다.
▶ 진취형 인격을 가진 종은 자신의 미래 모습을 가장 의식한다.

여기서 주의할 점은, 후자가 자신의 모습을 전혀 개의치 않는 것이 아니라 자신의 현재 모습을 크게 의식하지 않는다는 것이다. 그들이 더 의식하는 것은 자신의 미래 모습이다.

이 두 종의 핵심적인 차이는 전자의 메타인지는 현재에 살고, 후자의 메타인지는 미래에 산다는 점이다. 이런 차이로 두 종은 같은 환경과 조건에서 자기도 모르게 서로 다른 선택과 행동을 하게 되고, 심지어 완전히 정반대의 상황에서 굴욕을 느끼거나 행복을 느끼기도 한다.

8편에서 먼저 '학습'을 잘 '학습'하고 나서 '다시' 이어서 '학습'하라고 말한 적이 있다. 진정한 배움의 첫걸음은 자신을 다른 종으로 변화시키는 방법을 생각해내는 것이다. 이왕이면 미래의 자신의 모습을 더 의식하거나 가장 의식하는 종으로 말이다.

물론 우리가 매번 가치관을 바꾸고 수정하고 향상시키고 나면 우리는 언제나 '다른 종으로 진화'한다. 교사를 해본 경험이 있는 나는 이 중요한 원리를 잘 알고 있다. 그러나 무릇 중요한 원리는 '지나칠 정도의' 반복을 통해서만 뇌에 새로운 가치관으로 자리잡을 수 있다. 그렇지 않으면 그 원리는 아무 쓸모 없이 귓가에 스치는 바람에 그칠 뿐이다.

당신은 앞으로 매일매일 스스로 세뇌해야 한다. 교양 있는 지식인이라면 자신의 '개인 두뇌 위생'에 각별히 신경 써야 할 의무가 있다.

28

아무도 가르쳐주지 않는 것을
스스로 배우는 단계로 진입하라

개인의 학습 능력은 사실 옵션이다. 타고난 조건 외의 아이템이라고도 할 수 있겠다. 우리가 필요한 것을 다 배울 수 있다면, 그건 그야말로 '치트키cheat key'가 아니고 무엇이겠는가! 그리고 그 사람은 순조로운 인생을 누리게 될 것이다. 하지만 안타깝게도 대부분의 사람들은 평생을 이 아이템이 완벽하게 갖춰지지 않거나 부실한 상태에서 살아간다.

시간이 흐르면서 대부분의 사람들이 자신의 재주가 남보다 못하다며 괴로워한다. 발전하고 싶은 마음이 없는 사람이 누가 있겠는가? 그러나 발전하고 싶은 마음만으로는 아무 소용없다. 많은 이들이 자신의 일생과 생명까지 바치면서 이 단순한 이치를 증명해내고 있다.

평생을 배웠는데도 기본적인 학습 능력조차 갖추지 못하는 것은 사람들이 평생 제자리걸음을 하게 되는 근본적인 원인이다. 그렇다면 우리가 말하는 학습 능력이란 무엇일까? 또 자신의 학습 능력을 어떻게 판단할 수 있을까? 분명한 것은 '학력'으로는 이 문제를 설명할 수 없다. (인류 역사상 모든 사회가 교육 영역에서 성공을 거두지 못한 것은 그리 이상한 일이 아니다.)

사실 우리는 아주 간단한 방법으로 자신의 학습 능력을 판단할 수 있다. 학습 능력의 발전은 다음의 3단계를 포함하는데, 서로 다른 단계에 오른 사람은 서로 다른 경지에 이르게 된다.

▶ 1단계: 누군가가 직접 가르치는 기술을 습득할 수 있다.
▶ 2단계: 책에서 가르치는 기술을 습득할 수 있다.
▶ 3단계: 아무도 가르쳐주지 않아도 기술을 습득할 수 있다.

이런 관점에서 보면, 대부분의 사람들은 1단계부터 불합격이다. 그들은 상당히 긴 시간 동안 누군가가 직접 가르치는 기술도 제대로 습득하지 못했고 열심히 노력하지도 않았기 때문이다. 주변에 젓가락질 같은 단순한 기술조차 평생 제대로 습득하지 못하는 사람이 얼마나 많은지 생각해보면 금방 이해될 것이다.

학교를 졸업한 후에야 누군가 직접 기술을 가르쳐주는 것이 얼마나 행복한 일인지 깨닫게 된다. 안타깝게도, 그 당시에는 무지했던 터라 누군가 직접 가르쳐주려고 하면 더 거부감이 들고, 더 배우기를 꺼려한다. 그 결과 정작 다음에는 어떻게 해야 할지 전혀 모르는 바보가 되고 만다. 그러므로 성인이 된 후라도 다른 사람에게 직접 배울 수 있는 기회를 얻게 된다면 꼭 소중하게 여겨야 한다.

하지만 무슨 일이든 모두 다른 사람에게 직접 배워서 습득해야 한다면 과연 우리가 발전할 수 있는 가능성이 얼마나 될지 생각해볼 필요가 있다. 첫째, 누군가가 당신을 가르치는 시간이 항상 있는 것은 아니다. 둘째, 앞에서도 얘기했지만 기술을 습득한 사람이라고 해서 다 가르칠 수 있는 것은 아니다. 가끔 그들도 머리 쓰는 걸 귀찮아해서 핵심이 어디에 있는지 모른다. 이는 우리가 반드시 2단계(책이나 매뉴얼을 통해 기술을 배우는 단계)로 진입해야만 큰 폭으로 발전할 수 있는 근본적인 원인이기도 하다.

당신은 관련 서적이나 매뉴얼을 찾아서 읽어볼 생각이 있는가? 그 질을 분별할 수 있는 능력이 있는가? 또 거기서 얻은 지식을 행동으로 옮길 수 있는 능력이 있는가?

인내심이 없거나 아예 동기 부여가 되지 않아서 영영 2단계에 들어가지 못하는 사람이 많다. 또 2단계로 들어갔지만 판단 기준과 근거를 몰라서 자기도 모르게 시행착오를 거듭하는 사람도 많다.(예를 들어 책을 고를 줄 모르는 사람이 많은데, 그들이 책을 고르는 방법은 단 하나, 다른 사람에게 추천받는 것뿐이다.) 또 일부는 책에서 얻은 지식을 끈질기게 실천하지 않아 결국 헛수고만 할 뿐이다.

이 정도만 봐도 학습을 잘하거나 학습 능력이 뛰어난 사람을 만나기가 얼마나 힘든지 알 수 있다. 하지만 여기서 끝난 것이 아니다. 3

단계에 들어가지 못하면 여전히 남들보다 약간 앞서가는 정도에 불과할 뿐, 다른 사람을 따돌릴 정도는 될 수 없기 때문이다. 어쩌면 대부분의 사람들이 학습 능력이 비교적 떨어지는 건 사실이지만 모방 능력은 매우 강하다는 사실을 간과하고 있을지도 모른다. 그래서 그들은 당신이 할 수 있는 것만 봐도 십중팔구 바로 따라할 수 있고, 이것은 개인에만 국한된 것이 아니라 국가에도 똑같이 적용된다. 예를 들어, 일본은 일찍이 모방을 통해 유럽과 미국을 뛰어넘었었고, 가짜 상품을 일컫는 '산자이山寨(중국산 모조품)' 또한 그런 능력의 대표적인 예라고 할 수 있다. 당신이 어렵게 배운 것을 다른 사람은 모방으로 쉽게 해낼 수 있다. 다른 사람을 철저히 따돌리기는 어렵다.

당신을 정말 뛰어나게 만드는 것은 당신이 가야 할 3단계다. 바로 아무도 당신에게 가르쳐주지 않는 것을 배울 수 있고, 책에서도 찾을 수 없는 것을 배울 수 있는 단계이다.

깊이 토론할 것도 없다. 그렇게만 할 수 있으면 당신은 그야말로 '무적'이 될 수 있다는 것을 이미 알고 있을 것이다. 그렇지 못할 경우, 항상 모방자의 추적을 감당해야 하고, 끝내 그들에게 뒤처질 수도 있다.

3단계 진입은 매우 어려운 일이다. 안타깝게도 대부분의 사람들은 3단계의 중요 포인트를 이해할 만한 능력이 없다. 만약 글자 그대로만 이해한다면 아래 열거한 내용을 보면 누구나 할 수 있을 것처럼 느껴질지도 모른다. 하지만 현실은 그렇게 호락호락하지 않다.

▶ 자신에게 이 기능을 완성하겠다는 강력한 욕망이 있다는 사실을

확실히 한다.
▶ 필요한 최소한의 지식을 찾아 '이 일의 가장 중요한 부분이 어디인가?'라고 스스로 반문해본다.
▶ 바로 행동으로 옮긴다.
▶ 자신이 배울 수 있고, 실천을 통해 발전할 수 있다고 믿는다.
▶ 꼼꼼히 기록하여 자신의 연습 과정을 수치화한다.
▶ 끊임없이 종합하고 정리하며 새로운 기능과 개념들이 머릿속에 또렷하게 자리잡도록 만든다.
▶ 바보들과 다투지 않고 자신의 시간과 인생을 소중히 여겨야 한다.

매번 당신의 인식이 향상될 때마다 '다른 종'의 구별과 그 구별이 형성된 원인을 깨닫게 된다. '책을 많이 읽어서 어디에 쓰냐?'라는 말을 하는 사람들이 있는데 왜 그럴까? 그렇게 말하는 사람들은 여태껏 책에서 그 어떤 능력도 배운 적이 없기 때문이다. 그들은 1단계에도 들어가지 못한 사람들이다. 그러나 독서가 쓸모없다고 하는 사람들이 얼마가 됐든, 꾸준히 책을 읽는 사람들도 있다. 그들은 책에서 배울 수 있는 능력이 있음을 경험한 사람들로, 다른 사람에게 직접 배우는 것이 오히려 비효율적이라고 생각한다. 물론, 이외에도 이미 고수의 경지에 오른 소리 없이 강한 사람들도 있다. 그들은 3단계까지 아무 문제 없이 통과한 새로운 종임이 틀림없다.

내 인생에서 비트코인은 개인적으로 가장 고마운 존재라고 할 수 있다. "당연하죠, 덕분에 돈을 많이 벌었잖아요!"라고 생각하는 사람도 있을 것이다. 나도 이 점을 부인하진 않지만, 특별히 고마웠던 이유는 다른 사람이었다면 전혀 신경 쓰지 않았을 또 다른 뭔가에 있었다. 바로 나에게 '직접 가르쳐줄 수 있는 사람이 전혀 없고', '체계적으로 설명하고 가르치는 책이 전혀 없는' 것을 배울 수 있는 기회를 주었다는 점이다.

2011년, 대부분의 사람들이 비트코인을 시작하는 것은 너무 터무니없는 일이라고 생각했다. 그 당시만 해도 그것과 관련된 책도, 신뢰할 만한 글도 없었다. 그저 사토시 나카모토라는 익명의 작가가 쓴 백서 하나가 전부였다. 그 백서는 수학과 암호학, 기하학, 금융학, 프로그램, 칩 디자인, 네트워크 관리(사실상 정치학과 심리학, 사회학도 포함되어 있다) 등의 영역에 이르는 모든 지식이 총망라되어 있었다. 하지만 내 전공인 회계학과는 거리가 멀었다.

말하자면, 그 후로 '평생(7년이 나에겐 평생 같은 시간이다)' 동안 나는 대학의 정규과정에 버금가는 내용을 오로지 독학으로 이뤄냈다. 돈과 호기심에 이끌려 미친 듯이 내달렸다고 밖에는 설명할 수 없다. 그러다 보니 몇 년 새 나는 완전히 다른 사람이 되어 있었다. 내가 자주 쓰는 '다른 종으로 진화했다'는 표현이 그 경험에서 나온 것이다.

다행히도 그 전에 나는 이미 학습의 3단계에서 요령을 터득했다. 내가 1단계에 머무르고 있었다면, 비트코인을 더 일찌감치 접했다고 해도 내 인생에는 어떤 기적도 일어나지 않았을 것이다. 또 내가 2단계에서 멈췄다면 2016년 이후에나 겨우 책 몇 권으로 대략적인 내용만 이해하는 정도에 그쳤을 것이다.

아래 사례는 내가 처음 경험한 아무도 가르쳐주지 않은 것을 배우고 볼 만한 책은 많은데 이해하지 못했던 장면이다. 다시 말해서, 2단계에서 3단계로 갈 때 발생했던 일이다.

스물여섯 살이 되던 해, 갑자기 나는 내가 가진 논리에 문제가 많다는 것을 깨닫게 되었다. 스스로 멍청한 편은 아니라고 생각했는데, 그 생각이 틀렸던 것이다. 상황은 이랬다. 어느 햇살 좋은 오후, 두 사람을 연달아 만났는데, 그들의 갖고 있는 각각의 관점이 모두 놀라웠고, 그래서인지 쉽게 설득당했다. 그런데 그날 저녁, 곰곰이 생각해보니 그 두 사람의 관점은 정반대였다. 두 사람이 다 옳을 수는 없는 주장이었는데, 몇 시간 차로 각각 그들에게 완전히 설득을 당했는데도 그때는 전혀 눈치채지 못했다니. 나의 어리석음에 소름 끼칠 정도로 충격을 받았다.

다음 날, 나는 도서관으로 달려가 책을 찾아보기 시작했다. '사고 thinking'와 관련된 책들을 찾고 나서야 전혀 몰랐던 개념인 '비판적 사고critical thinking'에 대해 알게 되었다. 나는 유명한 출판사에서 출간하고 재쇄를 많이 찍은 책을 골라서 읽어보았다. 그중 앞서 소개한 《감정 너머: 비판적 사고를 위한 지침》가 나의 마음을 움직였고, 결국 내 인생 최고의 책 중 하나가 되었다.

그러고 나면 또 보이는 게 있는데, 책에서는 굉장히 명확하게 말하지만 실제로 적용하려고 하면 쉽지 않다는 것이다. 더 중요한 것은 당신에게 앞서가는 것을 가르쳐줄 수 있는 사람도 없고 가르치려 하는 사람도 없다는 것이다. 아무도 가르쳐주지 않는 것은 물론이고 당신과 문제에 대해 허심탄회하게 토론할 만한 사람도 쉽게 찾을 수 없다. 관련된 또 다른 문제도 있다. 누가 스스로 잘못 생각한 것이 증명되길 바랄까? 누가 스스로 생각하지 못했다는 것을 인정하겠는가? 또 누가 자신의 사고의 질이 떨어진 걸 알고도 민망해하지 않을 수 있을까? 심지어 나도 내가 원해서 친한 친구들 몇 명과 어떤 문제에 대해 깊은 이야기를 나누는 상황이었는데도 언쟁하다가 사이가 멀어질 뻔한 적도 있다. 치밀한 논리와 사고, 깊은 연구는 스스로 실현하는 수밖에 없고 스스로 운영할 수밖에 없다는 사실을 몇 년을 발버둥 치고 나서야 비로소 깨닫게 됐다.

앞서 내 친구 티에링이 했던 말을 되짚어보자.

"다수의 의견을 듣고 소수의 의견을 참고해서 최종 결정은 자기가 내리는 거야."

이 말을 듣자마자 나는 '고수는 고수네! 사람들 의견이 중요하다는 생각은 하지만 쓸모없고 비효율적인 토론은 과감히 무시할 줄 아는 거구나.'라고 생각했다.

이것은 내가 어떻게 3단계까지 왔고 이전 단계들을 어떻게 넘었는지에 대한 이야기이다. 당신이 어떻게 자신의 한계를 뛰어넘어야 하는지에 대한 방법은 여전히 말할 수 없다. 사람마다 가는 길이 다른 만큼 내가 했던 방법이 반드시 당신에게 적용되는 것은 아니기 때문이다. 그렇지만 한 가지 진리는 존재한다.

당신은 반드시 자신만의 길과 방법을 스스로 찾아내야 한다. 이것이야말로 당신이 3단계(혹은 '경계')로 갈 수 있는지를 판단하는 근거가 된다.

뒷부분에서 본격 투자에 대한 내용을 접하면 '자신의 길은 스스로 찾아가야 한다'는 말의 의미를 명확히 이해할 수 있을 것이다. 투자를 깊이 이해하는 것은 간단할 일이 아니다. 그리고 그것은 투자의 궁극적인 원칙 중 하나다. 마지막으로 더 중요한 부분은 그것은 보기에는 쉽지만 하기는 굉장히 어렵다는 것이다.

3단계에서 한 번이라도 성공했던 경험이 있다면 이미 충분히 훌륭한 시작을 한 것이다. '배울 수 없는 것은 없다'는 것을 깨달으면 행복하고, '배워서 못할 게 없다'는 것을 깨달으면 더 행복하고, '배운 것 중에 해내지 못할 것은 없다'는 것을 알게 되면 가장 큰 행복을 느끼게 될 것이다.

29

문제의 해결책을
빠르게 찾는 법을 기억하라

문이 잠겨 있다면 어디로 열쇠를 찾으러 가야 하는가? 당연히 자물쇠만 쳐다보고 있지는 않을 것이다. 그 문을 열 **열쇠는 분명히 다른 곳에 있을 것이기** 때문이다.

우리가 어떤 문제에 직면했을 때도 이와 같은 원리가 적용된다. 해결해야 하는 문제는 잠긴 자물쇠고, 해결 방안은 열쇠다. 그 열쇠는 결코 자물쇠 안에 꽂혀 있지 않고 다른 곳에 있을 것이다. 그래서 어떤 문제를 해결하려고 할 때 계속해서 문제만 뚫어지게 보면서 해결책을 찾으려고 하면 거의 손도 써보지 못하고 끝나버린다.

어떤 문제에 맞닥뜨렸을 때 '문제 자체에만 집중해서 생각하는' 자신을 발견했다면 당신의 메타인지 능력을 자극해야 한다. **"문제 자체**

에 집중해서는 안 돼. 해결 방법은 분명히 다른 곳에 있어!"

이것은 아무나 쉽게 장악하지 못하는 능력인데, 그 원리는 의외로 간단하다.

당신은 이미 메타인지 능력의 존재를 알고 있고 메타인지 능력을 어떻게 훈련하는지도 알고 있다. 메타인지 능력을 사용하는 것은 우리가 가진 습관 중 하나에 불과하다. 목이 마르면 물을 찾아 마시고, 배가 고프면 음식을 찾아 먹는 것처럼 정말 자연스럽다.

그럼 어떻게 해야 할까? 얼른 다른 곳으로 가서 열쇠를 찾으면 된다! 메타인지 능력을 사용해서 주의력을 문제 자체에 두지 말고 계속해서 생각하다 보면 아주 빨리 열쇠를 찾을 수 있다.

자기관리만 잘하면 된다. 올바른 일을 할 수 있는 방법을 찾는 것이 가장 중요하다. 그리고 나서 올바른 방법을 찾아보자. 일하는 방법이 틀려도 상관없다. 충분히 수정할 수 있다. 비효율적이라고 해도 받아들일 수 있다. 하다 보면 조금씩 쌓이기 마련이다.

돈을 버는 것에 적용해보자. "당신이 돈을 좇으면 결코 따라잡을 수 없고, 돈이 당신을 좇으면 결코 도망갈 수 없다."라는 말이 있다.

이는 아마 우리 대부분이 이해할 수 없지만 어쩔 수 없이 인정할 수밖에 없는 말이다. 여기서 '어쩔 수 없다'는 것이 모든 부정적인 감정의 근원이라는 사실을 기억해야 한다.

2016년, 내 주변 친구들은 내가 인터넷에 쓴 글로 많은 돈을 버는 것을 보았다. 하지만 2005년 당시에는 정말 돈을 벌려고 블로그를 시작한 게 아니었다. 그때만 해도 인터넷에 글을 쓴다고 돈을 벌 수 있는 시대가 아니었다. 그래서 사람들의 '주의력'도 별로 얻지 못했다.

어느덧 10년이 넘는 세월이 흘렀다. 지금은 너나 할 것 없이 모든 사람이 인터넷으로 연결되어 있고 콘텐츠가 트렌드로 자리잡았다. 그래서 나처럼 창작이나 제작에 익숙하고 널리 보급이 가능한 사람들은 그 덕분에 특수를 노릴 정도로 '수월하게' 돈을 벌었다(그뿐 아니라 여기에는 수많은 가능성이 따라온다). 하지만 이 모든 것의 뒤에는 '만능열쇠'의 역할이 있었다.

> 처음에 다른 사람들이 다 돈만 쳐다볼 때, 나도 돈이 문제라는 건 인식하고 있었다. 하지만 이 문제를 해결할 수 있는 진짜 열쇠는 다른 곳에 있다고 믿었다.
> 결국 나는 능력이 더 중요하다고 생각한다. 자신의 능력을 관찰하고 성장시켜야 진짜 열쇠를 얻을 수 있는 것이다.

나도 처음에는 문제가 많은 사람이었다. 하지만 내 주변 사람들은 내가 항상 학습 상태에 있는 사람이라는 것을 안다. 나는 매일 조금씩 발전해가는 사람이다. 지금까지 이 태도를 견지해왔고 현재도 조금씩 더 좋아지고 있다.

'가격이 아니라 가치에 주목하라.' 이 말을 아직 기억하고 있을지 모르겠다. 앞으로 몇 페이지만 뒤져보면 금방 찾을 수 있다.

잠긴 자물쇠를 보면 열쇠를 찾으러 다른 곳으로 가야 한다고 생각해야 한다. 예를 들어, 많은 사람들이 영어 공부의 한계에 부딪쳐 괴로워하다가 양으로 승부를 보려고 단어를 외우곤 한다. 하지만 방금 말했듯이, 열쇠는 다른 곳에 있다. 그들의 국어, 즉 모국어 수준이 형편없을 수도 있다!

또 많은 부모들이 '우리 아이가 왜 이렇게 참을성이 없을까?'라는 고민을 한다. 그런데 아이들은 부모의 행동을 그대로 모방하는 존재다. 따지고 보면 고민하던 부모들의 인내심이 결여됐던 것이다.

'세상이 불공평하다'고 생각하는 사람들은 그것이 세상의 문제나 공평함에 대한 문제가 아니라 스스로가 공평한 대우를 받을 만한 상황에 있었는지에 대한 문제라는 걸 한 번도 생각해본 적이 없는 경우가 많다.

여기서 중요한 것은 당신 자신에게 문제를 해결할 만능열쇠가 있다는 것을 꼭 기억해야 한다는 점이다. 절대로 잊으면 안 된다! 중요한 순간에 꺼내 사용해보고 유용하다면 기록해두었다가 나중에 계속 더 나아지기 위한 근거로 삼도록 해라. 그렇게 하면 언젠가 그것이 정말 만능이라는 사실을 인정하게 될 것이다.

30

노력과 버티기로
유지하는 삶에서 벗어나라

내가 강의에서 자주 하는 얘기가 있다.

지금의 나에게 '노력'과 '버티기'는 존재하지 않는 개념이다. 예전에는 이런 개념들이 있었고, 흔히 사용했었지만 나중에는 내가 스스로 나의 운영체제에서 아예 빼버렸다.

뤄지스웨이羅輯思維에서 만든 지식 콘텐츠 플랫폼 '더다오得到'에 유료 칼럼 〈경제적 자유로 가는 길〉을 개설하고 난 뒤, 나는 뤄지스웨이 직원들이 가장 좋아하는 작가가 됐다. 괜히 하는 소리가 아니라, 내가 밥을 너무 잘 사줘서 그렇다. 솔직히 밥 사주는 사람을 누가 싫어

하겠는가?

직원회의에서 이런 비슷한 얘기가 나왔다고 한다. '리샤오라이 봐, 그렇게 돈이 많은데도 열심히 노력하잖아. 그런 사람이 돈을 못 벌면 누가 벌 수 있겠어?' 정말 과찬의 말이지만, 그들이 잘못 알고 있는 것이 있다. 무엇일까?

'노력'은 내 안에 존재하지 않는 개념이다. 물론 '버티기'라는 개념도 내 세계, 그 어디에서도 존재하지 않는다.

나는 지금까지 애써 노력하고 어떻게든 버텨내야 완성되는 일이라면 그건 애초에 안 될 일이라고 생각해왔다. 노력이 필요하고 그것을 버텨내야 한다는 것은 뼛속까지 진심으로 하기 싫다는 의미이지 않은가! '뼛속까지'는 비유적인 표현만은 아니다. 우리의 반응은 대뇌와 척수가 연결되는 곳, 다시 말해서 뇌의 아주 깊은 곳에서 생긴다. 이에 비해 우리가 흔히 말하는 '마음속 깊은 곳'은 상대적으로 상당히 뒤처진 개념이라고 할 수 있다.

뼛속 깊이 원하지 않는 일은 해낼 수도, 잘할 수도 없다. 믿기지 않는다면 해봐도 좋다. 어차피 평생 그렇게 많이 포기했으니 한 번 더 해도 크게 상관없다. 나는 비교적 빨리 이 이치를 깨달았기 때문에 전략을 하나 세웠다.

무슨 일을 하든 시작하기 전에 그 일에 큰 의미를 부여한다.
일부러 더 큰 의미를 부여해도 상관없다.

왜 이런 전략을 생각해냈을까? 이유는 이미 알고 있을 것이다. 예를 들어, 일반적인 상황에서는 글을 써서 돈을 버는 것이 동기 부여가 되기 참 힘들다. 그렇다면 어떻게 해야 할까? 그래서 생각한 방법이 그 일에 크고 위대한 의미를 부여하는 것이다. 나는 칼럼을 써서 번 모든 수입으로 공익 기금을 만들어 대학생들의 컴퓨터 학습을 장려하는 장학금으로 사용할 예정이다. 물론 이를 위해 앞으로 몇 년을 더 열심히 일해야 하지만 일단 동기 부여가 안 되는 일에 이런 식으로 미 부여를 한 것이다.

그리고 나니 차츰 변화가 생기기 시작했다. 내 뇌가 흥분하기 시작하고 고도의 집중력이 발휘되면서 아이디어가 마구 샘솟았다. 대체 무슨 일이 생긴 걸까?

내가 계산해보니, 현재 구독 수로 계산하면 내가 쓰는 글은 한 글자당 2,000위안에 해당하기 때문에 내가 한 글자만 더 쓰면 우수한 학생 한 명을 1년 동안 지원할 수 있는 장학금 2,000위안을 얻을 수 있다. 글 한 편이 2,000자라고 할 때 대학생 2,000명을 지원하는 셈이다. 이런 동기 부여는 분명 이전과는 다르다. 자꾸 쓰다 보니 쓰는 게 좋아져서 글자 수는 신경 쓰지 않게 되었다. 조금 넘었으면 넘은 거지, 어차피 세금은 내야 하니까 이 또한 나라를 위해 공헌하는 거라고 생각하게 되었다.

이제 이해가 되는가? 나 같은 사람은 일단 하기로 결정하면 그걸 버텨내려고 애쓸 필요도, 노력할 필요도 없다. '결코 멈출 수 없는' 일이 되는 것이다. 나는 평생 동안 이 전략을 써왔다.

처음 신동방에 들어가기 위해서는 TOEFL과 GRE 시험을 봐야 했고 2만 개가 넘는 단어를 외워야 했다. 그때 생각만 하면 아직도 아찔하다. 물론 나도 처음에는 '이게 사람이 할 짓인가?'라는 생각을 했다. 그러다 오후 내내 '단어 외우기에 큰 의미를 부여할 수 없을까?' 고민을 하다가 한 가지 생각이 떠올랐다. TOEFL과 GRE 시험을 보고 고득점을 받아서 신동방에서 학생들을 가르치게 되면 100만 위안의 연봉을 받는다는 말을 들었다. 이 계산으로 단어 하나에 50위안 정도라고 생각하니 욕구가 솟아났다. 원래 계획은 시작 단계에서는 하루에 단어 50개를 외우고 어느 정도 적응이 되면 양을 늘려갈 생각이었다. 하지만 마음이 바뀌었다. '안 되겠다. 첫날에 5,000위안을 벌어야겠어!'

이게 벌써 10년 전 일이다. 그 시절 하루에 5,000위안을 버는 게 어떤 기분이었을지 상상이 가는가? 두 달 정도 지나니까 '하루에 5,000위안 벌기'도 별로 성에 차지 않았다. 그래서 '하루에 1만 위안 벌기'로 계획을 바꿨다. 이것도 그리 어렵지 않았다. 물론 나중에 막상 신동방에 들어가보니 연봉 100만 위안은 말도 안 되는 소리였다. 강의에 책까지 썼는데도 세후 연봉 50만 위안을 받기가 힘들었다. 어쨌든 거기서 7년 동안 돈을 벌었으니, 대충 계산해보면 단어 하나에 175위안이었던 셈이다.

나에게는 매주 〈경제적 자유로 가는 길〉 칼럼을 통해 사람들은 업그레이드시키는 것이 매주 수만 명을 데리고 '상승하는 곡선의 세계'로 넘어가는 것과 같다. 이래도 과연 내가 버티며 노력하고 있는 걸까? 지금도 여전히 '노력'과 '버티기'라는 두 가지 개념에 의미가 있다고 생각하는가? 이 둘은 정말 불필요하다. 그래서 나는 오래전에 내 머릿속에서 지워버렸다.

또한 어떤 기능을 배우기로 결정했을 때 그것에 대해 여러 가지 긍정적인 의미를 부여할 수 있는 방법을 고민하고 나면 '그것이 존재하지 않는 상황'에 여러 부정적인 의미도 부여할 수 있다. 종이 한 장을 꺼내서 며칠이든 몇 달이든 시간을 들여 한번 쭉 나열해보자.

▶ 이 기술이 없다면, 지금 내가 할 수 없는 일이 있거나 아예 할 기회조차 없는 일이 있는가?
▶ 앞으로 내가 어려움을 만났을 때, 어떤 기회를 놓치게 될까?
▶ 끝내 이 기술을 배우지 못한다면, 어떤 사람이 될까? 그 삶은 얼마나 힘들까?

나열하는 것에서 그치지 말고 상상의 나래를 펼쳐서 최대한 자세하게 적어보자. 이것만으로도 우리 뇌를 충분히 자극할 수 있다는 것을 명심하라. 정확히 말하자면, 우리에게 필요한 이 두려움을 잠재의식 속에 깊이 묻어두는 것이다. 그러면 우리 뇌는 알아서 움직이고 시간을 낭비하지 않도록 다그친다. 그렇지 않으면 뇌 스스로가 초조해지고 불안함을 느끼기 때문이다.

아주 중요한 방법이 하나 더 있다.

어떻게든 그 기능을 가진 사람들, 혹은 그룹을 찾아서 최대한

그들과 많은 시간을 보낸다. 만약 일대일 교제가 어렵더라도 최소한 항상 그들을 주시하고 있어야 한다(앞서 언급한 바와 같이 '물리적으로 목표에 접근하는 방법'을 생각해야 한다).

사교는 지금까지 모두 학습 활동의 일부였다. 만약 당신의 친구가 모두 뚱뚱하다면 당신도 서서히 '전염'되어 언젠가 뚱뚱해질 것이다. 정말 이런 일이 일어날까 의심스럽겠지만 충분히 가능성이 있다. 괜한 농담이 아니라 정말 사실이다. 뚱뚱한 사람들의 존재는 당신이 가진 '뚱뚱하다'는 개념에 대해 영향을 줄 수 있다. 또 하나 중요한 사실은, 그들이 당신에게 싱긋 웃으며 야식을 먹으러 가자고 하면 당신은 그 제안을 기꺼이 받아들인다는 것이다.

'사람은 주위 환경이나 사람의 영향을 받아 변할 수 있다近朱者赤, 近墨者黑'라는 말은 이 문제의 핵심을 찌르는 말이다. 당신이 어떤 기능을 터득한 사람이나 그룹과 함께 있게 되면 사실 그런 기능은 매우 자연스럽고 실용적이며 그것이 없으면 안 된다는 사실을 저절로 깨닫고 느끼게 될 것이다. 이러한 판단의 변화가 당신의 행동과 감정에 지대한 영향을 미치기 때문에 다른 세계에서 힘들고, 고통스럽고, 버티기 어렵고, 강한 의지가 없으면 아예 불가능한 일들이 당신 세계에는 재미있고, 멈출 수 없고, 더 놀았으면 좋겠는 일로 완전히 변해버리는 것이다.

이는 내가 '신생대학新生大學'이라는 사이트를 만든 이유이기도 하다. 학습하는 사람과 진보를 추구하는 사람들은 그저 서로 만나고 서로의 존재를 아는 것만으로도 엄청난 가치가 있는 것인데, 많은 사람들이 그것을 제대로 이해하지 못하고 있는 것이 답답했기 때문이다. 이는 앞서 언급한 '거울신경세포'나 '사교도 모든 학습 활동의 일부다'의 근본적인 원인이다.

그러니까 당신도 '노력'이니, '버티기'니 논하지 말고, 그냥 그것들을 당신의 운영체제에서 빼버려라.

31

서투름을 능숙함에 이르게 하는 '반복'의 힘을 믿어라

기능은 개인이 장착한 아이템과 같아서, 한 가지 아이템이 추가될 때마다 개인의 능력도 점점 더 강해져서 모든 일이나 행동이 더 높은 차원에서 일어나게 된다. **쓸모없는 기능이라고 생각됐던 것도 다른 기능과 결합하면 다차원 경쟁력으로 거듭날 수 있다.** 피아노나 바둑, 책이나 그림을 대부분 한가한 취미 정도로만 알고 있지만, 한편으로 이러한 기능에 정통한 사람은 그 안에 갖고 있는 사고방식을 다른 일에 적용하는 순간 고수의 경지에 이를 수 있다. 나처럼 1970년대에 태어난 사람들은 자라면서 영어의 중요성을 수도 없이 듣고 배웠다. 안타까운 건 10년 넘게 배워도 입문도 못한 사람이 많다는 것이다. 대부분의 사람들이 시작할 때 이미 배워도 소용없다고 생각하고 일부는 반신반의하며 한참을 배우다가 결국에는 자신은 언어에 소질이 없다고 결론 내린다. 끝까지 가서 진짜 정통한 사람은 극소수에 불과하다. 사실 영어는 정통할 필요도 없고, 적당히 사용할 수 있으면 충분한 데도 말이다.

1970년대에 태어나서 1990년대에 대학을 졸업할 때만 해도 10년 뒤에 전 국민이 해외여행을 갈 수 있을 거라고 예견한 사람을 아무도 없었다. 그러나 해외여행을 갈 기회가 생겼을 때에도 대부분 사람들은 '단체'로만 가능하다는 사실을 깨닫게 됐다. 왜? 그들이 아는 영어 단어라고는 손에 꼽을 수 있는 정도였고 완벽한 문장 구사 능력은커녕 한 마디도 제대로 못 했기 때문에 혼자 해외여행을 간다는 것은 상상할 수 없었기 때문이다. 하지만 후회하기엔 너무 늦었다. 시간은 어리석은 사람을 벌할 때 한 치의 자비도 없다. 이 역시 무수히 많은 사람들이 직면하고 있는 난감한 상황이기도 하다.

시중에 나온 많은 책들의 제목을 보면 어딘지 모르게 비슷한 느낌을 받는 경우가 많다. 'OOO, 입문부터 완성까지' 식의 제목들이 많기 때문이다. 이런 종류의 책이 베스트셀러인 경우가 많은 이유는 독자들이 그만큼 이런 종류의 책을 찾는다는 말이다. 그러나 실제로 업계에서는 우스갯소리로 이런 종류의 책은 대부분 독자를 낚기 위한 떡밥에 불과하고 진짜는 'OOO, 입문부터 포기까지'가 맞는 표현이라고 말하기도 한다. 그렇다면 이건 떡밥을 던진 작가의 문제일까? 아니면 떡밥을 문 독자의 문제일까?

내 생각에 문제는 확실히 떡밥을 던진 작가가 아니라 떡밥을 덥석

문 독자에게 있다. 어떤 독자들은 책에서 다룬 내용에 따라 배우고 실제로 통달하게 되기 때문이다. 비록 이런 독자들이 극소수이긴 하다. 이처럼 문제는 어떠한 기능에서도 지금까지 극히 일부의 사람들만이 높은 경지에 이를 수 있었다는 것이다. 그래서 논리적으로 따져봤을 때 기능이나 재주가 뛰어난 사람들은 소수 중에도 극소수에 불과하다. 이는 동서고금을 막론하고 결코 예외가 없다. 이처럼 결국 극소수의 사람들만 끝까지 가게 된다면, 남겨진 더 많은 사람들은 과연 무엇이 잘못된 것일까? 대체 무엇이 부족한 것일까?

가장 근본적인 원인은 **그들이 어떤 기능을 배움에 있어 필요한 반복 연습의 횟수를 과소평가한 것이다. 반복은 서투름을 능숙함에 이르게 하는 유일한 방법이다.**

오늘날 신경과학 용어로 해석해보면, '많은 횟수의 반복 동작은 결국 뇌에서 두 개 또는 여러 개의 원래 상관없는 뉴런 사이에 반복적인 자극을 가해 강력한 연관성이 생기게 한다'는 의미다. 필요한 반복 횟수는 사람마다 다르다. 그리고 '좋은 습관을 만들려면 ○○○이 필요하다'는 말도 성립될 수 없다. 습관을 만드는 것에는 이렇다 할 원칙도 없고, 이 또한 사람마다 그 필요가 다르기 때문이다. 이외에, 반복이 필요한 횟수도 기초와 관련이 있다.

운전도 정통할 필요가 없는 기능이다. 처음 서툴렀던 운전 솜씨가 눈 감고도 할 수 있는 정도로 숙련되기까지의 과정에서 모든 사람이 동일하게 뇌의 신기한 힘을 체험하게 된다. 뇌는 핸들, 브레이크, 액셀러레이터를 몸의 한 기관으로 '내재화'시킨다(물론 테슬라라면 액셀러레이터 대신 스위치가 있겠지만 말이다). 좌회전이 필요한 경우에는 완전히 조건반사에 의존해서 동작을 완성한다. 사이드미러를 보고, 브레이크를 밟아서 속도를 줄이고, 핸들을 적당한 속도로 꺾으면서 코너링이 어느 정도 됐다 싶으면 다시 핸들을 살짝 풀어서 바퀴가 돌아가게 한다. 이 과정에서 핸들은 손과 하나인 것처럼, 브레이크와 액셀러레이터는 발과 하나인 것처럼 완전한 일체를 이룬다.

어떤 도구든 마찬가지다. 우리가 숙련되게 사용할 수 있게 되면 뇌가 신체의 일부로 내재화시킨다. 또 이와 동시에 뇌에 원래 존재하지 않던 뉴런들이 서로 연관성을 형성하여 고착시켜 소실되지 않게 한다.

좀 더 쉬운 예로 휴대폰의 가상 키보드를 들 수 있다. 실제로 휴대폰이 지능화되고 일반적으로 큰 액정을 사용하게 된 후, 휴대폰은 이미 모든 사람의 기관 중 하나가 되었다. 초반에만 해도 휴대폰 터치패드가 낯설어 키패드를 뚫어져라 보면서 바짝 신경을 쓰며 문자를 보냈는데, 지금은 어떤가? 생각을 거치지 않고 그냥 누르게 된다. 나는 이 신기한 현상을 '도구의 내재화'라고 부른다.

어려서 취미를 갖지 못한 사람들이 많은데, 어떤 면에서는 참 불리하다. 그런데 정작 그들은 뭐가 불리한지 평생 알아낼 기회가 없을 것이다. 반면에 나는 기타와 바둑, 책, 그림을 조금씩 해봤기 때문에 나름 행운이라고 생각한다. 처음 기타를 배울 때, 조금 어려운 부분에서 막혀서 도저히 더이상 진도가 나가지 못할 것 같은 기분이었다. 도저히 어떻게 할 수 없을 것 같은 답답함에 그냥 주저앉아서 화를 삭이고 있었다. 그때 아버지가 웃으면서 말씀하셨다. "속도를 두 배 정도 늦추면 쉬워질 거다. 그렇게 여러 번 반복해서 치다 보면 언젠가 손가락이 기억할 거야." 그 뒤로도 아버지의 말이 쉽게 떠나지 않았다. '할 수 있을 거야'나 '익숙해질 거야'가 아니라 '손가락이 기억할 거야'라니.

그 후로, 나는 손가락이 정말 많은 걸 '기억'하고 있다는 걸 알게 됐다. 몇 년 후 내가 영어 단어를 외울 때 처음에는 단어를 보고 읽으면서 키보드를 쳤는데, 이후에는 내가 키보드에 손을 올리면 단어 철자가 순간적으로 흘러나왔다. 그런데 펜을 들고 종이에 쓰려고 하면 단어 하나 기억해내는 데 한나절이 걸리곤 했다.

물론 당시 뇌과학이 오늘날처럼 발달하지 않았었고 많은 과학적 해석도 나오지 않았기 때문에 이런 현상을 설명할 수 있는 명확한 개념이 없었다. 하지만 지금은 아주 명확하다. 사실 그건 손이 기억하는 것이 아니라, 서로 연결된 뉴런이 반복을 통해 형성되고 굳어진 것이며, 이로 인해 뇌는 우리가 사용하는 도구를 내재화시키는 신기한 기능을 갖게 된 것이다.

반복이 필요한 횟수를 과소평가하는 것 외에, 사람들이 중도 포기하게 된 데에는 더 심층적인 원인이 있다.

임무의 복잡도를 과소평가한다.

첫째, 진짜 의미 있는 기능은 기본적으로 많은 기능, 즉 '자기능子機能 (각 영역에서 통용되는 기능에 일부 특수 효과가 추가된 기능을 말한다-역주)'의 집합이다. 둘째, 대부분의 기능을 단독으로 사용하면 그 효과가 크지 않기 때문에 다른 여러 기능들과 결합해서 사용해야 놀라운 효과를 얻을 수 있다.

우리가 소묘를 배울 때 종이 한 장과 펜 하나만 사용하지만 실제로는 적어도 두 개 이상의 기능을 필요로 한다.

▶ 직선 긋기
▶ 원 그리기(원은 정원과 타원, 두 종류로 나뉜다)

소묘를 잘 그리는 사람은 처음 몇 달 동안 직선과 정원, 타원을 반복해서 그리는 작업을 수행한 경험을 갖고 있다. 다른 도움 없이 손으로 아무렇게나 그려도 완벽한 모양을 그릴 수 있을 때까지 그려야 한다. 이 정도로 숙달되면 그들은 기하학적인 모형도 아주 손쉽게 그릴 수 있다.

물론 그들도 더 많은 자기능을 필요로 한다. 그들은 투시학을 연구하고 조명이나 터치의 경중, 그 미세한 차이도 연구할 것이다. 그래서 진짜 어려운 것은 어떻게 하면 하나의 기능을 완벽하게 습득할 수 있는가가 아니라, 어떻게 하면 **여러 가지 기능을 동시에 조합해서 사용할 수 있는가**이다.

글쓰기를 예로 들어보자. 글을 쓰는 것은 쉽다고 하면 쉬운 작업이고, 어렵다고 하면 정말 어려운 작업이다. 쉽다고 말할 수 있는 건 어느 정도 숙련된 후이다. 사실 어떤 기능도 숙련되고 나야 비로소 쉽다고 느끼지 않는가. 같은 이치다. 또 정말 너무 어렵다고 말하는 것은 숙련되기 전에 관찰과 사고, 표현, 소통, 타인에 대한 이해 등을 포함한 여러 가지 기술을 배우고 익혀야 할 뿐 아니라, 이런 기능을 매우 적절하게 사용해 서로 조화를 이루도록 결합할 줄도 알아야 하기 때문이다. 이제 어떤가? 글쓰기가 정말 쉬운 일인가?

그래서 많은 사람들이 뭘 배우든 모두 금방 포기한다. 그 이유는 그들이 반복하는 횟수가 너무 적어서 뉴런들 사이에 강력한 연계를 맺는 데까지 이르지 못하기 때문이다. 그래서 당연히 내재화의 신기한 효과를 경험할 수 있는 기회도 주어지지 않는 것이다. 그렇다면 그들은 왜 그렇게 빨리 포기하는 걸까? 간단하다. 여러 가지 이유가 있겠지만, 그들은 지금까지 한 번도 노력해서 뭔가를 습득해본 적이 없는 것이다. 그러니 숙련이나 정통과도 거리가 멀 수밖에 없다.

마찬가지로 이전에 한 번도 습득해본 적이 없고 어떠한 기능에 숙련되거나 정통하지도 않았기 때문에 모든 기능이 결국은 '복잡한 집합체'라는 사실을 전혀 알지 못한다. 그래서 그들은 늘 학습이나 업무의 복잡도를 과소평가하는 경향이 있기 때문에, 항상 파리채로 탱크를 때리는 격인 것이다(모기 잡으려고 대포를 쏘는 게 아니라).

사실 당신에게 어떤 기술을 습득한 경험이 한 번이라도 있었으면 좋겠다. 그 과정에서 당신은 자신이 어떻게 미숙한 수준에서 숙련된 경지에 이르렀는지 잘 알게 되고, 자신이 몇 번이나 반복하고 나서야 내재화를 이루게 됐는지 알게 되기 때문이다. 그런 경험을 해본 사람은 그렇지 않은 사람보다 인내심이 훨씬 강하다.

하지만 여기서 '인내심'이라는 단어를 쓰는 게 정확하지 않을 수도 있다고 생각한다. 고통에 대한 인내심을 가진 사람은 별로 없기 때문이다. '인내심이 있는 사람'으로 묘사되는 사람은 희망을 확실하게 보기 때문에 그 과정이 가능할 수 있다. '인내심이 부족한 사람'으로 묘사되는 사람은 머리를 아무리 쥐어짜도 희망이 보이지 않기 때문에 그럴 가능성이 높다. 그래서 **'희망을 품었는가'가 진짜 중요한 요소다.**

'최소한 한 가지 기능이라도 습득하라'는 사실은 모든 사람이 어떤 기능을 습득하는 과정에서의 시작점이자 그들이 종착점에 다다를 수 있는 근본이 된다. 경험이 있으면 능력도 생기고 희망을 품을 자격도 생긴다. 그래서 그들은 서툰 자신을 견딜 수 있고, 자신의 낮은 수준도 참아낼 수 있고 또 주의력을 낭비하고 흐릴 수 있는 유혹도 견뎌낼 수 있는 것이다. 사실 남들처럼 쉽게 포기해버릴 수도 있었는데 말이다.

본론으로 돌아와서, 지금 뭐가 제일 중요한지 알고 있는가?

희망이다.

'희망'의 일반적인 정의는 아주 간단하다. 더 좋은 내일이 있을 거라고 믿는 것이다. 좀 더 정확하게 말하자면, 희망이란 '오늘 노력한 만큼 내일이 더 나아질 것이라고 믿는 것'이다. 여기서 중요한 점은 내일이 저절로 좋아지지는 않는다는 것이다. 내일이 더 좋아지는 것은 오늘 내가 올바른 방식으로 올바른 일을 했기 때문이다. 내일이 더 좋아질지 어떨지는 오늘의 서툰 나 때문에 생긴 불편함(혹은 열등

감)과는 전혀 상관없다. 지속적으로 하다 보면 모든 것을 개선할 수 있다. 반대로 하지 않고 포기해버리면 내일은 100% 나빠질 것이다. 여기에 예외란 없다. 당신을 성장, 상승시키는 것은 바로 '사고'와 '행동'이다.

 우리 인생에 정말 소중한 것이 있다면 그것은 희망일 것이다. 희망은 그냥 중요한 게 아니라 가장 중요하다. 희망은 거의 모든 인생의 의미다. 그러나 희망은 촛불처럼 아주 미약하기 때문에 불어오는 바람에 꺼질 수도 있다. 이때 탓할 수 있는 건 나 자신밖에 없다. 희망은 우리의 보호가 절실히 필요하다. 우리의 책임은 어떠한 경우에도 그 불길을 꺼트리지 않는 것이다.

 그렇다면 우리 인생에서 가장 중요한 이 희망이라는 것을 어떻게 보호해야 할까? 모든 중요한 일에는 방법이 있기 마련이다. 더 중요한 일이면 더 나은 방법이 마련되어 있지 않겠는가.

CHAPTER **5**

투자 기회를 잡는 방법

비트코인 가격이 크게 오르내려
투자 자체가 큰 모험이라고 할 때도 나는 개의치 않았다.
내 논리대로라면 오히려 사지 않는 게 모험에 가까웠다.

32

투자와 운의
상관관계를 기억하라

투자는 당신이 끊임없이 성장한다면 결국 뛰어들게 될 영역이다. 개인적인 견해로는 빨리 뛰어들수록 좋다. 투자는 채권이나 주식, 엔젤투자, 선물, 환율차익처럼 여러 영역으로 세분화되어 있지만 일부 통용되는 원리는 존재한다. 이 또한 빨리 알수록 좋다.

지금까지 우리는 '다른 종'이라는 개념을 반복해서 언급했다.

우리는 같은 하늘 아래에서 같은 땅을 밟고 같은 공기를 마시며 살고 있지만, 같은 문제를 놓고 서로 다른, 혹은 완전 정반대의 해결책을 제시할 수도 있고, 같은 상황에서도 서로 다른 결정을 내릴 수도 있다. 마치 완전히 다른 종처럼 보인다.

이제 놀라운 사실을 하나 더 살펴보자.

사실, 서로 다른 종은 다른 세상에서 살아간다. 똑같은 세상으로 보이긴 하지만, 실상은 똑같이 보이는 미러링 세계에서 살고 있는 것이다. 전부 거꾸로 보이는 그런 세상이다.

이런 현상을 어떻게 설명할 수 있을까? 또 무엇이 이런 현상을 가능하게 했을까? 핵심은 사람들이 하는 모든 활동의 본질이 다르고, 어떤 중요한 요인이 우리가 세상을 일률적으로 바라볼 수 없게 만들었다는 데 있다.

먼저 아래 그림을 살펴보자. (《마이클 모부신 운과 실력의 성공 방정식The Success Equation》에서 발췌했다.)

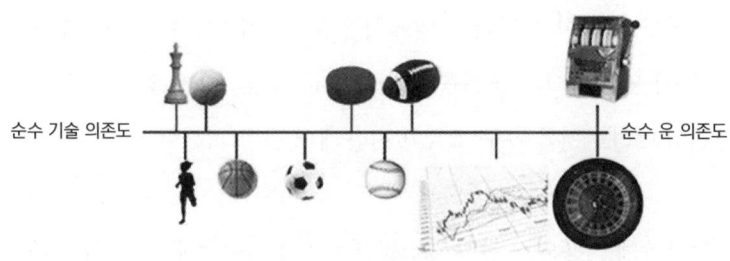

▲ 성공 방정식

성공에는 공식이 있다.

성공 = 기능 + 운

사람들이 하는 활동에서 운이라는 요소가 차지하는 가중치는 상황마다 다르며, 우리는 사람이나 상황에 따라 기능과 운을 가중치를 0%부터 100%까지 배열할 수 있다. 장기나 바둑 같은 경우에는 사람의 기량 즉, 기능이 100%를 차지하기 때문에 운이 들어올 공간이 없다. 반면에 동전 던지기 같은 순수한 도박의 경우는 기능이 파고들 공간은 아예 없고 오로지 운이 100% 따라줘야 한다. 이 둘 사이에는 다양한 기능과 운의 성분이 존재한다. 예를 들어, 농구처럼 기량이 중요한 운동도 운이 나쁘면 슛한 공이 바구니만 몇 번 튕기다가 결국 밖으로 튀어나와버리는 경우가 그렇다.

여기서 포인트는 투자는 오른쪽 끝에 가깝다는 것이다. 즉 운이 갖는 무게가 그만큼 크다는 의미다. 기량이 뛰어나도 운이 없을 때도 있다. 사실 운이 없을 때가 더 많다. 이것이 바로 두 개의 미러링 세계이다.

당신도 학습이나 삶의 영역에서는 '왼쪽(기능에 더 의존하는 쪽)'에, 투자 영역에서는 '오른쪽(운에 더 의존하는 쪽)'에 있었을 것이다. 당신의 메타인지를 아주 조금만 사용해도 금방 이해할 수 있다.

▶ 오른쪽에 적용되는 전략을 왼쪽에서 사용하는 것은 적절치 않다.
▶ 왼쪽에 적용되는 전략을 오른쪽에서 사용하는 것은 치명적일 수 있다.

이것이 대부분의 '똑똑하다'고 하는 사람들이 특히 투자 분야에서

참패의 쓴맛을 보게 되는 근본적인 이유다.

노력과 부지런함에 대한 이해가 가장 명확한 예가 될 것 같다. 왼쪽 세상에서 노력과 부지런함은 고급 전략이다. 오른쪽 세상에서는 노력과 부지런함이 사실상 무효하다. 그것들이 운에 미치는 영향은 충분히 무시할 수 있는 정도이기 때문이다. 투자 분야에서는 노력으로 돈을 버는 게 아니기 때문에 '아무것도 하지 않는 것'은 가장 중요하면서도 가장 어려운 일이다. 게다가 이 원리는 어느 정도 지점까지 가봐야 깨달을 기회가 생긴다. 그전까지는 아무리 많은 사람이 수많은 시간과 노력을 들여 설명해줘도 그저 이해한 정도일 뿐, 당신 안에는 여전히 원래 '그 종'이 존재하고 있기 때문이다.

왼쪽 세상에서는 다른 사람과의 토론이 아주 쉽다. 왼쪽으로 갈수록 불확실성이 적어지기 때문에 토론의 방향과 결과도 일반적으로 아주 명확한 편이다. 이때 토론의 가치는 극대화된다. 하지만 오른쪽 세상에서는 토론 자체가 매우 어려운 일이라는 것을 느끼게 될 것이다. 오른쪽으로 갈수록 불확실성이 커져서 다방면에 걸쳐 진실을 정확하게 이해하기가 어렵다. 언어라는 모호한 도구로만 의견의 일치를 보려는 시도는 더 말할 나위도 없다. 그래서 투자 분야에서 일반 대중이 기업 내부 인력을 대체하는 '크라우드소싱crowd sourcing'은 사실상 말이 안 된다. 이는 왼쪽 세상에서 지극히 효과적이지만, 오른쪽 세상에서는 완전히 무효한 전략이다.

일반적으로 투자 경험이 없는 사람에게 투자 원칙을 알려주는 것은 무척 어려운데, 이는 학습자에게 자신의 이해를 뒷받침할 만한 경

힘이 부족하기 때문이다. 아무리 큰 힘을 들인다고 해도, 어린이들을 갑자기 어른으로 변화시킬 수 없다. 어린이는 자신의 이해를 뒷받침할 수 있는 충분한 체험이 필요하며, 이들의 메타인지 능력도 아직 켜지지 않은 상태이기 때문이다. 세월이 흘러 '후회'의 단계가 되면, 그때서야 당시 어린이들은 '아, 어른들이 한 말이 정말 맞구나!'라는 생각이 든다. 하지만 그때는 이미 너무 늦어버렸다. 더 절망적인 것은 그들의 자녀들도 자신의 조언에 조금도 귀를 기울이지 않는다는 것이다.

하지만 당신의 운영체제에는 이미 이 책을 읽으며 배운 기초가 될 만한 핵심 개념들 — 이전에는 전혀 없었던 — 이 많이 있기 때문에 나는 당신이 이 일을 이해하는 게 그렇게 어렵지 않을 거라고 생각한다.

▶ 메타인지 능력
▶ 미러링 세계
▶ 운의 무게
▶ 왼쪽 전략
▶ 오른쪽 전략
　……

한 걸음 더 나아가, 이후 투자 분야에 대한 토론에서 당신은 항상 자신의 메타인지 능력을 사용하여 자신의 생각을 감독하고 선별, 조정해야 한다. 그 안에 수많은 원리들은 매우 직설적이고 간단해 보이지만 이럴 때가 가장 위험하다. 당신의 메타인지가 알려주지 않으면 아마 이곳이 미러링 세계라는 것을 깜박 잊어버리게 될 것이다. 당신이 본 것은 아마도 '아주 똑같이 생겼지만, 사실상 완전히 반대인 세상'일 수 있다. 그러니 반드시 조심해야 한다!

어딘가 비슷한 점이 있는데, 과연 무엇일까? 당신이 운전을 하면서 좌측 핸들에 익숙해졌는데, 어느 날 유럽에 가서 보니 큰길을 다니는 모든 차가 우측 핸들이고 좌측통행까지 해야 한다. 비록 좌우 구분은 금방 할 수 있지만 처음에는 끊임없이 실수를 연발할 것이다. 그러다 자칫 잘못해서 사고가 발생할 수도 있다. 투자 분야도 마찬가지로 아무 일도 일어나지 않으면 그만이지만, 혹시라도 사고가 나면 생사의 존망이 걸려 있다.

그런 의미에서 한 번 더 상기시켜 주자면,

> 오른쪽 세상에서 적용한 행동이나 방법, 이론이 왼쪽 세상에서는 정반대의 결과와 효과, 영향을 야기할 수 있다.

어리석은 사람들은 자신뿐만 아니라 전 인류에게까지 적용되는 유일한 진리를 찾고 싶어 한다. 또한 그들은 어제뿐만 아니라 오늘과 내일에도 적용되고, 어떤 한 영역만이 아니라 모든 영역에 적용되는 진리를 찾으려 애쓸 것이다. 하지만 역사상 그런 경우는 없다. 이런 걸 추구한다는 자체가 어리석을뿐더러, 더 큰 문제는 게으름을 기반한 어리석음일 가능성이 크다는 점이다.

그러므로 우리는 이제 막 접한, 이제 막 이해하기 시작한 오른쪽 세상을 배워야 할 뿐 아니라, 두 세계 사이를 자유롭게 드나드는 것을 배우는 게 더 중요하다. **왼쪽 세상에서는 왼쪽 세상의 원칙을 지키며 왼쪽 세상의 전략을 사용하고, 오른쪽 세상에서는 그 세상의 원칙을 준수하며 전략을 사용하는 것이다.** 하다 보면 언젠가 이것이 그렇게 어려운 일이 아니라는 사실을 깨닫게 될 것이다. 과거에는 자신이 서로 상반된 두 세상을 이해해야 한다는 것을 깨닫지 못했고, 자유롭게 왕복해야 한다는 것을 알지 못했을 뿐이다.

두 세상을 오가는 횟수가 많아지면 어느 순간 해방감을 느끼게 되는데, 이 단계가 되면 모든 '반대되는 것'이 당신에게 불편함을 주지 않고 또 그렇게 중요하지도 않다는 것을 알게 된다. 아울러 두 개의 세상에서 통용될 수 있는 원칙까지도 발견하게 될 것이다.

33

돈과 자본의 차이를 알아야
투자에 성공한다

내가 특별히 좋아하는 비유가 있는데, 강단에 서거나 어디 가서 말할 기회가 있을 때마다 여러 번 얘기하곤 했다. 그러다 보니 적용되는 부분이 점점 더 다양해지는 것 같다.

집은 주로 벽돌로 지어지는 게 분명하지만, 벽돌 한 무더기가 쌓여있다고 해서 집이 되는 건 아니다.

같은 원리다.

자본이 주로 돈으로 구성되긴 하지만, 돈 한 뭉치를 모아 둔다고 해서 그것이 자본은 아니다.

벽돌 한 무더기와 집 한 채가 엄연히 다른 것처럼, 사실 돈과 자본도 아주 다른 것이다. 그러니 '돈이 있다'와 '자본이 있다'는 것은 전혀 다른 문제다. 그렇다면 **자금과 자본의 차이는 무엇일까? 자금은 어떤 요소를 갖춰야 자본이 될 수 있을까?**

돈은 잘하면 자금으로 생각할 수 있지만, 유용한 자본이 되려면 최소한 다음과 같은 세 가지 요소를 고려해보아야 한다.

▶ 자금의 금액
▶ 자금의 사용 기한
▶ 자금을 움직이는 지혜

먼저 자본의 첫 번째 요소를 살펴보자. 요즘 세상에서 100위안은 자본으로 볼 수 없는 금액이다. 액수가 너무 적기 때문이다. 100만 위안은 자본이라고 볼 수도 있지만 그렇지 않을 수도 있다. 이 돈을 어디에 투자할 수 있는지 여부를 따져보면 조금 쉬워질 수도 있다. 그렇다면 10억 위안은 어떤가? 물론 이 금액은 우리가 쉽게 쓸 수 있는 범위를 훨씬 벗어나지만 그렇다고 해서 10억 위안 자체가 자본이라고 인정받기는 여전히 어렵다.

자본의 두 번째 요소가 더 중요한데, 바로 자금의 사용 기한이다. 만약 하루만 쓸 수 있다면 투자는 고사하고 도박장도 찾지 못할 것이다. 충분히 사용할 만큼의 큰 자금이라도, 1일과 1개월, 1년, 2년, 10년, 심지어 영원히 쓸 수 있는 돈의 의미는 다르다. 사용 기한에 따라 자금이 갖는 위력은 천지 차이다.

류위안성劉元生은 중국 부동산업체 완커萬科의 전설적인 주주다. 1988년, 류위안성은 360만 위안으로 완커 주식 360만 주를 사들인 후 지금까지 어떤 거래도 하지 않았다. 2016년 6월 27일 완커의 시가총액 2,679억 위안을 기준으로 계산했을 때, 그의 완커 자산은 장부 상으로 약 27억 위안이다. 28년 전에 비해 750배나 증가했다. 여기서 중요한 것은 류위안성 회장은 28년간 이 돈을 굳이 운용할 필요가 없었다는 사실이다. 바로 이런 돈을 자본이라고 한다.

사실 가장 중요한 요소는 세 번째 요소인 자금을 움직이는 지혜다. 같은 돈이라도 누구 손에 들어가느냐에 따라 발휘되는 위력이 달라진다. 타임머신이 당신과 나, 샤오미 테크의 창업자 레이쥔雷軍, 싱가포르 난양이공대학 교수 왕강王剛, 유명 투자자 쉬야오핑徐小平을 과거 어느 시점으로 데려가 각각 100만 위안씩 주고 엔젤투자를 해보게 하면 어떨까? 괜한 추측은 하지 마라, 어차피 최고 수익률을 내는 사람이 당신과 내가 아닌 것은 틀림없다.

대부분의 사람들은 자본을 움직이는 위치에 설 자격이 없다. 이는 매우 잔혹한 사실이다. 2008년, 나에게 100만 위안의 여윳돈이 있었지만 그때만 해도 어디에 투자해야 할지 몰랐다. 2013년, 나는 내가 잘 알고 있다고 착각하며 잘못된 사람과 종목에 투자하고 말았다. 오랜 시간과 많은 노력을 들였기 때문에 나 스스로 '자본을 움직이는 위치에 섰다'고 자부했지만 결국 이 정도 밖에 안 된다는 사실을 직면하게 된 것이다.

그래도 '자본을 움직이는 실력'은 확실히 습득할 수 있었다. 습득하는 방법은 각 영역(금액, 시한, 지혜)을 순차적으로 돌파하는 것이다. 돌파해야 하는 첫 번째 영역은 사실 금액 자체가 아니다. 이는 대부분의 사람들을 멈추게 만드는 가장 큰 함정이기도 하다. '어차피 난 그만한 돈도 없어'라고 생각하기 때문에 투자라는 건 자신과 상관없다고 생각하는 사람들이 많다. 그들은 자위에 그치는 것이 아니라, '하루 종일 계산기만 두드려대고 재테크에 정신 팔린 저 사람들 좀 봐. 정말 한심해.'라며 경멸의 눈빛을 보낸다. 이것은 흔히 볼 수 있는 일종의 심리적 자기보호 수단으로, 마치 공부 못하는 학생이 공부 잘 하는 학생을 무시하거나, 남자아이가 좋아하는 감정을 숨기려고 일부러 싫어하는 척을 하는 것과 같다. 정말 한 치의 차이 없이 똑같다.

이렇게 말하는 이유는 투자의 중점은 손익 절대치가 아니라 손익 비율에 있기 때문이다. 이 점이 정말 중요하다. 절대치가 아니라 상대치를 보아야 한다. 동일한 투자 환경에서 원금 1만 위안으로 50%의 이익을 내고, 원금 10만 위안으로 15%의 이익을 냈다면, 전자의 성적이 후자보다 좋다. 조금 전문적인 표현으로 전자의 자금 효율이 후자보다 높다고 할 수 있다.

원금이나 손익 금액(절대치)이 아닌 손익 비율(상대치)에 초점을 맞추는 것은 90% 이상의 투자자들이 평생 깨우치지 못한 것이며, 이는 본질적으로 초등학교 수학 지식을 제대로 활용하지 못한다는 증거이다. 90%라는 숫자를 안 믿을 수도 있고 과장이 너무 심하다고 생각할 수도 있다. 하지만 주식시장에서 얼마나 많은 사람들이 '쓰레기 주식'을 좋아하는지 보면 금방 알 수 있다. 그들이 쓰레기 주식을 사는 근본적인 원인은 바로 싸기 때문이다. 그들은 절대치만 보다 보니, 수익성이 아무리 높은 주식이라도 가격을 보고 너무 비싸다며 바로 고개를 돌리고 만다.

많은 사람들이 심각하게 생각해본 적이 없을 테지만, 요즘 주식시장은 사실 몇 천 위안만으로도 충분히 투자를 시작할 수 있다. 단지 알지 못했고 생각해본 적이 없을 뿐이다. 상대적으로 보면, 원금 금액은 크게 중요하지 않다. 중요한 것은 손익 비율이다. 여기선 국내 주식시장의 상황에 대한 얘기는 하지 않겠다. 물론 따질 생각도 없다. 이 내용의 취지는 사람들에게 지금 당장 주식을 사라고 독려하는 것이 아니라, 주식시장의 현상을 예로 들어 '자본에 대한 기본적인 인식이 피상적이라는 것'을 증명하려 함이다.

이제 돌파해야 할 것은 두 번째 영역이다. 가장 중요한 영역이기도 하다.

자신의 투자금에 무기징역을 선고할 수 있는가?

심리학자들이 많은 연구를 통해 하나의 결론에 이르렀다.

▶ 사람들의 2/3 이상은 자기 연소득의 10%를 잃어도 살 수 있다.

▶ 사람들의 1/2 이상은 자기 연소득의 20%를 잃어도 살 수 있다.

이런 일이 벌어져도 자신의 삶의 질에는 어떤 영향도 미치지 않는다. 많은 사람들이 이 사실을 깨닫지 못하고 있을 뿐이다. 바꿔 말하면, 연소득 6만 위안인 사람이 그중 5,000위안을 쓰지 않고 묶어둔다 해도 삶의 질은 크게 달라지지 않을 거란 얘기다. 사실 이 단계는 말하기는 쉬워도 행하기는 어렵다. 그러나 엄밀히 말해서 이는 생각의 문제일 뿐이다. 생각이 변하면 이는 자연스럽고, 심지어 하지 않으면 안 되는 결정이 된다. 반대로 생각이 변하지 않으면 잠깐 동안 떠올리다 이내 자연스럽게 포기하게 된다.

이것은 아주 중요한 생각이자 가장 중요한 원칙이다.

　　마음 편하게 '무기징역'을 선고할 수 없는 자금이라면 자본
　　인 척 세상에 내보내지 마라.

두 번째 단계가 가장 중요한 이유는 세 번째와 거의 병행되기 때문이다.

투자의 지식과 경험, 지혜는 거의 실전에서만 얻을 수 있으며, 책에 나온 내용이나 전문가들이 하는 말은 모두 우리와 관계가 없다. 그것들은 우리 뼛속에 뿌리를 내려 싹을 내야 할 뿐 아니라, 아주 오랫동안 기다려야만 튼튼하고 무성한 나

무로 자랄 수 있다.

　이 기나긴 과정이 없어서는 안 된다는 사실을 믿어야 한다. 이 과정은 똑똑한 사람이라고 해서 건너뛸 수 있는 것이 아니다. 마치 아기를 낳는 것처럼 10개월이면 10개월을 다 기다려야 한다. 한 달이 많거나 적어도 위험하다. 그리고 무슨 일이 있어도 4~5개월씩은 앞당길 수 없다. 또한 IQ와도 아무런 관계가 없다. 이 과정을 그냥 넘기도록 도와줄 수 있는 것은 아무것도 없다.

　최대 투자시장인 주식시장에서는 투자자의 80%가 손해를 본다. 가장 근본적인 원인을 정리해보자면, 사실 그들은 '투자자'라는 이름과 어울리지 않았다. 그들은 '자본'이 아니라 그냥 '얼빠진 돈'을 넣은 것이다. **문제는 금액의 부족이 아니라 투자 시한이 너무 마음대로라는 것에 있다. 최소한의 조건도 충족하지 않은 상태이다 보니 그들은 잠깐의 영광을 누렸을지라도 신기루에 불과하다.**

　결국 자신의 자금에 무기징역을 선고할 수 있는 사람은 충분한 지혜를 가진 사람이기에 자본을 움직이는 위치에 설 자격이 주어진다. 그들이 뛰어난 투자자가 되는 것은 시간문제일 뿐 언젠간 일어날 일이다. 그들은 이미 시작한 데다, 벌써 시작점에서 승리를 이루었기 때문이다. 처음 자신의 자금에 무기징역을 선고하는 행위는 훗날 미래에 대해 깊이 장시간 사고하는 능력을 키우는 든든한 밑거름이 된다. 그 기초만 잘 다져놓으면, 많은 기교도 필요 없고 앞으로 다가올 많은 함정들도 저절로 이겨낼 수 있을 뿐더러 많은 고민들도 순식간에 사라질 것이다.

지금 갖고 있는 돈에 무기징역을 선고하는 일이 가혹하고 불필요하다고 느껴질 수도 있지만 그것이 바로 당신이 습득해야 하는 지혜다. 대학 합격통지서를 받아 놓고도 대학에 가지 않겠다고 선택하는 것과 합격통지서를 못 받았는데 '원래 안 가고 싶었어'라고 말하는 것은 전혀 다른 일이다. 자신의 자금에 무기징역을 선고한 뒤 2년으로 형량을 줄이는 것과 무기징역을 선고하지 못하고 2년 만에 형을 끝내는 것은 결과는 같아 보일지라도 사실 큰 차이가 있다. 그 차이는 우리 뇌가 일하는 방식에 영향을 미칠 정도로 크다.

'빚내서 투자'를 하면 승산이 희박한 이유도 여기에 있다.

▶ 금액 부담이 상당하다(사실 마이너스이므로).
▶ 시한이 충분히 길지 않아서 무기징역을 선고할 수도 없다.

위의 두 가지 문제를 깨닫지 못한다면 진짜 자본을 움직이는 위치에 설 자격이 없다. 돈을 빌려서 도박을 하는 것처럼 세상에는 위험한 일을 하는 사람들이 많다. 얕은 기술에 의존해 돈을 빌려 도박을 하고 빠져나가는 사람이 분명히 있긴 하지만 그 기술이 얼마나 뛰어나야 가능할지 생각해봐야 한다.

2016년 5월, 트위터에 글 하나를 올렸다.

나는 지름길을 찾았고, 이미 출발점에서도 한참 더 와 있다.

이 원리를 알면 점점 더 멀리 갈 수 있고, 기쁨은 더 커진다. 이렇게 쉽고 중요한 사실을 어째서 지금까지 아무도 나에게 말해주지 않았을까?

이렇게 보면, 생각이 업그레이드된 사람들은 이 세 가지 영역을 돌파하는 것이 그리 어렵지 않다. 그러나 여전히 생각이 뒤처진 사람에게 이것은 꽤나 넘기 어려운 벽일 것이다.

34

실천보다 더
중요한 것은 없다

많은 사람들이 살면서 '기회가 없었다'고 불평하지만, 사실 이 점에서 조금 아이러니한 부분이 있다.

항상 충분하게 주어졌던 큰 기회는 이렇게 생생하게 우리 눈앞에 있었다. 놓쳤다고 느끼는 것은 그냥 사람들이 그것을 보고도 외면했기 때문일 것이다.

나는 2016년에 엄청난 일이 발생했다고 생각한다. 그런데 다른 사람들은 이 일에 크게 주목하지 않았던 것 같다.

인터넷이 이미 세상을 완전히 점령했다. 20여 년 동안 급속한 발전을 이뤄내며, 인터넷은 모든 사람을 연결한다는 최초의 소명을 완성했다.

2016년 6월, 페이스북의 월간 사용자수는 16억 5천만 명으로 전 세계 인구의 1/5에 이르렀다. 그리고 동시에 지구 반대편 중국에서는 위챗의 월간 사용자수가 8억 300만 명으로 중국 전체 인구의 3/5에 육박했다.

조금 다른 측면에서 보면 다음과 같은 사실을 확인할 수 있다.

전 세계 소비 능력을 가진 모든 사람이 기본적으로 인터넷을 사용하고 있다.

인터넷이 급성장을 이룬 몇 년 동안 몇몇 회사들도 덩달아 거대기업이 되었다. 나는 그 기업들의 첫 글자를 따서 마음대로 'GAFATA'라는 말을 만들어 봤다(인터넷을 검색하다 보니 구글에 'Gafata'라는 폰트가 있어서 깜짝 놀랐다).

▶ 구글Google
▶ 아마존Amazon
▶ 페이스북Facebook
▶ 애플Apple

▶ 텐센트Tencent
▶ 알리바바Alibaba

　인터넷이 마침내 만들어진 신세계라면 GAFATA는 신세계 안에 있는 '거대 부동산 회사'라고 할 수 있다. 그들은 인터넷에서 사업 운영에 필요한 데이터나 클라우드, 지불, 거래, 소셜네트워크 등을 포함한 모든 인프라와 서비스를 제공함으로 이미 독점적 우위를 점하고 있다. 이로 인해 그들의 돈 버는 능력은 누구도 따라잡을 수 없을 정도로 최고가 되었으며, 앞으로 더 강해질 것이다.

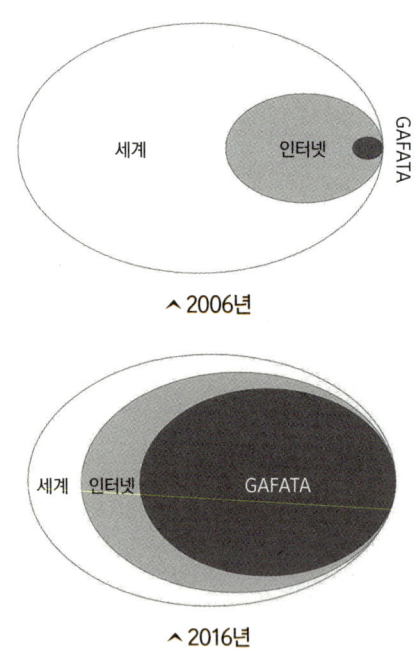

▲ 2006년

▲ 2016년

무엇보다도 그들은 투자도 하고 있다. 인터넷에서 상용되는 모든 새로운 기술과 서비스에 자연스럽게 터무니없는 가격을 요구하며 많은 신생 투자자들을 괴롭히는 중이다. 봐준다 해도 기껏해야 '한 그릇 정도만 나눠 먹는 수준'이다(업계에서 잘 알려진 벤처 투자 기관이라도 결국 같은 운명이다).

그렇다면 이 사실이 기회, 특히 부의 기회와 어떤 관계가 있을까? 우선 이 회사들의 주식은 이미 주식시장에서 거래되고 있어서 누구나 주식을 직접 구매할 수 있다. 직접 투자가 가능하다는 뜻이다. 둘째, 이 회사들의 주식은 모두 소위 대형주라 유동성이 높아서 주식을 사들이면 사실상 언제라도 현금화가 가능하다. 마지막으로 무엇보다 중요한 것은 이들이 앞으로 상당 기간 높은 성장세를 유지할 가능성이 크다는 점이다. 이유는 이미 앞에서 모두 설명한 바와 같다.

위에서 말한 '가능성이 크다'는 말을 유의해야 한다. '가능성이 크다'는 것은 가능성이 아무리 커도 반드시 그런 것은 아니며, 그 확률 역시 실제로 기복이 있어서 그 폭이 꽤 클 수도 있다.

내가 보기에 GAFATA는 모든 사람이 다 가질 수 있는 기회일 가능성이 크다(여전히 '가능성'이지 꼭 그렇다는 말은 아니다). GAFATA 투자의 상대적 위험이 비교적 낮다는 것도 명확한 결론이다. 게다가 보유 주기가 길어질수록 체계적 위험은 더 줄어들 것이다.

다만 나는 대부분의 사람들이 누군가 이렇게 얘기해줘도 여전히 이런저런 이유를 대거나, 자신도 이해할 수 없는 이유로 둘러대느라 이 기회를 보고도 못 본 척하고 들어도 못 들은 척하는 거라고 생각한다. 그리고 나중에서야 '아, 다 운명이야!'라며 탄식만 늘어놓을 뿐이다.

2026년에도 이 글은 틀림없이 인터넷에 여전히 존재할 것이다. 이것이 인터넷의 좋은 점 중 하나다. 예시는 다 소개하였다. 여기서 예시는 내가 알고 있는 사실을 최대한 정확하게 말한 것이긴 하지만 실제로 다를 수 있기 때문에 '확실한 증거'로 존재하는 것은 아니다. 이 점을 유념해주기 바란다.

- 내가 부정확하게 말한 부분이 있을 수 있다.
- 내가 완벽하게 말하지 못한 부분이 있을 수 있다.
- 나는 정확하고 완벽하게 말했지만 이해를 못 하거나 잘못 이해하는 사람이 있을 수 있다.
- 나와 가치관이 다른 사람에게는 위에 기술한 예시가 '실수투성이'거나 '상처투성이'일 수도 있다(어쩌면 서로 다른 미러링의 세계에 살고 있기 때문일지도 모른다).

그러므로 이 예시는 단지 하나의 원리를 증명할 뿐이다.

기회가 이렇게 반짝거리며 바로 여기 있는데도 많은 사람들은 보지 못한다.

하지만, 조급할 필요 없다. 이어질 내용이 진짜 중요하니 말이다. 만약 기회를 봤으면 어떻게 될까? 기회를 봤다고 해서 그 기회가 당신 것이라고 생각하는가? 결코 아니다. 본 것은 본 것일 뿐, 기회를 잡는 것과는 별개의 일이다. 기회가 클수록 그 기회를 보는 사람들은 점점 이상한 성향을 보인다.

큰 기회를 만날수록 사람들의 행동력은 떨어진다.

나는 개인적으로 GAFATA에 대해 여러 사람들에게 말하고 다녔다. 굳이 비밀로 할 만한 것도 아니고, 매우 큰 가치를 갖고 있지만 너무 과소평가되고 있다는 생각 때문이었다.
여기서 또 하나 중요한 것은 다음과 같은 공식으로 이 결론의 가치를 대략적으로 표현할 수 있다는 점이다.

$$수익 = 원금 \times (1+연간수익률)^{년수}$$

만일, 당신이 행동했다면 당신의 수익은 원금이 얼마인지부터 살펴봐야 한다. 그다음에 투자 연한이 얼마나 되는지를 봐야 하고, 마지막으로 연간수익률이 얼마나 높은지 살펴보아야 한다. 10%, 20%, 아니면 30%가 되는가? 진지한 투자자들은 장기 수익률이 25% 이상이면 매우 높다는 것을 안다. 반면에 경험이 없는 투자자들은 '최소 몇 배'의 수익률을 원한다.

내가 이 사실을 알려준 사람들 가운데 실제로 착수한 사람은 그리 많지 않다. 사실 이 점은 전혀 이상하지 않았다. 예전에 더 강력한 투자종목들도 있었고, 이를 보고도 어차피 행동하지 않을 사람도 많이 만나봤기 때문이다. 물론 '그때 좀 더 생각해봤으면 좋았을 것'이라고 후회하는 사람도 많이 만나봤다.

지난 1년 동안(이 책은 2017년 5월에 썼다), GAFATA 투자 논리를 알고 난 후, 언급한 내용을 그대로 행동에 옮기기 시작했다. 정기적으로 GAFATA 주식을 지속적으로 매입하고 스스로 합리적이라고 생각하는 비율과 지분, 지분 조정 원칙을 정한 후 이 원칙을 관찰하고 평가, 조정했다. 이 일은 조금도 지루하지 않았다. 너무 재미있어서 피곤하지도 않았다. 2016년 4분기에는 친구들과 공동으로 GAFATA에 투자할 수 있도록 홍콩에 펀드까지 등록했다.

그러니 **'기회가 없다'고 절대 불평하지 마라.** 문제는 기회를 봤다고 저절로 기회가 잡아지는 건 아니라는 것이다. 지속적인 사고를 더하고 자기의 생각을 기반으로 행동해야 진짜 기회를 잡을 수 있다. 항상 운이라는 변수가 존재하기 때문에, 기회를 잡는 것은 '가능하다'일 뿐, '반드시 그렇다'는 아니다.

우리가 해야 할 일은 자신의 지식과 사고를 운용하고 자기 자본으로 책임감 있는 투자를 하는 것이다. 손해를 볼 때도 침착하고, 이익을 낼 때도 침착함을 유지할 수 있어야 한다. 말은 쉬운데, 실제로 하기는 정말 어렵다. 대부분의 사람들이 제대로 된 지식이나 판단 능력 없이 그저 자금 뒤에서 버티고 있기 때문이다.

투자와 관련된 많은 '질문'은 대답할 가치도 없을뿐더러 애초에 다른 사람에게 물어보지 말아야 한다. 차라리 먼저 구글에 검색해보거나 스스로 생각해보는 것이 기본이다. 이와 동시에 꼭 기억해둬라.

투자 분야에서는 성급하게 행동하지 마라.

투자 지식을 파악하는 데 있어 가장 어려운 점은 '직감에 위배된다'는 것이다. 구체적으로 말하자면, 자신의 운영체제를 완전히 바꾸지 않으면 확실하게 운영할 수 없다는 것이다.

2017년 1월 1일, 나는 〈경제적 자유로 가는 길〉 칼럼에서 'GAFATA' 개념을 언급했다. 그리고 2017년 5월 12일, 아래와 같은 글을 썼다.

얼마나 많은 사람들이 보고 생각하고, 결국 해냈을까? 156만 구독자 중 최소 1/3이 구독하고도 보지 않는다면 믿을 수 있는가? 이들은 칼럼을 구독한 뒤 '츤도쿠積ん読(책을 사서 쌓아만 두고 결코 읽지 않는 사람)'가 돼 버렸다. 그리고 칼럼을 읽은 나머지 2/3 중에서 결국 GAFATA 주식을 사들여 자신의 계좌에 남기는 사람은 몇이나 될까? 또 이 과정에서 귀찮다고 포기한 사람은 얼마나 될까? 지금 이 글을 읽고 있는 독자들 중에서도 이리저리 고민한 끝에 지금 GAFATA 주식을 어느 정도 가지고 있는 사람도 있을 거라고 생각한다. 이것이 사람과 사람 간의 차이가 발생하는 과정이다.

2017년 1월 이후 5개월 동안 GAFATA에 어떤 변화가 생겼을까?

▲ GAFATA 주가 성장률 (2017년 1~5월)

GAFATA의 평균 성장률 24.45%인 데 비해 같은 기간 나스닥지수는 10.66%에 그쳤다. 이 기간 GAFATA 중 가장 부진했던 구글도 나스닥지수보다 50% 높은 성장률을 보였다. 만약 2017년 1월 1일 전후로 GAFATA를 샀다면 원금을 100만 위안으로 가정했을 때, 기대할 수 있는 불로소득은 24만 4,500위안에 달한다.

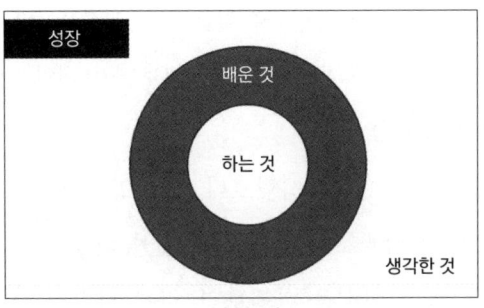

▲ 해낸 것

성장이란 무엇일까? 정의는 아주 간단하다. 생각나면 실행하라. 생각이 났는데 실행할 수 없다면 배워라. 배우고 나서 다시 해보고 그 과정을 통해 해내면 된다. 왜 많은 사람의 인생이 결국 큰 의미가 없는 걸까? 이 또한 아주 간단하다. 생각했고, 말했고, 알았고, 배웠지만 안타깝게도 **결국 실행하지 않고 흐지부지됐기 때문**이다. 그러므로 '실천'보다 더 중요한 것은 없다. 독자가 남겨준 댓글 중에 '실천하는 사람은 천하무적이 될 수 있다'라는 문장이 있었는데 이는 정말 맞는 말이다.

1995년에 나는 대학을 졸업했다. 거의 졸업한 그 날부터 워커홀릭이 돼버렸다. 쉬는 날도 없이 매일 일했다. 설날도 예외는 아니었다. 아마 주변 친구들은 다 알고 있을 것이다. 그렇다고 내가 스스로에게 휴가 주는 것을 싫어하는 것은 아니다. 다만 법정 공휴일은 나에게 큰 의미가 없다고 생각할 뿐이다. 언제 쉬어야 할지는 내가 하고 싶은 대로 하면 된다.

혹시 1년에 공휴일이 며칠이나 되는지 알고 있는가? 많은 사람이 모르고 있을 것이다. 아마 찾아보지도 않았을 것이다. 주말과 휴일을 합쳐 1년이면 중국의 법정공휴일은 대략 115일이다. 1995년부터 2015년까지 20년 동안의 공휴일을 계산해보면 아래와 같다.

115 ×20 = 2,300(일)

즉, 나는 20년 동안 다른 사람보다 2,300일이나 더 일한 셈이다. 이렇게 보면 내가 남들보다 여러 가지 일을 더 많이 한 건 별로 이상할 게 없다. 계산 방식을 바꿔보면, 다른 사람의 1년은 250일에 불과하지만 나의 1년은 365일이다. 그렇다면, 나는 다른 사람보다 2300÷250=9.2년 더 많은 셈이다. 이 시간을 이용해 나는 남들보다 빨리 행동을 취했다.

법정공휴일을 받아들이지 않는다고 해서 내가 생활의 질을 신경쓰지 않는다는 의미는 아니다. 사실 나는 삶의 질을 매우 중시하며, 기꺼이 나의 일상생활에서도 일과 마찬가지로 개념과 방법론을 끊임없이 업그레이드하고 계속해서 삶의 질을 개선하려고 한다.

생각해라, 그리고 행동해라. 큰 차이는 거기서 생긴다.

35

돈이 없을 때
투자를 훈련하라

"돈이 생기면 바로 투자할 거야!" 이 말의 허점은 여러 가지가 있지만 먼저 아래와 같은 문제가 우선적으로 있다.

당신은 언제쯤 돈을 가질 수 있을까? 만일 결국 돈을 가질 수 없게 된다면?

참 불행하게도, 그 '만일'이 정말 많은 사람들에게 실제로 발생하는 경우가 많다. 그래서 평생 제대로 투자를 해보지 못한 사람들이 많고, 심지어 투자를 시작조차 안 해 본 사람은 더 많다. 그나마 투자를 시작한 사람 중 상당수도 실패로 끝난다는 것을 안다.

앞서도 언급했는데, **돈(자금) 자체가 자본이라고 불릴 수 없는 이유는 '돈을 가지고만 있는' 사람은 자신의 자금을 자본으로 바꿀 만한 지혜가 부족하기 때문이다. 돈이 문제가 아니라, 그 돈을 가지고 있는 사람이 자본을 움직이는 위치에 설 자격이 없는 것이다.**

그래서 앞서 언급한 말의 또 다른 허점은 다음과 같다.

투자는 꼭 돈이 많아야 하는 것은 아니다.

돈이 없어도 투자할 수 있다. 아마 많은 사람들이 예상하지 못했을 것이다. 우선 생각을 먼저 정리해보자.

투자 활동에서 가장 중요한 요소는 무엇인가?

사실, 이미 답은 일찌감치 나왔다. 투자자의 사고 능력이다. '지혜'라고도 한다. 자금이 자본이 되려면 금액, 시한, 지혜 세 가지 요소를 구비해야 한다. 그들의 중요도는 다음과 같은 순서로 배열하는 것이 가장 합리적이다.

지혜 > 시한 > 금액

왜 금액은 실제 투자 활동에서 상대적으로 중요도가 낮은 요인일까? 투자의 성공 여부를 가늠할 수 있는 핵심 지표는 결국 돈(절대치)을 얼마나 벌어들였는가 아니라, 그 돈의 성장 비율(상대치)이 얼마인가이기 때문이다. 성장 비율이야말로 보다 본질적인 지표다.

또 다른 원인은 시작점에 섰을 때 금액은 거의 스스로 통제할 수 없는 요인이기 때문이다. 당신이 재벌 2세라면 더 많은 금액을 직접 갖고 있을 것이고, 그렇지 않다면 일정한 금액 조차도 갖지 못했을 것이다.

그러나 '시한'이라는 것은 시작점의 차이와 상관없이 모두에게 공평하다. 재벌 2세도 아니고 월급이 많은 것도 아닌 평범한 사람이라도 조금의 확고한 주관만 있다면, 몇 천 혹은 몇 만 위안 정도는 '무기징역을 선고'할 수 있다고 생각한다. 그렇게만 할 수 있으면 시한이라는 영역에서 모든 적격한 투자자, 우수한 투자자와 함께 그 사람 역시 최고의 자리에 설 수 있다.

이 원리를 이해하려면 지혜가 필요하다. 지혜는 금액과 시한보다 더 주관적인 요소다. 그러나 의외로 누구나 할 수 있는 일이다.

가장 어려운 것이 의외로 가장 간단하다. 그것이 너무 간단해서 사람들이 아예 생각지도 못한 경우가 많기 때문에 가장 어렵다고 하는 것이다. 투자 활동에서 가장 중요한 요소는 '지혜'이다. 이런 점에서 '선천적인 우위'를 선점한 사람은 아무도 없다. 돈이 없다고 느껴지더라도 자신의 지혜를 단련하는 것은 시작할 수 있다.

우리의 결론이 세 가지 영역으로 자본을 정의하는 것이라면, 어느 한 영역에서 조금 더 나아가 다차원적 경쟁력을 만드는 것이 기본 수단이 될 수 있다.

어떻게 투자의 지혜를 단련할 수 있을까?

먼저 엑셀 양식을 하나 만들어보자. 그런 다음, 당신이 1달러로 구글의 주식을 샀다고 가정하고 매달 월말에 주식 가격을 체크해보자. 등락폭을 계산해보면 끝이다. 물론 여러 다른 회사의 주가 변화를 체크할 수도 있다. 하지만 3~5개만으로도 충분하다. 아무리 가상 투자라도 너무 많이 하기에는 당신의 에너지가 부족할 수 있다.

투자 활동을 시작하는 조건은 무엇일까? 다음의 내용을 참고하라.

▶ 당신이 처음 추적한 주식이 GAFATA인지 아닌지는 상관없다. 만약 당신이 영어를 잘 못한다면, 국내 주식시장에서 앞으로 지속적으로 성장할 수 있다는 근거가 있는 기업을 선택하면 된다. 시간이 날 때마다 그 기업의 재무 보고와 그 외 관련 뉴스에 관심을 갖고 살펴봐야 한다.

▶ 금액은 반드시 1달러로 설정해야 한다. 가장 계산하기 편하기도 하고 단위가 가장 적은 금액이다. 사실 1달러든 1,000달러, 1,000만 달러든 상관없다. 어차피 가상 투자이기 때문이 아니라, 처음 시작할 때부터 성장 비율이 무엇보다 중요하다는 것을 인식하고 절대치보다 상대치에 집중하는 습관을 길러야 하기 때문이다.

▶ 데이터 업데이트는 월 1회만 한다. 다른 시간에는 절대 이 데이터를 보면 안 된다. 그것을 보는 것은 무의미하기도 하고, 더욱 무서운 것은 나쁜 습관을 갖게 될 수도 있기 때문이다.

많은 사람들이 '이렇게 하는 게 무슨 의미가 있을까?'라고 생각할 것이다. 현재 상황에서는 이렇게 하는 것이 무슨 의미가 있는지 생각해내는 것 자체가 불가능하다. 시키면 시키는 대로 하고 잔소리는 이제 그만해주길 바란다. 전제가 아주 명확하지 않은가.

▶ 당신은 배우고 싶다.
▶ 나는 경험이 있다.
▶ 적어도 '이렇게 한다고 해서 나쁠 건 하나도 없다'라고는 생각할 수 있다.

방금 얘기한 것을 적어도 12개월은 지속해야 비로소 입문할 수 있다. 이것도 이미 매우 빠른 편이다. 앞으로 점점 더 이 사실을 깨닫게 될 테니 걱정 마라.

최근 몇 년 동안, 나는 많은 공인된 투자 분야의 전문가들과 깊은 교제를 나눴다. 마지막에 나와 같은 기회를 갖게 된다면, 사실 여러 가지 측면에서 모두가 직면한 가장 큰 문제가 똑같다는 사실을 알게 될 것이다. **어떻게 해야 그 기회와 어울리는 사람이 될 수 있을까?** 당신이 이미 '입문 투자자'의 단계를 벗어나서 더 높은 단계로 나아가고 있다면 한 가지 알려줄 게 있다.

결국 모든 사유의 허점은 반드시 제방을 무너트린다. 당신의 자본이 많을수록 제방 붕괴 효과는 더 충격적일 것이다.

나도 많은 충격을 경험했고 손해도 많이 봤다. 정말 말로 표현하기 어려운 고통스러운 교훈이었다. 그 상황에서는 다른 사람들을 통해 내가 얻은 교훈은 소용없다. 진짜 문제는 오직 '자신만의 특정한 사고의 허점'에서 비롯되기 때문이다.

우리가 이 책을 통해 해야 할 일은 간단하다. 가장 흔하고 보편적이며 가장 무서운 또 하나의 사고의 허점을 막을 방법을 생각하는 것이다. 당신이 아직 투자할 돈이 없을 때 이 훈련을 시작해라. 그리고 드디어 돈이 생겨서 투자를 시작할 때면 당신에게는 이미 1년, 2년 심지어 '평생'의 경험이 있을 것이다. 그래서 정말 기회가 왔다고 느끼는 순간, 당신은 그 어떤 사람보다 그 기회와 딱 맞아떨어질 것이다.

36

투자는 모험으로 돈을 버는 것이 아니다

당신은 어려서부터 지금까지 계속 이렇게 세뇌됐을 거라 생각한다. 나는 계속 그렇게 세뇌당했었다.

큰돈을 벌고 싶어? 그럼 모험 정신이 있어야 해!

이것은 가장 보편적이면서도 가장 해로운 항간에 떠도는 근거 없는 이야기인데, 이제 시대가 변했으니 '인터넷에 떠도는' 근거 없는 이야기로 바꿔 써야겠다. 모든 문화 속에서 아이들이 자라면서 느끼게 되는 겁이나 약함은 부끄러움으로 여기고, 용감함과 강인함은 영광으로 여긴다. 그리고 모험은 가장 자주 사용하는 용기가 솟아나는 방법으로 여긴다.

　모험이라는 개념에 대한 관찰자와 행동가의 이해는 극명하게 다르다. 심지어 완전히 상반되기도 한다. 마치 미러링 세계에 살고 있는 것처럼 말이다.

　예를 들어, 신경외과 의사가 개두술을 할 때 그의 동작 하나하나는 모두 위험해 보이기 때문에 아주 작은 실수 하나라도 심각한 결과를 초래할 수 있다. 이것은 관찰자의 시점에서 바라본 것이다. 하지만 반대로 행동가의 시점에서 보면 첫째, 그의 목표는 성공이지 모험이 아니다. 둘째, 그는 강도 높은 훈련을 통해 관찰자가 할 수 없는 일을 해내는 데 필수적인 기술을 습득한 전문가다. 그는 무엇이 위험하고 무엇이 안전하며, 어떻게 하는 것이 진정한 모험인지 알고 있고 어떻게 해야 효과적으로 위험을 피할 수 있는지도 알고 있다. 이 전체 과정에서 관찰자는 수술 내내 겁에 질린 상태에서 행동가가 결국 모험을 무사히 마쳐서 성공했다고 느끼지만 실제로 **행동가의 모든 주의력은 어떻게 모험할 것인가가 아니라, 어떻게 위험을 피할 것인가에 있다.**

　고난도의 동작을 소화하는 사람을 봤을 때(우리는 관찰자고 그들이 행동가다), 그들이 경험이 많다면 경험은 '모험하는 경험'이 아니라, '위험을 피하는 경험'일 가능성이 크다. 그런데 관찰자는 행동가가 가진 것이 풍부한 모험 경험이라고 착각할 수 있다.

　나는 가격이 낮을 때 비트코인을 많이 사들였다가 폭등했을 때도 팔지 않고, 또 폭락했을 때도 팔지 않았다. 그런 나에게 사람들은 말했다. "샤오라이, 참 대담하네.", "아휴, 큰일을 하는 사람이면 큰 위험을 감수해야지." 진짜 그래야 하나? 정말 그들이 보고 생각한 대로 해야 할까?

'가격이 낮다'는 말은 현재 가격이 낮다는 뜻이다. 내가 산 첫 번째 2,100개의 비트코인 평균가는 6달러(2011년 3월)였고, 현재 비트코인 가격은 700달러대(2016년 12월)다. 또 비트코인은 한때 1,000달러대까지 올라갔다가 두세 차례 반토막이 난 적도 있다. 그 당시 사람들은 이미 너무 비싸서 더 이상은 돈을 벌 수 없다고 생각했었다. 하지만 나에게는 이런 시기에 구매하는 것이 모험이 아니었다. 왜냐하면 **만약 내 추측이 맞다면 틀림없이 비트코인은 이 가격에서 그치지 않을 것이기 때문이다.**

나는 700달러를 주고 샀던 주식이 10만 달러쯤 되었을 때 팔고 그 돈으로 비트코인을 샀다. 그래서 모든 것이 사라진다고 해도 크게 아쉬울 것이 없었다. 비트코인 가격이 10달러대까지 줄곧 하락세를 보일 때부터 꾸준히 매입하기 시작했고, 최종 평균 가격은 1달러 정도였는데, 이때 이미 내가 계획한 예산을 꽉 채운 상태라 더이상 살 수가 없었다. 이 과정에서 나는 조금도 모험을 한 것이 아니었다. 사람들이 공포에 질려 '비트코인은 이제 끝났다'고 생각할 때(2011년 하반기), 나는 여러 기사와 글을 반복해서 읽어보았지만 이 사태에 대해 믿을 만한 이유를 찾을 수가 없었다. 2014년 12월이 돼서 비트코인은 폭등한 후에 바로 반토막이 났다. 그 당시 인터넷에는 온갖 비관적인 말들이 떠돌았지만 2011년 말의 논조를 그대로 되풀이한 게 전부였다. 나는 그들이 틀렸다고 생각했다. 그들이 머릿수도 많고 세력도 컸지만 '사람이 많은 것'과 '틀린 것을 바로잡는 것'은 전혀 관계가 없지 않은가. 내 생각대로 나는 계속 매입했다. 못 사면 그대로 들고 있었다. 팔지는 않았다.

그때 상황에서 내 논리대로라면 '사지 않는 게 모험'이었다. 장기적인 안목으로 봤을 때, 비트코인의 가격이 얼마나 오를지는 상상할 수 없다는 결론을 내렸기 때문이다. 당시 상황에 대해 주변 사람들은 매우 큰 반응의 차이를 보였다. 낮은 가격으로 비트코인을 내게 팔았던 사람은 '돈을 주고 사는 사람이 있다니'라며 내게 고마워했고 한편으로는 '용기가 대단하다'며 칭찬도 해줬다.

그 뒤로 비트코인 가격은 1,000달러대까지 올라갔지만 나는 팔지 않았다. 불과 6주 만에 발생한 일이었고, 심지어 당시 온스당 금값을 웃돌았다. 다시 그 뒤로 두세 차례 폭락했지만 역시 난 꿈쩍하지 않았다. 이게 과연 용기일까? 아니면 모험일까? 사실 둘 다 아니다. 이유는 간단하다.

내 원가까지는 아직 멀었으니 내 입장에선 위험할 이유가 없다.

위와 같은 예는 내가 비트코인 투자에 대해 생각했던 것들이다. 앞서 말한 '행동가는 위험을 피하는 데에 더 관심을 기울인다'는 하나의 예시일 뿐 투자 제안은 결코 아니다. 위의 예시 속 글자를 잘못 이해하지 말고 그것을 당신의 투자 근거로 삼아라. 이건 아무리 강조해도 해로울 게 없으니 다시 한번 짚고 넘어가자.

당신의 투자 근거는 반드시 자신만의 깊은 사고를 통해 얻어야 한다.

그래서 많은 사람들이 생각하는 것과는 달라야 한다. 사실 나는 '위험 혐오형'이다. 어렸을 때는 이렇지 않았는데, 그때는 늘 모험을 용기로 여기고 그것을 증명해 보이려 했다. 나중에는 책을 많이 읽고 역사를 통해 그나마 깨닫게 되었다.

'모험'은 모험가에 대한 타인의 이해지, 성공한 사람의 행동이 아니다.

콜럼버스가 '모험가'로 불리는 이유는 '지구는 분명 둥글다'(당시만 해도 이 사실을 제대로 이해한 사람이 많지 않았다)는 것을 확실히 믿고, 이것을 행동으로 증명해 보이고 상업적인 소득까지 이루어냈기 때문이다. 보는 사람은 모험이라고 생각하지만, 행동하는 사람은 깊이 생각하고 꼭 그렇게 하는 것이다. 생각이 깊은 사람일수록 결과에 더 충실히 따르는 경향이 있다.

요즘 우리에게 익숙한 벤처 캐피털은 일반 대중들에게 잘못 인식되고 있는 개념이다. 일선에 있는 창업자들도 초기에는 벤처 업계에 종사하는 기관과 개인을 오해하는 경우가 많았다. 그들이 가장 많이 하는 말은 아마도 "벤처 투자한다고? 위험한 곳에 왜 투자하는 거야?" 일 것이다. 이것은 가장 전형적으로 글자만 보고 잘못된 해석을 한 예다.

벤처 투자 모델은 사실 간단하다. 일반적으로 말하면 다음과 같다. 가장 빠르게 성장하는 분야를 정해놓고 그 분야에서 엄청난 속도로 성장할 가능성이 있는 초기 기업들에 투자한다. 최대 수익을 얻으면서 확률적으로 총체적 위험을 최소화하도록 보장하는 것이다. **사실 벤처 캐피털은 '모험을 하지 않는 법'을 가장 잘 알고 있다.** 벤처 투자의 모델 설계 역시 모험이 아닌 위험을 피하기 위한 것이다.

▶ 수익을 최대한 얻는다.
▶ 체계적 위험을 최대한 낮춘다.

수익을 극대화하기 위해서는 가장 빠른 성장을 이룰 것 같은 분야부터 공략해야 한다. 예를 들어, 지난 10년간 인터넷 분야의 발전 우위는 자연스럽게 다른 '전통' 분야의 수천 수만 배에 이른다. 이런 분야를 고정하는 것 자체도 체계화된 위험을 줄이는 기본 수단 중 하나다. 또 이런 분야에서 '누가 최고인가', '누구의 성장 속도가 가장 빠른가' 등을 선별하고, 상위 3위 회사에 투자하거나 다른 벤처 캐피털과 협력, 공생하기도 한다. 이는 모두 체계화된 위험을 낮추기 위한 조치이지, 사람들이 생각하는 모험을 하는 것이 아니다.

말하자면, 벤처 캐피털이라는 용어에 '모험'이라는 단어가 들어가 있지만, 사실 그들은 모험의 고수가 아니라 '위험 회피'의 고수이므로,

용감한 사람이라고 부를 만한 이유가 없다. 비록 다른 사람들이 그렇게 불러도 정작 그들은 별로 신경 쓰지 않는다. 어차피 다른 사람을 이해시키는 것이 중요한 일은 아니라고 생각하기 때문에, 그들 중 일부는 대중들의 반응을 기꺼이 받아들인다. 종종 그들이 '위험은 우리가 맡을 테니 당신들은 일에 전념하라'는 말을 하지만 사실은 '더 적은 위험으로 더 큰 수익을 얻는 것'이 그들의 핵심 가치관이다. 이 또한 '자본'이라는 것에 뼛속 깊이 자리잡고 있어야 할 가치이다.

앞서 다른 사람과 협력하기 위해 '일부 안전감을 일부러 포기할 필요가 있다'고 말했지만 무모한 모험을 장려한다는 뜻은 아니다. 다음 두 가지 사항에 있어서 반드시 안전에 주의하여 위험을 피하는 경험을 배우고 쌓아야 한다.

▶ 자본 안전
▶ 신변 안전

그런데 왜 사람들은 일반적으로 자본에서 위험의 존재를 무시하는 걸까? 일반적으로 보면, 우리는 자산 관리 경험이 없어서, 자본의 위험으로 인한 공포에 대해 '유전자 기억'을 형성할 기회가 없었기 때문이라 할 수 있다. 인간의 부와 자본에 대한 인식은 실로 많지도, 오래되지도, 충분하지도 않다. 실제로는 너무 적고, 짧고, 부족하다. 다음과 같은 내용은 의문의 여지가 없는 사실이다.

▶ 인류의 부에 대한 인식의 역사는 사실 얼마 되지 않았다. 인류가 화폐를 쓰기 시작한 건 불과 수천 년에 불과하며 인류 역사의 긴 흐름에서 보면 매우 짧은 시간이다.
▶ 오랫동안 인류 가운데 충분한 부를 가진 사람의 비율은 계산할 필요도 없을 만큼 항상 낮았다.
▶ 모든 인류 가운데 한 민족(유대인)을 제외하고는 지금까지 복리라는 개념을 다소 악마화했지만 복리는 부의 영역에 있어 가장 중요한 개념이다.
▶ 인류 사회에서 끊임없는 동요는 동서고금을 막론한다(인류 역사는 혁명, 봉기 등의 동요가 끊임없이 발생했다). 큰 동요가 있을 때마다 본질적으로 그 움직임의 주체들은 많은 부를 소유한 사람을 죽였기 때문에 부에 관한 유전자는 사실상 전승되기 어렵다.
▶ 인류가 (자본)시장의 좋은 점을 진정으로 인식하기 시작한 것은 최근 200~300년 동안의 일이다. 심지어 중국은 1980년대가 되어서야 인식하기 시작했다.
▶ 인류가 진정으로 경제의 운영 법칙을 연구한 것은, 애덤 스미스 Adam Smith 때로부터 따져본다면 아직 300년도 채 되지 않았다.
▶ 투자시장에 대한 인류의 탐색은 불과 200여 년 전부터 시작됐다. (미국의 주식시장은 1972년 월 스트리트의 옥외 거래소에서 시작됐다.)
▶ 인류가 확률에 대해 제대로 인지하기 시작한 것은 16~17세기부터다. 확률에 대한 연구를 도박에서 벗어나 자본과 위험 평가에 적용

한 것은 20세기 초부터 시작해서 100년이 채 안 됐다.

즉, 부와 자본 분야의 위험에 대한 인식을 인류 전체 입장에서 보자면, 근본적으로 유전자 기억이 크게 존재하지도 않고, 저절로 이해할 수도, 어떻게 해야 하는지도 알 수 없다. 물론 가장 무서운 것은 모르는 게 아니라 자기가 모른다는 것을 모르고, 심지어 자신이 제대로 알고 있다고 착각하는 것이다.

인류와 대자연이 공존한 기간은 수십만 년으로, 이 정도면 경험이 풍부하다고 할 수 있지만 그에 비해 인류가 자본과 접촉한 시간을 보면 거의 경험이 없는 셈이다. 모험에 대한 유전자 기억은 인류와 자연이 싸우는 과정에서 형성된 것이다. 지금 이런 경험을 자본에 적용하여 활용한다면 실제로 적용되기 어렵다. 이것은 변하지 않는 법칙이다. 우리가 운전을 하듯, 삶이 그렇듯 투자도 창업도 모두 그렇다. 만약 신변과 자본에도 적용해본다면 아래와 같다.

▶ 안전제일

그리고 다음에 올 원칙은 바로 이거다.

▶ 전문가 되기

자신의 학습 능력을 갈고 닦고 필요한 것은 무엇이든 배우면 그 영역에 있어 전문가가 될 수 있다. 그러고 나서 전문가처럼 생각하고 결정하고 행동해야 한다. 전문가는 쉽사리 모험하지 않는다. 영화나 소설에서 보면 그들이 어떻게 중요한 순간에 모험을 하는지 자주 떠벌리지만 그것은 대중의 즐거움을 위한 허구에 불과하다. 그렇게 쓰지 않으면 대중들은 믿지 않기 때문이다.

다른 사람들은 당신의 용기를 칭찬할지 모르지만, 당신은 용감함이 결코 스스로 증명해야 하는 중요한 요소는 아니라는 사실을 알아야 한다. 이는 정말로 사회의 풍조와 반대되는 일이다. 사회는 우리에게 용감해야 한다고 가르치지만 그것은 사실 우리가 아니라 사회에서 필요한 것임을 절대 우리에게 말해주지 않는다. **체면을 중요하게 생각하는 바보만이 용기가 있다는 것을 증명하려고 한다.** 그들은 잠깐 체면을 차릴 수 있겠지만 이 때문에 벌써 시간에 쫓기는 신세가 됐다는 것은 깨닫지 못한다. **바보들의 모험을 지켜보라.** 진지하고 자세하게 지켜보자. 많이 보다 보면 우리의 위험을 회피하는 경험이 풍부해질 것이다.

결론을 정리해보자.

일을 하기 전에 우리의 결론이 대부분의 사람들과 다르다는 것을 잘 생각하고, 깊이 사고해봐야 한다. '독립적이고 올바르게' 해야 한다. 이때, 우리가 한 일은 다른 사람을 놀라게 할 수 있다. 그들은 우리가 모험을 하고 있다고 생각하지만, 우리는 이 일이 어떻게 된 건지 알고 있다.

좀 더 깊이 들어가보면, 위험을 회피하는 것에도 방법론이 존재한다. 무엇을 하더라도 '위험맹risk-illiterate'이 되어서는 안 된다. 이 단어는 내가 '문맹文盲'이라는 단어를 차용한 것으로, 위험을 알지 못하고 어떻게 위험을 피해야 하는지도 모르고, 위험을 어떻게 통제해야 하는지도 모르는 사람을 일컫는다. 문맹은 평생 많은 손해를 보는데, 위험맹도 예외는 아니다. 더 많은 손해를 본다. 문맹은 교육을 통해 해방될 수 있듯이 위험맹도 마찬가지다. 우선, 다음의 사실을 차분하게 받아들이자.

첫째, 위험은 일종의 객관적 존재다.

위험은 항상 바로 그곳에 있다. 우리가 두려워하든 두려워하지 않든 절대 변하지 않는다. 심지어 넓은 의미에서 보면 우리가 아무것도 하지 않아도 위험은 여전히 도사리고 있다.

둘째, 미지의 존재가 있다면 위험은 존재한다.

위험을 이해하고 연구하고 피하고 제어하기 위해서 사람들은 확률통계를 기웃거린다. 사실 확률통계는 우리 모두가 열심히 배워야 하는 과목인데, 아쉽게도 대부분의 사람들이 대충 시험만 볼 정도로 공부하고 나머지는 고이 '선생님께 돌려준다'. 말 그대로 아주 피상적으로만 배우고 그나마도 열심히 배우지 않는다는 말이다. 확률을 조금 배운 사람이 오해하고 있는 한 가지가 있는데, 그것은 '위험의 확률이 위험의 크기를 결정한다'는 것이다. 그러나 실제 위험을 따지는 첫 번째 요인은 위험의 확률이 아니다. 그 요인은 이제 우리가 얘기하려고 하는 세 번째 사실이다. 우리 대부분이 위험맹에서 벗어나기 위한 가장 중요한 사실이다.

셋째, 위험의 크기를 측정할 수 있는 결정적인 요인은 베팅의 크기다.
많은 사람이 평생 재수가 없어 보이지만, 사실 그 '재수'라는 것은 그들이 갖고 있는 위험에 대한 인식의 오류에서 비롯된 것이다. 그들이 재수가 없는 이유는 오직 한 가지다. **항상 자신의 모든 것을 건다.** 판돈이 너무 크다는 건 결과를 감당할 수 없다는 뜻이다. 왜 적은 돈을 가진 사람이 더 큰 판돈의 게임을 선호하는 걸까? 능력이 없는 사람일수록 꿈이 크기 때문이다. 앞뒤 안 가리고 일하는 사람, 주식시장에서 돈을 많이 벌고 싶어서 전 재산을 내놓는(심지어 빌려서 주식을 산다) 사람, 이들 모두가 앞서 얘기한 위험맹이다.

넷째, 위험에 대한 저항력의 높고 낮음은 본질적으로 도박 밑천의 크기의 차이이다. 특히 같은 확률의 위험에 직면했을 때 그렇다. 바꾸어 말하면, 베팅 금액이 일정하고 밑천은 상대적으로 무한대로 커질 때 99.99%의 위험률을 만나도 도박꾼은 사실 아무 상관없다. 베팅 금액이 상대적으로 너무 작으면 지더라도 크게 타격이 없으니 말이다.

여기서 한 가지 주의할 것이 있다. **베팅 금액이 상대적으로 크면 지능이 급격히 떨어진다.** 대입 시험을 볼 때만 평소보다 시험을 망치는 사람이 몇몇 있다. 왜 그럴까? 바로 베팅 금액(자신의 미래)이 너무 크다 보니 그에 따르는 스트레스도 심하고 결국 자신의 능력을 정상적으로 발휘할 수 없기 때문이다.

고수익으로 유혹하는 다단계 사기 방식인 폰지 게임Ponzi game에서 그 전형적인 특징을 찾아볼 수 있는데, 그것은 바로 '가입 비용이 엄청 비싸다'는 것이다. 그래야만 발을 들여놓은 사람들이 평정심을 잃기 때문이다.

그래서 사람은 너무 가난하면 안 되고, 모아둔 돈이 너무 없어서도 안 된다. 그렇지 않으면 정말 어느 순간 갑자기 바보가 되어 버린다. 절대 '올인All in'하지 마라. 진심으로 하는 말이니 꼭 마음에 새겨두길 바란다.

37

투자가 아닌 '도박'을 하고 있는 순간을 경계하라

나는 13편에서 많은 사람들이 평생 벗어날 수 없는 멍에가 무엇인지 얘기한 적이 있는데, 그것은 바로 100% 안전감을 추구하기 때문에 생기는 일이다. 아마 앞으로 돌아가서 다시 읽어봐야 하는 사람들이 많을 것이다.

안전을 추구하는 것은 대체로 옳은 일이다. 하지만 '안전감(안전한 느낌)'을 추구하는 것은 종종 잘못된 경우가 있다. 일반적으로 '느낌'이라는 건 원시적이고 뜻을 제대로 짐작할 수 없고 교육받지 않은 것이기 때문이다. 교육이란 무엇인가? 교육의 핵심 본질은 잘못된 느낌을 바로잡고, 과학적인 방법으로 지식을 사용해 업그레이드된 다음에 더 믿을 수 있는 느낌을 만들고 끊임없이 교정하는 것에 있다.

'100% 안전감 추구'는 오류가 계속 발생할 수밖에 없는데, 핵심적인 이유는 아래와 같다.

미래의 가장 중요한 속성 중 하나는 '일정 부분에 대해서는 알 수 없다는 점'이다.

미래에 대해 생각할 때, 정확성 100%는 존재할 수 없다. 그렇기에 불확실성은 실제로 우리가 미래에 대한 어떤 결정을 내릴 때 가장 기초적이고 핵심적인 측면에서 반드시 고려해야 할 요소이다.

투자는 미래지향적 판단과 결정이기 때문에 '혹시 틀렸다면'이라는 상황이 항상 발생할 수 있다. 그래서 우리는 한발 물러나 차선책을 택할 수밖에 없다.

되도록 승산이 50% 이상인 일을 해라. 100%는 안 되더라도 승산은 높으면 높을수록 좋다.

'안전감을 조금 포기'하거나 '100% 안전감을 추구하지 않는' 것은 본질적으로 현실을 담담하게 받아들이는 것일 뿐이다. 비록 여전히 많은 사람들이 인생에서 가장 받아들이기 힘든 것이 현실이긴 하다.

다른 분야와 달리, 투자 분야에서는 특히나 '위험 회피'를 강조하고 모험도 최대한 삼가도록 한다. 그렇다면 우리가 피해야 할 가장 큰 위험은 무엇일까? 1위를 차지한 것은 누가 뭐래도 바로 이것이다.

이후로 더 이상 기회가 찾아오지 않는다.

도박꾼들이 자주 하는 말을 빗대어 말하자면 '어떻게든 도박판에 남아 있는 것'이 중요하다. 일단 도박판에서 퇴출당하거나 그 자리를 떠나면 더 이상 기회는 없다. 칩이 적은 사람일수록 쉽게 목숨을 건다. 그들은 어느 날 갑자기 머리를 다치기라도 한 듯 전 재산을 모두 걸기로 '결정'을 내리곤 한다. '결정'이라는 단어에 따옴표를 붙인 이유는 그들이 내린 결정이 냉철한 사고나 합리적인 판단으로 이루어진 것이 아니라 그 순간 어떤 조건 때문에 이뤄진 것으로, 이는 근본적으로 결정이라고도 선택이라고도 할 수 없다.

전 재산을 다 걸고 난 이후 벌어지는 일이 세계 곳곳에서 수없이 되풀이되고 있다. 결과가 나오기 전까지는 '용기'라고 생각했지만, 막상 결과가 나오는 순간에는 갑자기 '어리석기 짝이 없는 행동'으로 생각이 변해버린다. 옛말에 '1만 번은 두렵지 않지만 만에 하나가 두렵다'고 했는데 이는 생각지도 못한 안 좋은 일이 일어나는 게 가장 무섭다는 뜻이다.

이는 '일어날 확률이 적은 사건'에 대한 가장 기본적인 인식으로, 예를 들어 어떤 사건이 발생할 확률이 1/10,000이라면 그 확률이 적은 편이지만 딱 1만 번째가 돼야 발생한다는 의미는 아니다. 사실 100번째가 돼서 발생할 수도 있다. 실제로 첫 번째에 발생할 확률과 10번째, 혹은 1만 번째에 발생할 확률은 같다. 모두 1/10,000이다.

'전부를 걸지 말라'는 너무 뻔하고 명백한 조언에 분노를 느끼는 사람들도 있는데, 이는 그들이 자신의 IQ가 모욕당했다고 생각하기 때문이다. 그들은 '내가 그런 간단한 원리도 모를 만큼 멍청한 사람으로 보이나?'라고 생각한다. 하지만 우습게도 이런 사람들이 어느 순간 돈 버는 데 잔뜩 혈안이 되어 흥분 상태에서 모든 것을 걸었다가, 결국 모든 걸 잃고 도박판을 떠나게 된다. 왜 그럴까? 그들은 자신이 다른 미러링 세계에 있다는 사실을 전혀 모르기 때문이다. 그곳에서 똑같아 보이는 것이라도 사실상 정반대일 가능성이 크다.

실제로 많은 사람들이 자신이 어떤 '도박'을 하고 있는지 전혀 모르는 데다 사람들은 자신의 승산을 과대평가하는 경향이 있어서, '무식하면 용감하다'는 말처럼 지식이 없는 사람일수록 자신과 자신의 판단을 과대평가한다. 그럼에도 불구하고 많은 사람들이 더 많은 돈을 걸거나 심지어 전부를 걸려고 한다. 또 전부를 걸어놓고도 여전히 만족하지 못하고 남에게 돈을 빌려서까지 투자를 하곤 한다. 이 정도까지 한다면 '전문 자기 비극 제조자'가 분명하다.

또 많은 기초지식이 있어야 이해할 수 있는 큰 주제이긴 하지만 '레버리지Leverage'라는 것에 대해서는 '절대 사용하면 안 된다'가 아니라 '능력만 된다면 정확한 계산 후에 사용해도 늦지 않다'는 것이 내 입장이다. 그리고 또 얘기하고 싶은 한 가지는, 실제로 초보 투자자에게는 아주 긴 시간 동안은 레버리지가 전혀 쓸모없다.

대부분의 사람들이 '투자할 돈이 전혀 없다'에서 출발한다. 나 역시도 그랬다. 처음에는 자신의 시간을 파는 대가로 수입을 얻을 수밖에 없고 생활 자체에 필요한 원가가 있다(5~8편을 다시 읽어보기 바란다). 따라서 시간당 수입은 같은 기간의 원가를 넘어야 저축이 가능하다. 그러나 이렇게 모은 돈은 살면서 발생하는 불상사에 우선적으로 대처할 때 사용해야 하기 때문에 한참이 지나고 나서야 무기징역을 선고할 수 있을 만큼의 돈을 가질 수 있는 기회가 생긴다. 그러므로 우리는 어렵게 얻은 자본을 더욱 소중하게 여겨야 한다.

경제적 자유로 가는 길에서는 초기일수록 더 중요하다. 자본이 플러스든 마이너스든, 복리 효과는 있고, 그 효과는 앞으로 갈수록 뚜렷해질 것이다. 기본적인 원리를 이해하지 못해서 시작부터 실패를 맛보는 사람들이 많지만 내가 앞서 이미 여러 번 얘기했으니 적어도 당신은 그러지 않을 거라 믿는다. 절대 올인하지 마라!

자신의 충동을 자제하는 일은 초반일수록, 자본금이 적을수록, 참지 못할수록 대가가 커진다.

> 어느 시점에 이르렀을 때, 우리가 얼마나 얻었는지는 가늠하기 쉽지만 자신이 얼마나 얻지 못했는지는 거의 가늠할 수 없다. 애초에 우리가 얻은 것이라고는 없기 때문이다.

사실, 이 말은 세상의 모든 안전 전문가들이 직면하는 오래된 난제이기도 하다. (모든 분야에서 적용되는 안전책의 보급과 교육은 의료, 건강, 소방, 교통 등 모두 동일하다.)

▶ 위험이 발생하기 전에 아직 일어나지 않은 위험이 얼마나 무서운

지 어떻게 증명할 수 있을까?
- ▶ 위험 회피 전략의 효력이 발생할 때, 이미 위험을 피한 사람들에게 아직 발생하지 않은 위험이 얼마나 무서운지 어떻게 증명할 수 있을까?
- ▶ 특히 위험이 '치명적인 재난'이라고 할 정도로 크다면….

절대 올인하지 않는, 혹은 올인할 필요가 없는 것을 전제로 했다면 이제 우리가 해야 할 가장 중요한 일은 **어떻게 자신의 승산을 최대한 높일 수 있을지를 찾는 것이다.** '자기 생각의 질을 높이는 것'이 가장 간단한 답이 될 것이고, '개념이 업그레이드될 때마다 이전의 나보다 생각의 질을 높인다'는 것이 가장 실제적인 답이 될 것이다. 모쪼록 인내심을 가지길 바란다.

38

'미리 알았다면 달라졌을 것'이라는
환상에서 벗어나라

    사람들이 지식을 대하는 태도는 돈을 대하는 태도보다 훨씬 독하다. 인류 역사를 보면, 사람들은 '돈을 빌려주면 빌려주는 거지, 이자까지 받다니. 아주 고약하군.' 하면서 이자 받는 사람을 비난했다. 탐욕스럽고 무지한 사람들은 항상 너무나 당연하게 상대방의 탐욕을 비난한다. 지식을 얻으려는 사람들의 태도도 의외로 뻔뻔하다.

▶ 나에게 알려줘야 해!
▶ 꼭 알려줘야 해! 지식은 우리 모두의 것이니까!
▶ 당연히 공짜로 알려줘야 해!

그렇다. '공짜'인데 '이자'가 있겠는가. 사실, 어느 문화에서든 '글자만 보고 뜻을 대강 짐작하는 것'은 아주 보편적인 형상이다. 영어권 국가에서는 '자유'를 '공짜'라고 멋대로 생각하는 사람들이 무수히 많다. 어차피 'free'니까!

대부분 지식이 직접적으로 돈을 벌 수 있는 것은 아니지만, 어떤 지식은 직접적인 상업적 가치를 가지고 있고 게다가 빨리 알면 알수록 얻는 이익도 커진다(물론 전제는 지식을 행동으로 연결하는 것이다). 이것이 바로 '지식의 시간적 가치'라는 것이다('이자'는 돈의 시간적 가치라고 볼 수 있다).

특별한 경험들로 인해 나는 이 문제에 대해 특히 깊은 감명을 받았다. 2017년 1월 초, 비트코인 가격이 다시 한번 사상 최고치까지 뛰어서 1,200달러가 되었다. 금 1온스 가격과 맞먹는 금액이었다. 하룻밤새 내 휴대폰은 "진작 알았으면 비트코인을 사뒀을 텐데… 에잇, 너무 늦었군!"이라는 메시지들로 가득 찼다.

하지만 불과 일주일도 채 지나지 않아, 비트코인 가격은 3일 만에 최고점 1,400달러에서 840달러로 떨어졌다. 2017년 5월, 비트코인 가격은 2,000달러 이상 올랐다. 일찌감치 '손해를 보고 팔았던' 많은 사람들은 그저 오르는 것을 지켜보는 수밖에 없었다. 어떤 물건의 값이 올랐다고 사람들이 돈을 벌 수 있는 것은 절대로 아니다. 불마켓bull market(주가가 상승하는 강세장)에서도 손해를 보는 사람은 굉장히 많다!

"리샤오라이, 당신은 정말 운이 좋네요. 비트코인을 그렇게 일찍 시작하다니!" 실제로도 그럴까? 비트코인은 2009년에 생겼고, 내가 알게 된 건 2011년 설날 전후다. 내가 비트코인을 처음 알았을 때에도 역시나 많은 사람들은 2017년 사람들과 같은 반응을 보였다.

"아이고, 너무 늦게 알았어! 작년 이맘때만 해도 비트코인은 거의 공짜로 샀는데, 지금은 1달러가 넘었네! 너무 비싸! 에이, 진작 알았으면 좋았을 텐데…."

사실 나에게 진정한 행운은 2011년에 비트코인을 알게 된 것이 아니다. 이것도 행운이라면 이 세상에서 적어도 10만 명은 나보다 운이 좋은 것이다. 그들이 나보다 비트코인을 먼저 알았으니 말이다. 2010년, 비트코인 역사상 첫 번째 실물거래가 완료되었다. 비트코인 2만 5,000개로 피자 한 판을 산 사람도 있었다. 이후 그 2만 5,000개의 비트코인을 받은 피자가게 사장의 얘기는 더 이상 듣지 못했으니, 아마도 2만 5,000개의 비트코인을 현재는 가지고 있지 않은 모양이다.

나는 내가 얻은 진짜 행운을 다른 사람과 제대로 나눌 기회가 없었다.

▶ 지금 돌아보면, 그 또한 당연히 기회였다. 그때만 해도 그것이 기회라고 확신하는 사람은 아무도 없었지만 나는 나도 모르게 그 기회를 믿었다. 지금 와서 그때 내가 충분히 연구했었다고 얘기해봤자 소용 없겠지만 나는 확실히 사면서 연구했다. 그 후 몇 년 동안, 심지어 지금까지도 연구 중이다. 그러면서 연구에 부족한 점이나 이해하지 못하는 부분들을 찾아내고 있다.

▶ 과거의 지식과 경험을 기반으로 나는 이리저리 발버둥을 치며 그 기회에 대해 좀 더 깊이 이해할 수 있었다(100점 만점이라면 75점

이상은 된다고 생각한다). 횃불 들고 화약 공장에 뛰어들 정도의 무식한 수준은 아니었다.
▶ 그 당시 나는 그런대로 '부자'였다. 10여만 달러도 낼 수 없을 만큼 '가난'하지는 않았다.
▶ 그 무렵 나는 돈이 부족하지는 않았지만 그렇다고 억만장자만큼의 자산을 보유하진 못했기 때문에 나름대로 가난했다. 만일 그때 내가 이미 수억의 자산을 가지고 있었다면 시가총액이 수천만 달러에 지나지 않는 '주식'에 흥미를 느끼지 않았을 것이다(비트코인은 '세상에서 아무도 신경 쓰지 않는 세계은행의 탈중심화 주식'이라고 상상해도 좋다). 2011년 당시 나는 비트코인에 대해 여러 전문가들과 논의했다. 그들은 순식간에 그 원리와 의미를 깨달았지만 그저 '와, 대단하다!' 정도로만 반응하고 결국 직접 사지는 않았다. 왜 그랬을까? 절대 그들이 어리석어서가 아니라, 그때만 해도 비트코인이 아주 작은 자산이었기 때문이다(2017년 1월만 해도 다른 상장사들과 비교해볼 때, 비트코인의 시가총액은 여전히 '소형주'에도 미치지 못했다).
▶ 가장 큰 행운은 2011년 이후 몇 년 동안 나는 계속해서 성장하고 있다는 것이다. 이는 어느 날, '정말 너무 큰 변화'가 생겼을 때, 있는 힘을 다해 싸운다 해도 버텨낼 수 있는 능력이 나에게 생겼다는 것이다. 요즘 흔히 쓰는 말로 '홀딩할 수 있는' 능력 말이다.

한 가지 확실한 사실은 '일찍'이라는 것 자체가 핵심가치가 아니라는 것이다. 우리가 추구해야 하는 것은 '장기적인 성장'이 아닌가. 2011년 초 많은 사람들이 트위터에서 비트코인에 대해 얘기했었는데, 불과 2년 만인 2013년에 벌써 두 차례 급등(뒤따라 두 차례 급락)을 했다. 얼마나 많은 사람들이 그 후에도 계속 가지고 있었을까? 아주 적다. 어느덧 3년이 흐른 2016년 말, 시장의 성장세가 꿈틀거린 그때, 그 적은 수의 소유자 중 어느 정도가 또 빠져나갔을까? 절대 다수! 이것은 모든 거래 시장에서 매일 일어나는 일이라 조금도 이상하지 않다.

역사를 되돌아보면 모든 것이 명확해진다. 미래를 내다볼 능력이 없는 사람에게 "내가 그렇게 했으면 이런 결과가 나왔을 텐데!"와 같은 환각은 자연스럽게 생긴다. 하지만 현실은 참혹하다. 설령 그들이 그렇게 할 기회가 있었다 하더라도 원하는 결과는 나오지 않았을 가능성이 컸을 것이다.

미래를 바라볼 때 당연한 것은 아무것도 없다. 한 가닥의 불확실성이라도 기하급수적으로 두려움을 증폭시키는 효과가 있다. 또 금액이 클수록 판단과 결정에 미치는 영향도 크다.

투자자로서 당신은 항상 다음을 명심해야 한다. 이 분야에서 누군가 독선적인 교만함을 가지고 있다면 그 사람은 아직 일정 반열에 들어서지 못한 것이다. 대부분의 사람들은 '때'가 되면 자신이 얼마나 모자라고 나약한지 깨닫게 된다. 그러나 이 세상이 정말 참혹한 것은 그런 사람에게 '때가 되는' 기회가 주어지지 않는다는 것이다(그들이 거기까지 갈 수 없기 때문일 것이다).

내가 쓴 내용들은 초보 투자자나 아예 미래 가능성 있는 투자자를 상대로 하기 때문에 가끔 모호해 보일 것이다. 어떤 상황들은 겪어보지 않으면 이해가 어렵기 때문이다. 노련한 사람들도 어려움을 겪은 예를 하나 얘기해보자.

벤처 투자는 벤처 기업의 초기 단계(상장하기 전 단계)에 투자하는 것이다. 상대적으로 주식시장은 흔히 '2급 시장'으로 불리는데, 그렇다면 '1급 시장'의 투자 수익이 일반적으로 더 높을까? 꼭 그렇지만은 않다.

많은 사람들이 벤처 투자 기업에서 일하는 사람들을 상대적으로 뛰어난 엘리트 집단이라고 생각한다. 하지만 투자 컨설팅 기관 캠브리지 어소시에이츠Cambridge Associates의 통계에 따르면 미국의 벤처 투자 업계에서 약 3%의 벤처 투자 기업이 전체 업계의 95% 수익률을 '탈취'하고 있으며, 이 회사들은 장기적으로 봤을 때 큰 변화가 없을 것이라고 했다. 성과가 가장 좋았던 상위 28개의 펀드를 빼고 남은 500여 개의 펀드의 경우 누적 투자금은 1,600억 달러고 최종적으로 돌아오는 금액은 850억 달러다. 다시 말해서, 95%에 가까운 벤처 투자 기업의 10년 장기 실적은 사실 절반이 넘는 돈을 손해본 상태인 것이다.

만약 투자자들이 2012년에 그 1,600억 달러로 페이스북 주식을 사서 거래하지 않고 쭉 가지고 있었다면, 2015년(3년 후)까지 이 투자의 상승폭은 얼마였을까? 301.33%다. 그들에게 왜 그렇게 하지 않았냐고 물어볼 필요도 없다. 나는 이 이야기에 한숨을 쉴 당신에게 한 가지 묻고 싶다. 페이스북이 상장할 때까지 기다렸다가 투자하면 늦은 것일까? 전혀 그렇지 않다.

여기에 분명한 차이가 하나 있는데, 페이스북이 상장하기 전, 일반인에게도 투자할 기회가 있었을까? 있었다면 투자할 수 있었을까? 기회도 없었고, 투자할 수도 없었다. 그것이 페이스북 초기 투자자 피터 틸Peter Thiel의 기회였다. 그들의 펀드는 오랫동안 상위 3% 내, 상위 3위 안에 랭크되어 있었는데, 일반인이 그런 기회를 원한다면 정말 욕심일 것이다. 페이스북이 상장한 후, 우리 같은 일반인들은 주식을 살 수 있게 되었다. 그래도 우리가 사지 않았다면 그건 우리의 문제이다.

우리는 원리를 하나 깨닫고 나면 그것을 어딘가에 응용해보려 하는 경우가 많다. 손에 망치를 들고 있으면 무엇을 봐도 다 못으로 보여서 때려 넣고 싶어졌던 경험이 한번쯤 있을 것이다. 다른 사람을 비웃을 필요 없다. 누구나 다 똑같다. 여기가 아니면 저기에서 언제나 같은 함정에 빠진다. 아무래도 그 함정은 여러 모습으로 변하는 능력이 있나 보다.

'우위 선점'이라는 개념을 듣고 이해하고 나서 모든 일에 우위 선점이 필요하다고 생각하는데, 우위 선점이 그저 '우위'에 불과하다는 것을 망각하는 사람들이 너무 많다. 그리고 가끔은 '우위 후점'이 더 강력한 경우도 있다.

그래서 **일찍인가 아닌가는 중요하지 않다. 오히려 관건은 '맞느냐 아니냐'에 있다.** 사실 더 중요한 것은 '장기적으로 맞느냐 아니냐'이

다. 그러니 앞으로는 '일찍 알았더라면 달라졌을 거야'라는 환각 증상을 가지지 않길 바란다. 먼저 현실을 받아들여야 한다. 언제나 '방금 알았다'가 차가운 우리의 현실이다. 좋은 소식도 있다. '후발'도 얼마든지 유리할 수 있다는 점이다. 하지만 그게 언제 적용될지는 상황을 지켜보아야 한다. 그때그때 상황에 따라서 얼마든지 달라질 수 있으니 말이다.

39

시장 단기 예측의 무의미함을 깨달아라

문제의 질이 답의 질을 결정하는 경우가 많다. 자기보다 지위나 지식 수준이 낮은 사람에게 물어보는 것을 부끄럽게 생각하지 않는 것은 옳은 행동이지만 질문 자체가 이상하다면 부끄러워하지 않는 행동조차도 헛수고가 될 수 있다.

먼저 '**정확함**'에 대해 얘기해보자. 어느 정도까지 예측해야 정확하다 할 수 있을까? 질의응답 시간이었다면 이런 대화가 오갔을 것이다.

갑: 주식 가격의 변동을 정확하게 예측할 수 있나요?

을: 먼저 '정확함'에 대해 정의를 내려보세요.

그다음은 '**여부**'에 관한 것이다. 이 세상 대부분의 문제가 아무리 간단하다고 해도, '예', '아니오'만으로 바로 완벽하게 대답할 수 있는 정도로 간단하지 않다. 앞서 '갑'의 질문이 던져졌을 때, 가장 현실적인 대답은 '꼭 그렇지만은 않다' 혹은 '모르겠다'이다. '예'나 '아니오'는 부정확하기 때문이다.

마지막으로 **예측**이다. 여기서는 누가 예측할 것인가가 중요하다. 부인할 수 없는 사실 중 하나는 사람에 따라 예측 능력의 차이가 매우 크다는 것이고, 또 다른 하나는 몇몇 사람들은 여러 가지 이유로 다른 사람이 가지고 있는 정보의 완성도보다 더 높은 질의 정보를 가질 수 있다는 것이다.

이상 세 가지 요점 분석은 어떤 의미에서 치밀한 사고의 가장 기본적인 예라고 할 수 있다. 그러나 사고에 서투른 사람들의 눈에는 '이거 트집 잡는 거 아니야?', '억지로 다른 사람의 허점을 들춰내는 거 아니야?'라고 보일 수 있다. 분명한 건 그렇게 생각하지 않는 사람들도 있다는 것이다. 그들은 진지하고 꼼꼼한 것에 익숙할 뿐이다.

다른 질문을 살펴보자.

> 현재 구글 주가가 xxx달러다. 5분 후에 가격이 오를지 내릴지 예측해보라고 한다면, 당신의 예측 정확도는 얼마나 될까?

당신의 직감이든 이론이든 무엇에 기초를 두든, 또 그게 누구든 예측의 정확도는 무조건 50%에 가까울 것이다. 50%가 무슨 의미인가? '사실상 통 짐작할 수 없다'는 뜻 아닌가. 예측 결과가 맞는지 안 맞는지는 사실 전적으로 운에 달려 있다. 여기서 한 가지 주의해야 할 것이 있다.

예측의 정확도가 50%를 넘어야 그 의미가 있다. 그렇지 않다면 차라리 동전 던지기로 결정하는 것이 낫다.

예측의 정확도가 예를 들어 60% 이상(10번 중 최소 6번은 예측이 정확한 상황)으로 어느 정도 높다면 계속 예측해도 좋다. 예측만 할 게 아니라, 돈을 걸고 도박을 해야 한다. 장기적으로 보면 반드시 돈을 많이 벌 수 있다. 그러나 여기서 알아야 하는 게 있는데, 정확도가 99%까지 갈 필요는 없다는 것이다. 50% 이상, 예를 들어 51%만 돼도 장기적으로 돈을 많이 벌 수 있다.

하지만 5분 뒤 가격이 지금보다 높을지 낮은지를 판단할 때는 어떤 방법이나 전략을 쓰더라도 장기적으로 예측 정확도가 50%에 불과하다는 것은 거의 확실하다. 이는 곧 아무리 노력해도 이 예측은 무의미하다는 말이다. 게다가 이 결론은 이미 실전을 통해 무수히 검증되었다. 이것은 마치 '동전 던지기를 해서 이미 연속 32번이 앞면이 나왔는데, 다음에 던졌을 때 여전히 앞면이 나올 확률이 50%인 결과(동전 던지기는 매번 독립적인 사건이다)'와 같은 것이다.

좀 더 보충하자면, 통계확률 지식은 가장 기초적인 '돈벌이 사고 수단'이라고 할 수 있다. 나는 자신의 미래에 투자하기를 원하는 사람이라면 모두가 이 기초 지식을 보완해야 한다고 생각한다. 사실 의무교육의 기초 과정이지만 우리 대부분이 통계확률 기초 지식이 얼마나 중요한지를 깨닫지 못했을 뿐이다. 그래서 다른 사람은 완벽한 장비를 갖추고 잠수를 하는데 자신은 홀딱 벗은 채 그냥 물속에 뛰어드는 신세가 돼 버리고 만다. 그러면 손해를 보고도 영원히 알아차릴 수 없다.

금융학에 '랜덤워크 가설Random walk hypothesis'이라는 것이 있다. 이 가설은 주식시장의 가격이 정해진 규칙성을 찾을 수 없기 때문에 예측이 불가하다고 주장한다. 나온지 100여 년이 흐른 지금도 여전히 '이론'이 아니라 '가설'이라 불리는데, 그만큼 논란이 심하다. 지지자들은 다양한 실험도 했었다. 일례로 벽에 경제신문을 붙여놓고 어느 상원의원에게 다트를 던져 신문의 아무 곳이나 맞추게 한다. 그리고 다트가 찍힌 부분에 등장한 주식 20개를 골라 투자 포트폴리오를 만들었다. 몇 년 뒤, 이 투자 포트폴리오의 성과가 주식시장 전체적인 성과와 비슷한 수준임을 알게 되었다. 그때 선택된 주식 리스트에는 전문가가 추천한 투자 포트폴리오 종목도 상당수 포함되어 있었다. 좀 더 과장하자면, 주식을 고른 건 상원의원이 아니라 오랑우탄이라도 상관이 없었고, 다트가 아니라 오랑우탄이 찢어 놓은 경제신문 조각에서 종목을 골랐어도 결과는 크게 달라지지 않았을 거라고 할 수 있다.

그러나 이것으로는 상대 집단을 설득시키지 못한다. 창조론자와 진화론자가 여전히 기싸움을 하고 있는 것과 비슷하다.

확률과 관련된 모든 추론은 보편적으로 이해되고 받아들여지기 어렵다. 이것은 지극히 정상적인 현상이다. 사람들은 장기적으로 총체적인 결과를 봐야 하는데, 그들 눈앞에는 이 순간 특정 사건만 보일 뿐이어서, 전반적으로 확률론을 이해하는 것이 진화론을 이해하는 것보다 더 쉽지 않다.

하지만 내가 개인적으로 살펴보는 것은 좀 다르다. 랜덤워크 가설 논란의 핵심은 시한을 예측하는 것에 있다고 생각한다. 다음과 같이 표현하면 논란은 거의 사라질 가능성이 크다.

▶ 단기 가격 예측은 불가능하다.
▶ 장기 가격 예측은 가능하다.
▶ 예측 기간이 길수록 예측 난이도는 낮아진다.

단기 가격을 예측함에 있어서는 랜덤워크는 가설이 아니라 '이론'일 수 있다. 본질적으로 어떤 이론과 도구를 동원해서 앞으로 1분, 혹은 1시간, 심지어 다음 날의 가격을 예측한다면 '동전 던지기'보다 결과가 나을 리 없다. 하지만 장기 가격 예측은 사실 쉽게 할 수 있는데, 한 국가의 경제 상태를 알려주는 주요 거시경제지표 '펀더멘털 Fundamental'이 있기 때문이다.

▶ 주가는 궁극적으로 기업 가치의 성장을 보여준다.
▶ 세상은 계속 진보하고 경제는 계속 발전하고 있다. 이것이 대전제다.

▶ 어떤 기업은 세계와 또 경제와 함께 발전을 이루어간다. 물론 그렇게 하지 못하는 기업도 상당수 있다.

그리하여 '기이한 결론'이 나왔다.

어떤 주식의 가격 변동을 예측하는 것은 단기간에는 사실상 불가능하고 장기간에는 아주 쉽다. 기간이 길수록 예측 결과도 정확하다.

내가 5년 뒤 구글 주가가 오늘보다 훨씬 높을 것이라는 데 많은 돈을 걸면서 내 승산도 높고 예측 정확도도 50%를 훨씬 넘는다고 말한다면, 이에 대해 나에게 도전장을 내밀고 싶은 사람은 거의 없을 것이다.

'도박사의 오류'라는 개념이 있다. 도박꾼의 대부분이 확률적으로 독립된 사건을 반복할 때, 이전 베팅의 결과가 다음 베팅에 영향을 미칠 것이라고 예측하는 경향이다.

도박꾼이 도박꾼인 이유는 지식이 부족하고 '독립 사건'이라는 확률론의 중요한 개념을 이해하고 받아들이지 못하기 때문이다. 마치 어떤 운영체제가 하나의 개념이 부족해서 운영 결과가 완전히 다르게 나오는 것처럼 말이다.

통계에 따르면, 확률론을 배웠든 안 배웠든 실제 도박사의 오류의 영향을 받지 않는 사람의 비율은 항상 전체 인구의 20%를 밑돈다고 한다. 적어도 80%, 그보다 많거나 적은 사람들이 도박사의 오류에 영향을 받는다는 것이니, 너무 놀라지 않길 바란다. 또 하나의 놀라운 데이터는 70%의 사람들이 '만약에 P가 발생하면 Q가 나온다, 지금 Q가 나타났으니 P가 반드시 발생한다'라는 문장 속에 담긴 논리적 오류를 알아차리지 못한다는 것이다(Eysenck&Keane, 2000).

만약 당신이 랜덤워크 이론을 이해하고 이성적으로 받아들인다면(가설이 아니라 이론이라고 썼다), 아마 80%의 '라이벌'을 이미 제쳤다고 할 수 있다. 그리고 이 이론의 응용 범위를 한층 더 분명히 한다면 나머지 라이벌의 최소 절반을 떨어뜨릴 수 있고, 그럼 당신은 훌륭한 선수가 될 수 있을 것이다.

나는 35편에서 '주가 확인은 월 1회만 한다'고 언급했었는데, 그 뒤에는 아래와 같은 원리가 숨어있다.

처음부터 '단기적 사고'를 피하는 데 익숙해져야 한다.

사고는 항상 자기 뜻대로 되지 않는다. 불필요한 것에 대해 자칫 잘못 생각하기 시작하고 멈추지 않는다면 우리는 스스로 생각해야 할 부분에 집중할 수 없게 된다. 물론 쉬운 일은 아니지만 적어도 1년이면 습관이 몸에 밸 수 있을 것이다. 1년 안에 자연스럽게 만들 수 있다면 충분히 빠르고 수지맞는 일이 아닌가?

40

'주기'를 이해하면 '추세'가 보인다

시간이 지나자, 주변 친구들이 나를 이렇게 평가하기 시작했다.

"샤오라이, 지금 보니 트렌드를 볼 줄 아는구나…."

이 말로 날 자랑하려는 의도는 절대 아니다. 아마 나를 아는 사람은 알겠지만, 나는 이런 걸 티 내는 사람이 아니다. 혹시나 있을 나에 대한 오해를 풀었다면, 이제 위에 친구의 말 중 '지금 보니'라는 말에 집중해주길 바란다.

이 표현의 의미는 이전에 오랜 시간 동안 그들은 결코 내가 옳다고 생각하지 않았다는 것이다. 하긴, 누가 미래에 대해 정확한 판단을 내릴 수 있겠는가?

미래에 대한 자신의 판단이 옳았다는 것을 증명하기는 참 어렵다.

그 이유는 다음과 같다. 첫째, 꽤 오랜 시간이 지나야 확실한 결과가 나올 수 있다. 둘째, 판단이 옳을지라도 반드시 현실에 딱 들어맞지 않아 긍정적인 피드백을 줄 수 없을 수도 있다. 셋째, 결과가 내 편이라고 해도 운이라는 존재를 제대로 파악하기 힘들고, 그것이 나의 판단에 완전히 적용되지 않을 수도 있다. 넷째, 결국 누구나 깨닫게 되겠지만, 행동이 수반되지 않으면 아무리 올바른 판단이라도 세상을 바꿀 수 없다.

먼저, 간단하게 보이고 이미 누구나 알고 있는 것 같은 개념인 '**주기**'에 대해 깊이 연구해보자. 주기는 재테크에서 가장 중요하게 고려되어야 할 요소로, 실천하기 전에 배우고 연구하고 파악하고 따라야 하는 이념과 현실이다. 하지만 안타깝게도 항상 간과되고 있다. 시중에 나와 있는 많은 재테크 관련 서적을 봐도 아예 언급하지 않거나 마지막 한 줄이 전부인 경우가 많은데, 사실은 가장 기초적이고 결정적인 지식 포인트다. **주기를 깊이 이해하지 않고는 추세, 즉 트렌드에 대한 효과적인 판단을 할 수 없다.**

알고 보면 세상의 모든 일이 투자다. 성장은 자신의 주의력으로 자신에게 투자하는 것이고, 결혼은 쌍방이 함께 각자의 다양한 자원을 들여서 더 나은 가족을 만드는 것이다. 일도, 창업도, 결혼도 모든 것이 투자다. (다른 관점에서 보면, 이 세상의 모든 활동은 판매라고 생각한다.)

주기라는 개념은 많은 투자자의 입에서 '**추세**'라는 단어로 대체되는 경우가 많다.

▶ "지금은 상승하는 추세다."
▶ "지금은 하락하는 추세다."

 이런 표현은 가끔은 쓸모가 있을지 몰라도, 얄팍하고 위험한 경우가 더 많다. 상승세에 하락세를 더해야 하나의 완전한 주기가 이루어지기 때문이다. 하지만 실제로 **진짜 추세는 보통 여러 주기(최소 두 개)가 지난 후에 비로소 명확하게 보인다.**

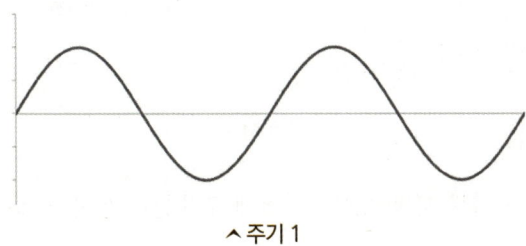

▲ 주기 1

 우리가 진짜 추세를 탐구한다면, 상승과 하락은 일종의 진리의 표상임을 알게 될 것이다. **현실 경제에는 직선이 없고 파동만 있다.** 매우 긴 주파수대의 어느 한 지점에서 앞이나 뒤를 바라보면, 마치 자신이 곡선이 아니라 직선 위에 서 있는 것 같다. 지구에 서 있지만, 평면이 아닌 동그란 구球 위에 서 있다는 걸 느끼기 힘든 것과 같은 이치다.

 하나의 상승과 하나의 하락은 하나의 주기를 이룬다. 두 개 혹은 그 이상의 주기 후에, 곡선이 우리가 수학 교과서에서 봤던 사인곡선(전파, 음파와 같은 물결 형태의 곡선)과 같다는 걸 알게 된다. 하지만 사실상 추세는 길게 보면 일직선의 형태이다. 우리가 흔히 말하는 추세는 올라가고 내려가는 선이어야 하는데, 직선이라는 건 기본적으로 거의 변화를 알아챌 수 없는 상태이기 때문에 추세가 없는 것처럼 느껴진다.

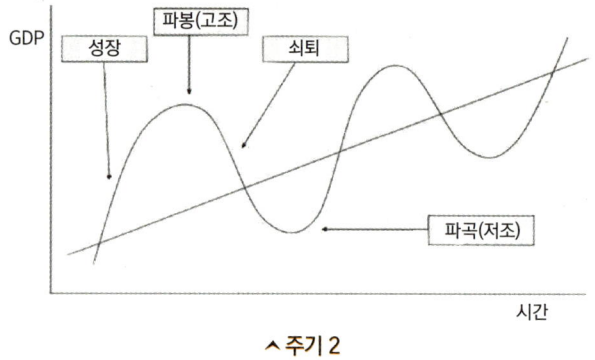

▲ 주기 2

이것은 왜 일부 사람들은 예민하게 추세를 인식하는 데에 비해, 다른 사람들은 추세로 인식하지 않는지를 설명하는 것이다. 후자는 한 개 이상의 주기 이후에 나타나는 진짜 추세를 중시하지만, 전자는 아주 잠시 동안의 현상만 보는 것에 불과하기 때문이다.

또 꼭 오를 때 사고 내릴 때 파는 사람들을 이야기하며 그들이 왜 그런 행동을 하는지 분석하곤 하는데, 이는 그들이 실제 추세를 보지 않고 현재 보이는 것만 믿기 때문이다. 하지만 그것은 단지 환상에 불과하다.

주식시장에서 '부추'라고 불리는 사람들이 있다. 왜 하필 부추라고 부를까? 부추는 잘라내고 잘라내도 다시 자라나기 때문이다. 그러다가 농부가 부추를 베서 수확하게 되면(증시는 하락세에 접어들고) 결국 부추들은 손해를 볼 수밖에 없다(한국 주식시장에서 개인투자자에게 '개미'라는 별명을 지어준 것과 같다). 자신이 부추인 걸 어떻게 판단할 수 있을까? 사실 아주 간단하다. 만약 거래시장에 있을 때 혹시라도 머릿속에 아래 내용 중 하나라도 떠오른다면, 당신은 의심할 여지 없이 부추다.

▶ X를 믿어도 되나? 넌 어떻게 생각해? Y가 오를까?
▶ X는 이미 너무 비싸서 살 수 없으니, Y를 지켜봐야겠다.
▶ 정말 재수가 없군, 사기만 하면 떨어지고 팔기만 하면 오르다니!
▶ 방금 뭐라고 하는지 못 들었는데, 내가 뭘 놓쳤지?
▶ 벌써 하루가 지났는데, 왜 오를 기미가 없는 거야!
▶ 어느 정도 벌었으니, 갈아타야겠군!
▶ 아, 돈을 빌려왔는데 이미 오를 때까지 올랐군!
▶ 저 사람은 정말 운이 좋은데, 나는 왜 이렇게 운이 나쁘지!
▶ 사기꾼! 모두 다 거짓말쟁이야!

우리가 정말 여러 주기를 볼 수 있다면 추세는 우리가 무시할 수 없을 정도로 분명해질 것이다. 다음 페이지의 그래프는 1800년부터 2012년까지 주식과 채권의 수익을 비교한 것이다. 위에 있는 선이 주가지수고, 그 아래에 있는 선이 채권지수다.

긴 기간을 살펴보면 주식 투자와 채권 투자의 추세는 똑같이 상승세를 타고 있다. 채권 투자가 좀 더 안정적으로 보이긴 하지만(변동이 상대적으로 적다), 상승폭은 주식 투자보다 뒤처진다.

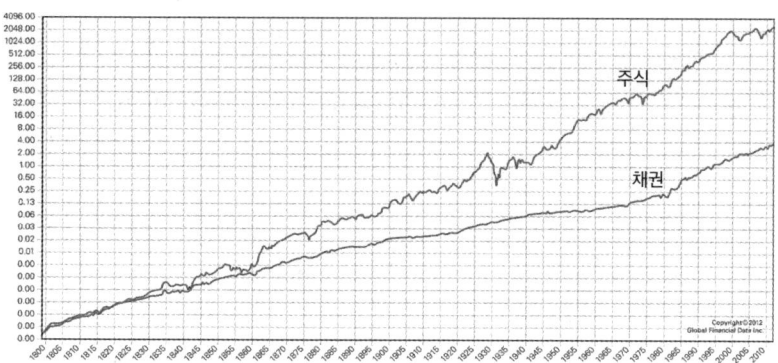

▲ 주기 3 : 주식 총수익지수 및 채권 총수익지수(1800~2012년)

아래 그림을 보면 장기적으로는 금이나 달러 등에 투자하는 것이 주식 투자보다 정말 별 볼 일 없다는 것을 알게 될 것이다. 이것이 지금 **'주식의 수익 시대가 왔다'**고 인식하는 사람들이 점점 많아지는 이유이기도 하다. 사실 이런 인식은 일찍부터 존재했다.

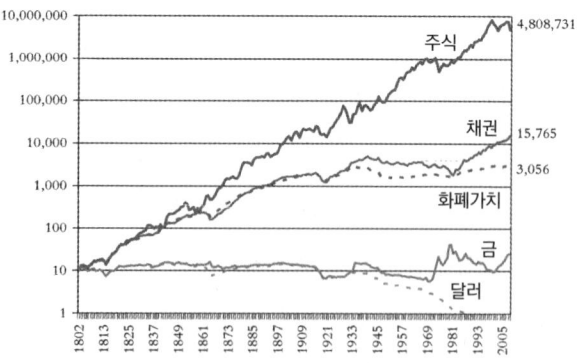

▲ 주기 4 : 1만 달러 원금 투자의 실제 총수익(1802~2008년)

몇 분 후면 당신은 어떤 추세 속에서 한층 더 깊은 또 다른 추세를 보게 될 것이다. 인간은 진보한다. 그뿐만 아니라, 그 진보는 매우 빠른 속도를 자랑하거나 순식간에 완성될 수도 있다. 그러나 생각할 기회조차 없는 사람들은 자칫하면 평생을 무지와 진보하지 못하는 굴레에서 헤어나오지 못한다.

따라서 **여러 주기 후에 나타나는 진짜 추세에 주목하면 완전히 새롭고 훨씬 믿을 만한 세상과 시야를 갖게 될 것이다.** 나아가, 추상적이든 구체적이든 거의 모든 사물은 모두 자기만의 주기가 있는데, 그들의 주기는 서로 일치할 가능성이 거의 없다. 그래서 **거의 모든 기회와 함정은 주기와 주기의 차이 속에 숨어 있다.**

GDP와 주식시장의 주기 순환은 이러하다.

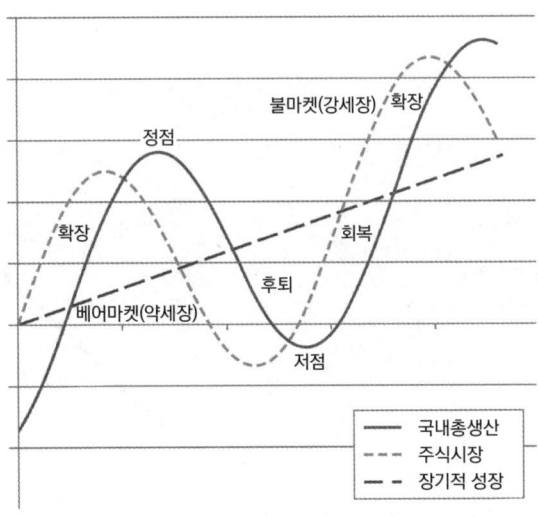

▲ 주기 5 : GDP와 주식시장의 주기 순환

그리고 큰 변화를 겪는 인간의 심리 변화를 나타낸 '퀴블러-로스 변화 곡선Kübler-Ross change curve'라는 그래프가 있는데, 정말 재미있다.

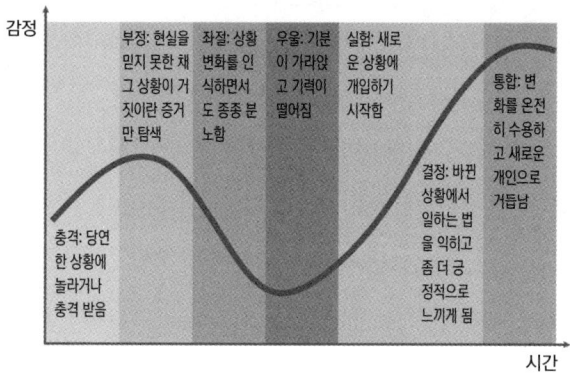

▲ 주기 6 : 퀴블러-로스 변화 곡선

한 걸음 더 나아가면 모든 새로운 것의 발전 과정도 비슷함을 알게 된다.

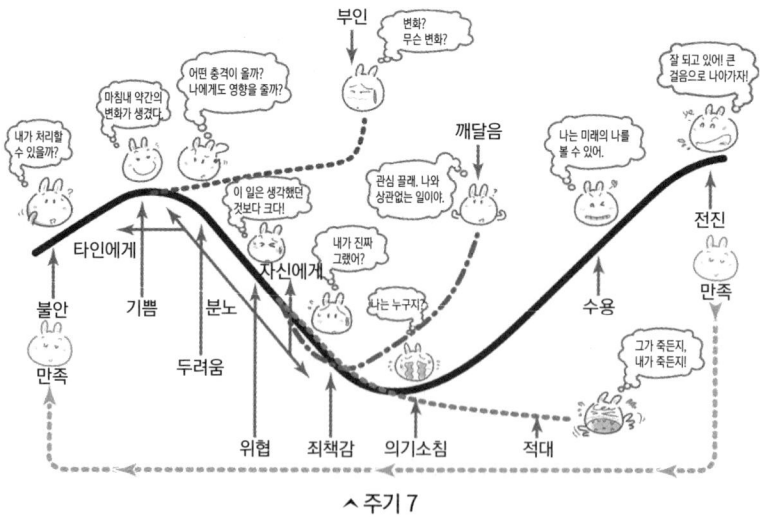

▲ 주기 7

우리는 이런 현상을 되돌아볼 수 있다.

거대한 기술의 혁신이 이루어졌을 때마다 투자자들은 '죽음'의 길에 서 있었다.

왜 그랬을까? 그들은 눈에 보이는 추세에만 집착하고 진정한 추세는 한 개 이상의 주기를 돌아야 비로소 나타난다는 사실을 잊어버리거나 몰랐던 것이다. 돌이켜 보면 인터넷, 클라우드 등이 그렇다. 이제 막 주식시장에 뛰어든 사람은 이런 냉혹한 현실을 알지 못한다.

불마켓에서 손해를 보는 사람도 많고, 베어마켓bear market**(주가가 하락하는 약세장)에서 돈을 버는 사람도 많다.**

읽으면서도 '강세장에서 어떻게 손해를 볼 수 있지!', '강세장에서는 바보도 돈을 번다던데!'라는 생각이 머릿속을 스쳐갈 수도 있다. 자세히 살펴보면 알겠지만 사실은 그렇지 않다.

물론 강세장에서 바보가 돈을 버는 가능성도 배제할 수 없지만, 오히려 겁을 먹고 오를 때 팔고 내릴 때 사려고 하는 사람이 많다. 또 한 번의 반등으로 겁을 먹고 손해를 보고 팔기도 하고, 또 불행하게도 과도한 레버리지를 더해 결국 말할 수 없을 정도로 비참한 결과를 맞이하는 경우도 있다.

그들은 왜 그렇게 됐을까? 이유는 간단하다. 그들은 주기를 꿰뚫어

보지 못했고 진짜 추세도 파악하지 못한 것이다. 또 그냥 대충 이해하고 넘어간 부분도 많다. 그러다 보니 그들의 모든 행동은 앞이 보이지 않아 이리저리 부딪치는 '머리 없는 파리'와 닮아 있다.

주기에 대한 깊은 이해는 심지어 사람의 성격에도 영향을 줄 수 있다. 주기에 대한 이해도가 생기면 스스로가 자신의 주기에서 지금 어디에 있는지 위치를 잘 알고 있기 때문에 더 많은 경우에, 더 쉽게 결정을 내릴 수 있다.

왜 당신의 여러 계획들은 결국 실행되지 못하고 흐지부지된 것일까? 그 배후에 있는 가장 근본적인 원인은 아마 그 당시 당신의 생명 주기와 세상의 여러 주기(예를 들면, 경제 주기)가 서로 달라서 당신이 구체적으로 자신에게 맞는 계획을 세우는 것을 도와줄 사람이 없었다는 점일 것이다. 그래서 인생 계획은 다른 사람의 말을 들을 필요가 없고 반드시 자신이 세워야 한다. 그렇지 않으면 결과를 스스로 책임질 수 없다.

우리는 저마다 다 다르다. 동물원에 호랑이와 사자, 공작새, 악어, 뱀 그리고 어디에 숨어 있는지 모르는 곤충들이 모여 있는 것처럼 모두 각자의 생존 방식을 갖고 있고, 각각의 강점과 약점이 달라서, 실제로 의미 있고 통용되는 보편적인 우위 전략은 거의 없다. 굳이 하나를 골라야 한다면 **강한 번식력이다. 이걸 투자 분야로 대입시켜보면 돈을 버는 방식은 많으면 많을수록 좋다고 말할 수 있겠다.** 너무 간단하지 않나? 그렇다. 교육이나 학습은 불필요한 정도로 간단하다. 사실 이 점은 중요한 지식을 전달할 때 직면하는 곤란함과 어려움의 원인이기도 하다. **중요한 것일수록 별로 상관없어 보이기 때문이다.**

많은 사람들이 나에게 묻곤 한다. "샤오라이, 현재 본업이 무엇인가요?" 나는 웃으면서 대답해준다. "〈더다오〉 칼럼리스트죠." 그래서 나는 이 칼럼에서 왜 내가 줄곧 다양한 방법으로 돈을 벌 수 있었는지 말하려 한다.

반드시 투자 외에 다양한 방법으로 돈을 벌 수 있어야 내가 투자할 수 있는 금액을 확보해서 '무기징역을 선고'할 수 있다.

만약 내가 투자만으로 돈을 벌었다면 나쁘지는 않았겠지만 잘하지는 못했을 거라고 생각한다. 나의 마음가짐이 쉽게 변하고, 이해득실만 따지고 어느새 시선과 주의력도 눈앞까지로 좁혀져 '근시안'적인 사람이 되면, 주기도 추세도 보이지 않을 것이다. 보이는 것은 오직 등락뿐일 것이다. 그럼 결국 '부추'로 퇴행하고 말 것이다. 이 얼마나 괴로운 일인가?

41

투자와 관련된 숙제는 반드시 투자 전에 끝내라

성공적인 투자의 핵심 방법론은 깜짝 놀랄 정도로 간단하다.

싸게 사서 비싸게 판다.

이외에 다른 방법은 없다. 이보다 중요하거나 더 중요할 수도 있는 핵심 방법은 정말 없다. 싸게 사서 비싸게 파는 게 전부다. 이것은 아주 전형적인 세상이 다 아는 비밀이다.

투자를 한 시간과 경험이 쌓일수록 아래 이야기에 공감하게 될 것이다.

성공이란 무엇인가? 성공은 중요하지 않다. 그저 어떤 하나의 이정표일 뿐이다. 인생은 길다. 아직 가야 할 길이 남아 있기 때문에 성장이 무엇보다 중요하다. 그렇다면 성장은 또 무엇인가? 별거 없다. 그저 '매일 조금씩 발전하는 것'이다.

그렇다! 성장이란 바로 '매일 조금씩 발전하는 것'이다. 매일이 아니라 매주 조금씩 발전한다고 해도 그렇지 않은 것보다 1만 배는 낫다. 뒤에는 '복리효과'가 따라오기 때문이다. 이 또한 **세상이 다 아는 비밀**인데도 대부분의 사람들은 좀처럼 어려워서 하지 못한다. 세상이 다 그렇다.

우선, '싸게 사서 비싸게 팔기'라는 말을 하나하나 살펴보자.

- 여기서 '싸다'와 '비싸다'는 말은 절대치가 아니라 상대치를 의미한다. 즉, 현재 기업의 실제 가치에 비례한다. 기업의 실제 가치를 계산하기는 어렵지만, 그만큼 어렵기 때문에 가격을 다르게 매겨 투자나 투기를 할 수 있는 기회가 생기는 것이다.
- 또 '사다'와 '팔다'는 전부를 사거나 파는 것을 말하지 않는다. 더 중요한 문제는 살 때는 얼마 정도 비율의 자본을 가지고 사야 하는지, 팔 때는 어느 정도 비율로 팔아야 하는지다. 이것은 다 계산이 가능하다. 맞는지 틀리는지는 다른 문제지만 분명히 계산할 수는 있다.

사실 이런 이해가 아직 제대로 자리잡지 못했기 때문에 기업의 실제 가치 계산 같은 심화 단계는 여간 힘든 일이 아니다. 이 세상에는 정확한 계산이 가능하다는 이론과 공식이 무수히 많지만, 어쨌든 우리는 그중 하나를 선택해서 '정확하지 않을 수도 있는' 결과에 대해 자신의 행동으로 책임져야 한다.

더 죽을 맛인 건 논란의 여지가 있거나 상호 모순된 이론에 대해 다른 사람에게 물어봐선 안 된다는 것이다. 다른 사람의 이해와 해석, 선택은 모두 그 사람의 것이다. '핑프족(검색도 하지 않고 무조건 다른 사람에게 물어보는 사람)'은 투자 분야의 피포식자로 이미 정해져 있다.

그러므로 자격 있는 투자자가 되려면 시작할 때부터 되도록 스스로에게 의지하는 습관을 들이도록 해야 한다. 다른 사람에게 의지하지 않을수록 자신의 능력은 더욱 단련될 것이다. 스스로 연구할 수 없고 생각할 수도 없고 선택할 수 없는 사람이라면 처음부터 투자 영역에 들어가지 말아야 한다. 알다시피 이곳은 '정글'이다. 현실에서 보기 드문 다위니즘Darwinism(다양한 변이를 지니는 다수의 개체 속에서 생존 투쟁에 의해 환경에 적응한 변이를 지니는 개체가 살아남는다는 뜻)이 절대적으로 확실하게 적용되는 영역이다.

그렇다면 누구나 이해하고 해낼 수 있으면서 충분한 효과를 낼 수 있는 수단은 없을까? 있긴 있다.

정기투자 전략: 정기적으로 일정 금액으로 한 개(또는 몇 개)의 성장형 주식을 구입하는 것이다.

가령, 당신이 여러 가지 원인과 지식, 판단에 따라 최종적으로 성장형 회사라고 확신한 회사의 주식을 선택했다고 해보자. 그 후 당신은 아래와 같이 행동을 시작할 수 있다.

▶ 기한을 설정한다. 매주, 매월 또는 분기별도 가능하다.
▶ 설정해둔 기한이 되면 주가 변화를 무시하고 동일한 금액만큼 그 회사 주식을 산다.

	투자금	주가	주식수
1월	1	10	0.1
2월	1	15	0.067
3월	1	13	0.077
결과	3	12.32	0.244

▲ 월 단위 정기투자

정기적이고 **정액**으로 주식을 구매하기 때문에 최종적으로 당신이 구매한 평균 가격은 반드시 그 기간의 평균 가격과 같지 않으며, 심지어 그 기간의 평균 가격보다 낮을 수도 있다는 점을 유의하기 바란다. 예를 들어, 3개월간 주식의 평균 가격이 12.67 정도인 반면, 실제 구매한 가격의 평균가는 12.32일 수 있다.

정기투자 전략의 장점은 아무것도 하지 않아도 되고, 매일 주식시장의 동향을 살필 필요도 없고, 회사의 뉴스를 살피며 숨은 내막을 파헤치지 않아도 된다는 것이다. **정말 아무것도 신경 쓰지 않아도 된**

다. 심지어 자금을 7년 이상 묶어둘 수 있다면 연간 보고서를 읽을 필요성도 그리 크지 않다. 그 정도 긴 기간을 투자하는 상황에서는 '년'이라는 기간은 생각보다 짧기 때문이다.

투자 영역에 있는 많은 사람들이 '정기투자 전략'이라는 말을 처음 듣게 된 건 아마도 펀드를 접했을 때일 것이다. 하지만 이 전략은 펀드뿐 아니라 주식 매입에도 적용되고, 단주 매입뿐 아니라 상장지수펀드ETF 매입에도 적용된다는 것을 알고 있는 것이 좋다. 무엇보다 가장 중요한 것은 정기투자 전략이 가장 좋은 위험 회피 수단이라는 점이다. 구매를 하려는 순간, 현재 시점의 주가가 저점인지 아닌지, 구입 후 얼마 동안 주가가 상승할지 하락할지 등을 판단할 수 있는 100% 확실한 방법이 거의 없기 때문이다. 정기투자 전략을 사용하면 일정 기간 내의 평균가를 확실히 포착할 수 있는 셈이다. 하지만 여기서 문제가 있다.

> 정기투자 전략이 이렇게 효과적이라면 누구나 당연히 그렇게 해야 하는 것이 아닌가? 왜 이렇게 간단하고 효율적이고 안전한 투자 전략을 결국 실행에 옮기는 사람이 이토록 소수에 불과한 것일까?

간단히 말하면 대부분의 사람들이 견디지 못하기 때문이겠지만 이는 본질적인 부분은 빠트린 것이다. 한 단계 더 깊이 들여다보면 투자 전략의 관건은 '정기'도 '정액'도 아니고, 심지어 '장기적으로 유지하는 정기투자 전략도 아니다. 그렇다면 대체 관건은 무엇일까?

시작하기 전에 당신은 깊은 연구를 통해 성장성이 매우 강한 회사라는 상당히 확실한 결론을 얻는다. 당신이 얻을 수 있는 수익을 표현할 수 있다.

당신의 수익 = 회사의 성장성 × 정기투자 전략의 효과

실제로 그 회사의 성장성이 '0'이라면 정기투자 전략의 효과도 없는 것이나 마찬가지다. 또 회사가 성장하지 않는 것에 멈추지 않고 아예 도태된다면 이 경우 정기투자 전략의 효과는 사실상 손실을 확대시킨 것이나 다름없다. 성장성이 강한 회사에 정기투자 전략을 적용해야 의미가 있을뿐더러 동시에 '승수 효과'를 볼 수 있는 것이다.

주의력을 올바른 일에 쏟는 것은 그만큼 중요하다. 많은 사람들이 정기투자 전략을 피상적으로 이해하고 성장형 회사를 올바르게 선택하는 것이 아니라 '정기'와 '정액'에만 집중하기 때문에 결국 그 단순하고 효과적이며 안전한 전략조차 결코 먹히지 않고 오히려 역효과를 내는 것이다. 이는 모든 투자 활동의 최대 관건이다.

투자와 관련된 모든 '숙제'는 투자 전에 이루어져야 한다. 무엇을 살까, 언제 살까, 어떻게 살까, 어느 지표까지 도달하면 팔까, 어떻게 팔까 등은 모두 투자한 후에 보충해야 하는 숙제가 아니라 투자하기 전에 이루어져야 할 숙제다.

자신의 힘으로 숙제를 다 한 후에는 자신의 자금으로 실행해야 한

다. 그런 다음 5년, 10년, 심지어 더 오랜 시간에 걸쳐 성적을 기다려야 한다.

여기까지 읽었으면 많은 사람들이 벌써 조급해져서 머릿속으로 이런 생각을 하느라 바쁠지도 모르겠다. '어떻게 하면 내가 더 큰 회사, 미래에도 더 성장할 수 있는 회사를 선택할 수 있을까?'

첫째, 이 문제는 전 세계 모든 투자자들이 고심하고 있는 문제이다. 둘째, 이 문제는 유일한 정답이 없다. 셋째, 한두 문장으로 끝낼 수 있는 것이 아니다. 그러나 무엇보다 중요한 것은 다음과 같다.

- 앞으로 평생 연구해야 할 문제이다. 사는 날까지 연구해야 한다.
- 이미 이론, 법칙 등이 있더라도 그것들은 여전히 끊임없이 다듬고, 검증하고, 수정해야 한다는 것을 알아야 한다.
- 결국, 당신의 연구 결론은 당신이 책임진다.

지난 반년 동안 나는 많은 사람을 변화시켰다. 이들에게 적어도 하나의 새로운 습관이 생겼다. 과거에는 전혀 문제되지 않았지만, 지금은 더할 나위 없이 중요한 습관이다. 그것은 **한 자도 빼놓지 않고 읽는 것이다**. 사실 사람들에게 주입해야 할 습관이 하나 더 있다. **핑프족 생활에서 완전히 벗어나게 하는 것이다**.

사실 이 책의 시작부터, 당신에게 이 습관을 은연중에 심어주는 것이 〈경제적 자유로 가는 길〉이란 칼럼을 구상할 때부터 세웠던 목표였다. **나는 많은 독자들이 문제에 부딪쳤을 때 스스로 묵묵히 해결책**

을 찾는 사람이 되기를 바란다. **이것은 자격 있는 투자자가 필수로 갖춰야 할 기본적인 자질이다.** 이런 기본적인 자질이 없다면 억만장자라도 소용없다.

앞서 나는 당신에게 1년에 걸쳐 완성해야 하는 숙제를 남겼다. 매월 한 차례씩 주가를 업데이트하라. 그 숙제에 두 가지를 더 추가해주려고 한다.

▶ 당신의 엑셀 양식에 정기투자 전략을 추가해라. 어떻게? 나한테 묻지도 아무한테도 묻지 마라. 스스로 생각하고, 연구하고, 조절하고 그리고 스스로 최적화하라.

▶ 성장형 회사의 속성과 특징을 고려하고 탐색하기 시작해라. 마찬가지로 남에게 묻지 마라. 핑프족이 되는 걸 절대 조심해야 한다. 검색과 사고, 판단을 통해 매월 당신의 엑셀 양식에 최소 한 개의 새로운 회사를 추가해라. 시간이 흐름에 따라 당신의 판단에도 변화가 생길 수 있다. 서두를 것도 없고 겁낼 것도 없다. 모든 것은 구글 검색으로 시작할 수 있다.

1년이란 시간은 정말 빨리 지나간다. 1년 후면 당신에게도 많은 변화가 생길 것이다. 투자 경험이 있든 없든, 초점을 맞추는 사고를 통해 당연하게 얻게 되는 '표상을 뚫고 실체를 보는' 효과는 뜻밖의 즐거움을 가져다줄 것이다.

CHAPTER **6**

내 안의 부자를 깨우는 길

자신의 능력을 업그레이드시키면
'장기'의 길이를 획기적으로 줄일 수 있다.
이를 위해선 올바른 전략과 투자 이외의 수입이 병행되어야 한다.
그리고 무엇보다 중요한 부가가치 자산은 바로 '나 자신'이다.

42

선택의 질을 높이는 방법을 훈련하라

인생에 있어 가장 중요한 것은 바로 **선택**이다. 더 자세히 살펴보면, 사람의 인생에는 필사적으로 신중하게 선택해야 하는 몇 번의 기회가 찾아온다. 대학에 진학할 때 어떤 전공을 선택하고, 졸업 후 어떤 직업을 선택해야 하는지, 결혼은 어떤 사람과 할지, 창업은 어떻게 할지, 여윳돈이 생기면 어떤 종목에 투자할지를 선택해야 한다. '대사大事'란 대체로 이런 것들이며 사실 **그렇게 많지 않다**. 그러므로 우리는 지혜를 이런 대사에 써야 한다. 다른 일에 관해서는 바보 같은 척 넘기는 것도 나쁘지 않다.

앞서 이미 말했듯이, **우리가 어떤 선택을 할 때 근간은 바로 가치관이다**. 가치관에 따라 선택도 달라진다. 주의력이 더 중요하고, 소중하다는 것을 알면 전혀 다른 선택을 하게 된다. 또한 가격을 결정하는 가장 중요한 요소가 수요라는 것을 알면 전혀 다른 선택을 하게 된다. 또 투자의 실수요는 모험이 아니라 위험을 피하는 것이라는 걸 알면 우리는 전혀 다른 선택을 하게 된다. 그래서 자신의 가치관을 단련하는 것은 선택의 질을 높이는 것과 같다. 나아가 선택을 하는 데 있어 더 심층적인 방법은 바로 필요한 조건을 더하는 것이다.

흥미로운 이야기를 하나 해보려고 한다. 아마존은 이미 인터넷계의 거물이자 지구상 최초로 성공한 전자상거래 기업이다(아마존은 1995년, 이베이는 1995년, 넷플릭스는 1997년, 알리바바는 1999년, 징동닷컴은 2004년에 각각 설립됐다). 아마존이 선택한 첫 번째 상품은 무엇이었을까? 모두 알다시피, 책이다.

왜 아마존이 첫 번째 상품을 다른 것이 아닌 책을 선택했는지 진지하게 생각해본 적이 있는가? 제프 베조스Jeff Bezos는 사석에서 왜 그들이 당시 이리저리 고르다가 결국 책을 주력 상품으로 선택했는지 언급한 적이 있다. 그들의 당시 선택 조건은 다음과 같았다.

▶ 시장은 반드시 충분히 커야 한다.
▶ 상품은 반드시 장기성장형이어야 한다.
▶ 소비자의 재구매율이 충분히 높아야 한다.
▶ A/S가 필요 없을 정도로 사후비용이 적게 드는 상품이어야 한다.

이것도 간단한 수학 응용 문제다. 위 조건에서 90%의 항목을 엄격하게 걸러낸 다음, 그 결과로 나온 1만 개 상품 중 조건을 충족하는 상품은 단 한 개만 남았던 것이다. 간단한 결론이었다. 하지만 **간단하다고 해서 쉬운 것은 아니다.** 이런 질 높은 선택을 할 수 있는 팀이 큰일을 해내지 못했다면 그게 더 이상할 것이다.

선택을 하는 데 있어 더 심층적인 방법을 단어별로 끊어서 살펴보자.

필요한 | 조건을 | 더하다.

조건이 하나 추가될 때마다 선택 항목은 크게 줄어든다. 불필요한 조건이 섞여 있다면 애초에 스스로 '선택의 여지가 없게' 만드는 셈이다. 이것이 결국 많은 사람들이 깊은 사고를 포기하게 되는 근본 원인일 가능성이 크다.

한마디로 **선택이란 조건이 추가되는 것이고, 그 조건은 반드시 '필요한 조건'이어야 한다.** 당시 아마존의 선택이 결국 현명한 선택이었음이 증명된 이유는 선택할 때 가장 필요한 조건만 넣고 또 그 조건에 따라 엄격하게 골라냈기 때문이다. 그 결과 그들은 '하기 어려운 선택'을 해냈다.

우리가 성공 사례에 대해 이야기할 때 한 가지 일반적인 견해가 있는데 바로 그 사람들도 그 모든 걸 처음부터 생각하진 못했을 거라는 것이다.

사실 질 높은 선택, 즉 좋은 선택을 하는 사람은 '모든 것을 다 생각했다'가 아니라, '필요한 조건을 생각했다'가 어울린다. 누가 언제 선택을 하든지 간에, 결국에는 불확실한 미래를 직면해야 하기 때문에 좋은 선택을 한다고 해서 반드시 성공하는 것은 아니지만 이렇게 한다면 그만큼 승산은 더 높아질 것이다. 이는 분명한 사실이다.

나는 개인적으로 매일 조금씩 발전하고 있지만, 끊임없이 발전하는 것도 어떤 면에서는 나쁜 점이 있다. 그것은 어제의 나를 바보 같다고 여기기 때문에 항상 즐겁지 않다는 점이다. 예를 들어, 2017년에 나의 2016년 투자 방법(2015년은 말할 것도 없다)을 보면 이미 '죽은' 항목들이 보인다.

다른 사람을 관찰하고, 자신을 돌아보고, 여러 방면으로 배우고, 많이 읽고, 반복적으로 연구하면 결론은 모두 같다. **대부분의 사람은 중대한 선택에 있어서 한없이 무능력하다는 것이다. 놀랍게도 많은 사람들이 중대한 선택에 대해 진지하게 고민하는 것을 꺼리고 자신의 제한된 소중한 주의력을 하찮은 일에 쏟는다.**

나 역시도 비슷한 상황이었지만 중대한 선택을 대하는 태도가 갈수록 진지해지고 엄격해지면서 매사에 남을 탓하던 마음이 조금씩 사라졌다. 젊었을 때 나는 가끔 나 자신을 불쌍하게 여기며 운이 너무 나쁘다고, 세상이 나에게만 너무 불공평하다고 생각했었다. 하지만 시간이 지나고 사고가 깊어지면서 내 어려운 처지는 나의 선택 능력이 부족한 탓이라는 생각이 들기 시작했고, 심지어 지금 내가 직면한 모든 곤란한 상황은 애초에 내가 선택한 것이라는 결론을 얻었다. 시간이 흐를수록 이 결론은 점점 확실해졌다.

그러나 10여 년이 흐른 뒤에도 반성과 생각을 밥 먹듯이 하는 나란 사람은 여전히 자신이 이전에 했던 선택들로 인해 괴로워한다. '도리를 알기는 쉽지만 행하는 것은 어렵다'는 말이 정말 맞다.

앞서 얘기했던 내 동료 티에링은 내게 창업의 방향을 선택하는 데 있어 필요한 원칙을 알려주기도 했다.

▶ 높은 빈도
▶ 실수요
▶ 큰 시장

나는 엔젤투자 미팅 때 창업 아이템을 살펴보면서 창업자들에게 다음과 같은 질문을 던진다. "창업의 방향을 선택하는 데 있어 높은 빈도와 실수요, 큰 시장이라는 조건을 충족해야 한다고 하는데, 당신은 어떻게 생각하세요?" "당신의 창업 아이템이 이러한 조건을 충족한다고 생각하나요? 이유는 무엇이죠? 충족하지 못한 점이 있다면 왜 충족하지 않아도 되는지 말해줄 수 있나요?"

이어지는 10분간의 대화는 이 창업자가 나에게 자신의 중대한 선택에 대해 진지하고 엄격하게 임하는 사람인지 아닌지 대략적으로 판단할 수 있는 근거를 마련하게 해준다. 그리고 만약 한 아이템이 실패로 끝난다면(사실상 실패하는 비율이 성공하는 비율보다 훨씬 높다), 나중에 복기해봤을 때 100% 그 10분간의 대화에서 어떤 실마리를 놓쳤기 때문이고, 그만큼 나도 수련이 부족하다는 것을 깨닫게 된다. 아직도 갈 길이 멀었다는 뜻이다!

분명히 선택 능력은 선천적인 것이 아니라, 후천적으로 습득하고 단련할 수밖에 없는 능력이다. 따라서 선택 능력은 평소에 조금씩 단련해두는 것이 좋고, 의외로 연습 방법도 아주 간단하다.

▶ 어떤 선택이든, 아무리 작은 일이라도 종이와 펜을 꺼내서 선택 조건을 하나하나 나열해본다. 당연히 작은 선택에서부터 시작하는 것이 더 좋다.
▶ 각 조건의 중요성을 기준으로 1~5점까지 점수를 매긴 뒤 중요한 순서에 따라 순위를 매긴다.
▶ 조건의 필요성을 고려하여 1과 0으로 점수를 매긴다(필요, 불필요를 기준으로). 30분 안에 결과를 확인할 수 있다.
▶ 다음 날 30분을 더 투자해서 다시 한 번 점수를 매기고 꼼꼼하게 살펴본다. 선택의 중요성이 크다면 그 과정을 더 많이 반복해야 할 수도 있다.

기록하는 것은 매우 중요한 일이다. 많은 사람들이 곤경에 빠지는 이유는 기록을 하지 않고도 자신이 모든 것을 기억할 정도로 똑똑하다고 생각하기 때문이다. 하지만 사실은 그렇지 않다. 우리는 항상 많은 것, 특히 중요한 것을 잊어버린다. 그리고 기억력과 큰 지혜가 완전히 연관된 것도 아니다.

기록만 해두면 돌이켜 생각해볼 수 있고 반성하고 개선할 수 있을 뿐만 아니라 다듬고 끊임없이 조각해가며 완벽한 가치관의 체계를 성립할 수 있다. 그러나 안타깝게도 딱 이러한 부분들이 많은 사람들에게 부족한 점이다. 또 기록하는 습관은 이리저리 엉켜 있는 많은 문제를 해결할 수 있는 가장 간단하고 효과적인 수단이 될 수 있다. 축적된 능력을 과소평가하지 마라. 시간이 누적될수록 우리가 사용했던 선택 원칙은 예상치 못한 곳에서 그 결과를 보여줄 수 있으니 말이다. 지금 내 말을 믿지 못하겠다면, 두고보면 알 것이다.

43

'장기'와 '성장률'을 결합하여 사고하는 방법을 배워라

그동안 우리는 함께 여러 방면의 많은 개념들을 정의했다. '경제적 자유', '주의력', '안전감', '자본', '원망', '실수요', '위험 회피', '미래', '장기적' 등. 사실 이 책은 각 개념을 매끄럽게 다듬는 역할 정도를 할 뿐이지만, 이 다듬은 것들이 오랜 세월(가끔 '순간'일 수도 있다) 쌓이다 보면 결국에는 업그레이드를 경험한 사람에게 큰 변화를 가져다줄 것이다. 나는 실제로 겪어봤기 때문에 잘 알고 있다.

먼저 '대중 창업' 중 '창업'이라는 말을 먼저 살펴보자. ('대중'은 나중에 다시 얘기하기로 하자.) 창업이란 무엇인가? 어떤 조건을 만족시켜야 창업이라고 할 수 있을까? 지금 창업을 한 사람들은 자신이 하고 있는 일을 창업이라고 할 수 있는지 없는지 알고 있을까?

먼저 좀 더 익숙하고 쉬운 단어를 살펴보자. 바로 장사다. 그렇다면 장사란 무엇일까? 다 알고 있는 것 같다. 장사를 분류하는 방법도 아주 간단하다. **잘되는 장사**와 **안되는 장사**. 그렇다면 '안 좋은 장사'란 것도 있을까? 모두 눈치챘겠지만 안 좋은 장사는 '장사'라고 하지 않는다. 장사는 대체로 다음과 같은 단계가 있다.

▶ 근근히 먹고살 수 있는 장사
▶ 돈을 벌 수 있는 장사(의식주 외에 여유가 있다.)
▶ 성장할 수 있는 장사(여유가 점점 많아진다.)
▶ 성장률이 있는 장사(사람들이 생각해본 적 없는 개념인 '성장률'을 포함한다.)

첫 번째 줄부터 시작해서 많은 사람들의 의견이 엇갈릴 것이다. 장사라는 것을 고려할 때, 소위 '잘되는 장사'를 단지 돈을 벌 수 있으면 잘되는 장사라는 측면에서만 생각한다. 그리고 실제로 돈을 벌지 못하면 사업이라고 하지 않고 전부 안되는 장사라고 한다. 생활하는 데 원가는 없는 걸까? 생존하는 데 원가는 없는 걸까? 장사를 조금이라도 해본 사람이라면 이 원리를 깊이 이해할 수 있을 것이다.

이론적으로 먹고사는 것을 목표로 하는 장사는 진정한 창업이라고 할 수 없다. 이런 장사는 전반적으로 취약하다. 사실상 처음부터 이기기 힘든 여러 적들과 맞서야 하는데 이기는 것이 거의 불가능한 상태이기 때문이다.

▶ 미시적 관점으로 보면 부동산 원가(임대료)는 계속 오르고 인건비도 계속 오른다. 경쟁자의 수는 점점 많아진다.
▶ 거시적 관점으로 보면 사회의 경제 구조 변화는 분명히 이들에게 큰 재앙이다.

이처럼 대다수가 먹고살 만한 장사를 해서는 장기적으로 돈을 벌지 못한다는 것을 알 수 있다. '장기적'이란 것 자체도 꽤 어려운 일이지만, 그렇다고 장기간 먹고사는 것에만 만족하면 무슨 큰 의미가 있겠는가? 이런 측면에서 창업이라는 개념을 수정할 필요가 있다.

끊임없이 성장할 수 없는 장사라면 '창업'이라 할 수 없다.

그래서 제대로 된 창업자들은 '어떻게 돈을 벌지'가 아니라 **'어떻게 성장할지'**를 고민한다. 어떻게 하면 오늘 100위안을 벌고 내일 110위안, 모레 121위안을 벌 수 있을까? 성장이 없다면 결국 퇴보할 수밖에 없고, 먹고사는 것에만 만족하는 장사가 되어버린다. 모든 사람이 영향을 받는 이유는, 즉각적으로 볼 수는 없지만 **인플레이션**이라는 게 존재하기 때문이다(냉정한 경제학자들은 인플레이션을 '허위 개념'이라고 말하기도 하지만).

이어서 해야 할 일이 있다.

우리의 사고에 '장기적'이라는 차원을 추가해보자.

	단기	장기
먹고살 수 있는 장사		
돈을 벌 수 있는 장사		
성장할 수 있는 장사		
성장률이 있는 장사		

진짜 대단한 창업자는 '어떻게 성장하는지' 뿐만 아니라, '지속적인 성장(장기간 성장)'까지도 고려한다. 생각해보면 금방 이해하겠지만, 사실 성장이란 아주 어려운 일이다. 이 세상이 보여주는 결과를 보면, 장사마다 성장할 수 있는 기회는 분명 있는 것 같은데, 결국 대부분의 사업이 성장하지 못한다(이 점은 사람과 비슷하다). 그렇다면 장기적인 성장은 이보다 더 어려운 일이 아닌가? 깊이 파고들 필요 없다. 여기까지만 읽어도 이미 결론을 짐작할 수 있을 것이다.

'창업'이라는 말이 이렇게 정의된다면 이건 '대중'이 할 일이 아닐 것이다.

'대중 창업'을 독려하는 것은 곧 '대중'이 스스로 활로를 찾고 자력갱생하도록 독려하는 것이다. 이처럼 어려운 일이지만 사실 이런 선택은 부정적인 효과가 없다. 성공이든 실패든, 마음이 있는 사람은 항상 경험과 교훈을 받아들여 조금씩 발전하기 때문이다. 이런 관점에서 보면, 어려움에 처한 사람은 창업(여기서 창업은 먹고살 만한 장사를 의미한다)을 더 해야 한다.

그런데 먹고사는 것에서 이미 벗어난 사람들이 왜 '먹고사는 것을 목표로 하는 장사'를 선택할까? 사실 이런 선택을 하는 사람들이 많은데, 그 이유는 그들이 '안전감'을 추구하기 때문에 성장을 (적어도) 2순위로 생각하거나 중요한 것을 아예 잊고 있기 때문이다. 우리는 반드시 **성장(만)을 꼼꼼하게 고려해야 한다.**

'계속해서 성장률이 높아지는 장사'가 무엇인지 한번 살펴보자. 오늘 100위안을 벌고, 내일은 110위안, 모레는 121위안을 번다고 하면, 성장은 하고 있지만 성장률이 없다(매일의 성장이 10%로 일정하다). 그렇다면 성장률 10%는 어떤 모습일까? 오늘 100위안을 벌고, 내일은 110위안을 벌고, 모레는 122위안을 벌고, 글피는 148위안을 번다. 이렇게 되면 성장률이 10%, 이 정도면 놀랄 만한 수치다. 복리에 익숙해졌다면 계산하지 않아도 "웬일이야!"라는 말이 절로 나올 것이다. 따라서 우리는 거꾸로 판단해볼 수 있다.

'성장률'을 유지하기 위해 매일 고민하는 창업자들이야말로 진정한 능력자들이다.

'성장률 높이기'가 문제가 아니라 **'성장률 유지하기'**를 달성하는 것만으로도 이미 어렵고 힘들지 않을까? 여기까지만 이해해도 결론은 얻은 거나 마찬가지다.

'성장률'이 없는 벤처 회사는 투자를 받을 수 있는 대열에 들어갈 수 없다.

다시 말하자면, 이런 의미다.

벤처 투자자의 눈에는 '성장률'이 가장 중요하다.

나는 개인적으로 '중요한 지식 포인트'를 아주 어려워한다. 그것은 어디서나 반짝거리고 있어서 모든 사람이 볼 수 있을 것 같은데 대다수가 그냥 못 본 체하는 경우가 많다. 여러분에게 뭐라고 하는 게 아니라 나 자신에게 말하는 것이다. 처음엔 나도 이 중요한 지식 포인트를 못 본 척했다가 큰돈을 손해 보고 나서야 되돌아보니, 이 모든 것이 다 중요한 지식 포인트(성장률)를 무시한 데에 따른 대가라는 생각이 들었다.

매번 나의 잘못된 의사결정 과정을 복기할 때마다 결론은 항상 같았다.

당시 내가 선택할 때, 어떤 필요조건을 아예 무시했거나 어떤 필요조건에 대해 충분히 까다롭게 살펴보지 않았거나, 이 두 가지 이유였다. 다른 이유는 없다.

만약 내가 투자 결정 과정에서 '성장률'이라는 **가장 필요하고 중요한** 지표에 대해 까다롭게 살펴보지 않았다면, 자신이 선택한 건 자신이 알아서 감당하는 수밖에 없다. 뜻밖에 이득을 봤다고 해도 횃불을 들고 화약 공장으로 들어가면서도 그 사실을 알지 못한 바보에 지나지 않는다.

중요한 지식 포인트에는 신기한 점도 있다. 이것은 너무 귀해서 값을 헤아릴 수도 없다. 이와 동시에 일반적으로 '공개된 비밀'이라 모든 사람이 이미 알고 있기도 하다. 예를 들어, 전에 말했던 GAFATA의 비밀의 대가로 나에게 돈을 지불할 수 있겠는가? 정도 차이는 있겠지만 우리 모두 그게 어떤 상황인지는 알고 있기 때문에 당연히 처음부터 '값을 헤아릴 수 없는 일'에 가격을 매겨 돈을 받아야 한다는 생각은 애초에 하지 않았다. 그러나 위 내용을 곰곰이 생각해보고 반추해본다면 아래와 같은 중요한 결론에 도달하게 된다.

> 창업 아이디어를 연구할 때, 자신의 메타인지 능력을 활용하여 주의력을 '성장률'을 검증하는 데 둔다면, 단 한 시간을 투자했다 해도 당신이 얻는 결론의 질은 세계 최고의 전문가가 얻은 결론의 질과 비슷할 것이다.

이것은 절대적인 사실이다. 중요한 지식 포인트가 가진 힘의 구체적인 표현이기도 하다. '중요한 지식 포인트' 앞에서 당장 드러나는 효과가 정말 존재한다.

실리콘밸리에서 투자의 신으로 불리는 피터 틸은 그의 책 《제로 투 원 Zero to One》에서 식당이든 영화관이든 모두 '쓰레기 장사 shitty business'라고 했다. 이 말의 포인트를 이해하지 못한 많은 사람들 사이에선 의견이 분분했다. 하지만 피터의 시점에서 그의 말은 모두 사실이다. 그의 기준으로 볼 때, 장기적으로 장사할 수도 있고 성장할 수도 있지만 그런 장사는 그와 같은 투자자들과 그들의 자본과는 어울리지 않는다는 것이다.

하지만 식당 같은 장사가 피터 틸의 눈에는 쓰레기 장사처럼 보일지라도 아무나 할 수 있는 건 아니다. 시장이 이미 모든 식당의 1/3은 돈을 벌고, 1/3은 본전이고, 나머지 1/3은 손해를 본다는 것을 증명해주었다. 성장률과 성장은 고사하고 '먹고살기 위한' 장사로 치기에도 최소 1/3이 불합격이라는 것이다.

자, 이제 당신은 매일 생각해야 한다.

당신이 생각했던 '장사'는 어디에 속하는 것인가? 그것은 왜 그 부류에 속하는 걸까? 더 나은 선택은 없는가?

과거에는 생각할 수 있는 근거가 없었겠지만, 지금은 아니다. 별 볼 일 없어 보이지만 상당히 골치 아픈 문제다!

44

당신이 받아들일 수 있는 '장기'의 기간을 최대한 늘려라

이번 장에서는 표를 계속 들여다봐야 하기 때문에 엑셀이나 넘버스, 구글 스프레드시트를 사용하는 것이 가장 좋다.

뒤 페이지 표에서 상단의 수치는 연간복합수익률이고, 좌측 열은 투자연한이다. '1'이라는 단위를 투자했을 때 만약 당신의 연간복합수익률이 30%에 이르면, 1년이 지난 후 원금 더하기 수익은 1.30이 될 것이다. 그리고 10년차가 되면 당신의 원금 더하기 수익은 원금의 14배에 가까운 13.79가 될 것이다.

이 표 안의 숫자는 우리에게 직관적으로 한 가지 사실을 말해준다. 사람마다 느끼는 '장기'의 차이는 클 수도 있다. 표에서 한번 찾아보자. 연간복합수익률이 35%에 달하는 사람이 6년간 투자한 효과

년 \ 수익률	10%	15%	20%	25%	30%	35%
0	1.00	1.00	1.00	1.00	1.00	1.00
1	1.10	1.15	1.20	1.25	**1.30**	1.35
2	1.21	1.32	1.44	1.56	1.69	1.82
3	1.33	1.52	1.73	1.95	2.20	2.46
4	1.46	1.75	2.07	2.44	2.86	3.32
5	1.61	2.01	2.49	3.05	3.71	4.48
6	1.77	2.31	2.99	3.81	4.83	**6.05**
7	1.95	2.66	3.58	4.77	6.27	8.17
8	2.14	3.06	4.30	5.96	8.16	11.03
9	2.36	3.52	5.16	7.45	10.60	14.89
10	2.59	4.05	6.19	9.31	**13.79**	20.11
11	2.85	4.65	7.43	11.64	17.92	27.14
12	3.14	5.35	8.92	14.55	23.30	36.64
13	3.45	**6.15**	10.70	18.19	30.29	49.47
14	3.80	7.08	12.84	22.74	39.37	66.78
15	4.18	8.14	15.41	28.42	51.19	90.16
16	4.59	9.36	18.49	35.53	66.54	121.71
17	5.05	10.76	22.19	44.41	86.50	164.31
18	5.56	12.38	26.62	55.51	112.46	221.82
19	**6.12**	14.23	31.95	69.39	146.19	299.46
20	6.73	16.37	38.34	86.74	190.05	404.27

(6.05)는 연간복합수익률이 10%인 사람이 19년간 투자해야 가능한 효과(6.12)와 비슷하다. 연간복합수익률이 10%보다 겨우 5% 정도 높은, 즉 15%는 6년 앞당긴 13년간 수익률도 비슷한 효과(6.15)를 낼 수 있다. 비교적 직접적인 결론은 다음과 같다.

당신이 약할수록, 당신의 '장기'는 점점 길어진다. 다시 얘기하자면, 다음과 같다.

능력을 향상시킴으로써 '장기'의 길이를 단축할 수 있다.

"뭐라고?" 나는 이 결론을 알게 되었을 때 깜짝 놀라서 자리를 박차고 일어나는 것을 실제로 목격한 적이 있다. "왜 나는 이런 생각을 한 번도 안 해봤을까?" 이유는 간단하다. 이 세상에 자신의 '깊은' 사고를 통해 선택이나 행동의 질을 높이려는 사람은 그렇게 많지 않다. 내가 여기서 '깊은'에 따옴표를 붙인 것도 올바른 사실을 알려주고 싶어서다. 정말 그렇게 깊은가? 정말 그렇게 어려운가? 정말 일반인들은 전혀 할 수 없는 것인가? 전혀 그렇지 않다. 알고 보면 아주 간단하고 누구나 쉽게 할 수 있을 정도로 쉽다. **배움은 우리를 '장수'하게 한다.**

이는 능력이 있는 사람일수록 '장기'의 기간이 짧아지기 때문에 '장기'가 지나가고 난 후, 다른 사람에 비해 더 긴 '자유로운' 기간을 가질 수 있다는 말과 일맥상통한다. '장수'뿐만이 아니다. **배움은 우리가 더 높은 질의 '장수'를 누리게 한다.**

이것은 단지 시작일 뿐이다. 정기투자 개념을 추가하면, 우리는 전혀 다른 표를 볼 수 있다. 상단은 똑같이 연간복합수익률이고, 왼쪽부터 1열은 연한, 2열은 누적 투자 개수로 바뀐다. (매년 한 개 단위가 추가된다고 가정한다.)

년	누적투자개수	10%	15%	20%	25%	30%	35%
0	1	1	1	1	1	1	1
1	2	2.10	2.15	2.20	2.25	2.30	2.35
2	3	3.31	3.47	3.64	3.81	3.99	4.17
3	4	4.64	4.99	5.37	5.77	**6.19**	6.63
4	5	**6.11**	6.74	7.44	8.21	9.04	9.95
5	6	7.72	8.75	9.93	11.26	12.76	14.44
6	7	9.49	11.07	12.92	15.07	17.58	20.49
7	8	11.44	13.73	16.50	19.84	23.86	28.66
8	9	13.58	16.79	20.80	25.80	32.01	39.70
9	10	15.94	20.30	25.96	33.25	42.62	54.59
10	11	18.53	24.35	32.15	42.57	56.41	74.70
11	12	21.38	29.00	39.58	54.21	74.33	101.84
12	13	24.52	34.35	48.50	68.76	97.63	138.48
13	14	27.97	40.50	59.20	86.95	127.91	187.95
14	15	31.77	47.58	72.04	109.69	167.29	254.74
15	16	35.95	55.72	87.44	138.11	218.47	344.90
16	17	40.54	65.08	105.93	173.64	285.01	466.61
17	18	45.60	75.84	128.12	218.04	371.52	630.92
18	19	51.16	88.21	154.74	273.56	483.97	852.75
19	20	57.27	102.44	186.69	342.94	630.17	1152.21
20	21	64.00	118.81	225.03	429.68	820.22	1556.48

10%의 연간복합수익률과 30%의 연간복합수익률은 3년차, 4년차에 수치상으로 큰 차이가 없어 보인다. 이것은 아주 명확한 전형적인 예로, 전략은 부족한 능력을 어느 정도 보완할 수 있다는 말로 설명할 수 있다.

이는 현명한 투자자들이 자신의 IQ나 능력을 믿는 것보다 전략의 힘을 믿는 핵심 요인이다. 올바른 전략이 지닌 힘은 아주 크다. 두 표를 비교해보면, 같은 10%의 연간복합수익률로 첫 번째 표에서는 19년 차에 비로소 6.12가 됐고, 두 번째 표에서는 4년차에 6.11을 달성했다.

이 결과를 보고 사람들이 무슨 생각을 할지 알고 있다.

"두 번째 표에서는 투자한 개수가 총 5개니까 그렇지!"

핵심은 그 4개가 분명히 이 투자자의 전략을 관철한 결과라는 것이다. 이쯤 되면 투자의 비밀이 수면으로 떠오르고, 당신도 알아챌 수밖에 없다.

투자의 중요한 비밀 중 하나는 투자 외에 안정적인 수입원이 있어야 한다는 것이다.

만약 당신이 부득이하게 투자 수익 중 일부를 써야 하는 상황이라면 참담할 수밖에 없다. 이제 세 번째 표를 살펴보자. 아래 표는 투자자가 투자한 것 중 매년 0.2개의 단위자금을 꺼내 쓴다고 가정해봤다.

년 수익률	10%	15%	20%	25%	30%	35%
0	1.00	1.00	1.00	1.00	1.00	1.00
1	0.90	0.95	1.00	1.05	1.10	1.15
2	0.79	0.89	1.00	1.11	1.23	1.35
3	0.67	0.83	1.00	1.19	1.40	1.63
4	0.54	0.75	1.00	1.29	1.62	1.99

5	0.39	0.66	1.00	1.41	1.90	2.49
6	0.23	0.56	1.00	1.56	2.28	3.17
7	0.05	0.45	1.00	1.75	2.76	4.07
8	-0.14	0.31	1.00	1.99	3.39	5.30
9	-0.36	0.16	1.00	2.29	4.20	6.95
10	-0.59	-0.02	1.00	2.66	5.26	**9.19**

이 표는 20년 후까지 살펴볼 필요도 없다. 연간복합수익률이 35% 라고 해도 10년을 버텨도 9.19에 불과하다. 하지만 35%의 연간복합 수익률을 내는 사람은 사실상 매우 드물다. 정말 설상가상이다.

요약해보면 다음과 같다.

▶ 능력 있는 사람일수록 '장기'는 짧아진다.
▶ 올바른 전략을 구사할 수 있는 사람은 '장기'가 더 짧다.
▶ 투자 이외의 수입이 있는 사람은 '장기'가 더 짧다.

곰곰이 생각해보면, 우리에게 '72법칙'(복리를 전제로 자산이 두 배로 늘어가는 데 걸리는 시간을 계산하는 방식)이라는 '장기'를 계산하는 공식이 있었다.

X = 72 ÷ 연간복합수익률

당신의 연간복합수익률이 10%라면, 투자금을 배로 늘리려면 72÷10년(대략 7년)의 시간이 걸린다. 만약 연간복합수익률이 25%라면 당신은 72÷25년(약 3년)의 시간이 필요하다. 이를 기초로 하여 다음과 같이 이해해볼 수 있다.

- 투자를 두 배로 늘릴 수 있는 기간은 '중기'에 해당한다.
- 투자를 두 배로 늘리고 다시 배로 늘릴 수 있는 기간은 '장기'에 해당한다.

그래서 결국 모든 것이 거꾸로 계산된다. 당신은 이제야 왜 워런 버핏이 최소 10년은 되어야 '장기'라고 할 수 있다고 했는지 이해할 수 있을 것이다. 그가 스스로 정해놓은 목표와 장기적 요구는 다음과 같기 때문이다.

연간복합성장률이 최소 15%인 주식을 사라.

이런 목표를 두고, 5년에 두 배, 10년에는 다시 두 배를 만든다. 실제로 워런 버핏은 당초 예상보다 훨씬 좋은 성과를 냈다. **자신의 능력을 발휘하여(또 능력을 향상하여) 5년을 3년 남짓으로, 10년을 6년 남짓으로 단축시켰다.**

그래서 우리는 '장기'에 대해 얘기할 때, 같은 단어를 사용하지만 사람마다 느끼는 '장기'는 실제로 다를 수 있다. 당신의 '장기'는 얼마나 긴가? 스스로 계산이 필요하다면 한번 따져보자. 그래도 지금은 뒷받침할 수 있는 근거가 있지 않은가?

마지막으로 한 가지만 더 당부하고자 한다. 내가 수시로 언급했던 원리다.

젊을수록 '장기'가 더 길게 느껴진다.

5살짜리 아이에게는 앞으로 1년이 자신이 살아온 인생의 20%에 해당한다. 50세 성인에게는 앞으로 1년이 그가 살아온 인생의 1/50, 즉 2%에 해당한다. 그래서 나이를 먹을수록 시간이 더 빨리 가는 것처럼 느껴질 수밖에 없다.
투자라는 분야에서도 시간은 거의 모든 사람에게 비슷한 느낌을 갖게 한다.

젊을수록 욕망이 많고 더 강렬하다.

젊을 때는 (나중에 불필요하게 느껴질 수도 있는) 돈을 쓰고 싶은 욕망과 욕구가 정말 많아서 '장기'라는 느낌 자체가 견디기 힘들다. 하지만 문제는 단지 '느낌'에 불과하다는 것이다. 그것은 사실이 아니다. 물론 당신이 그 느낌을 사실적으로 받아들이면서 살기로 선택하지 않는 한 말이다.
더 중요한 것은 젊은 시절일수록 투자에 필요한 특정한 사고 능력이 떨어져 그 '장기'가 더 길게 느껴진다는 것이다. 다행히도, 투자에 필요한 특정한 사고 능력을 점진적으로 습득할 수 있고, 또 점진적으로 증가시킬 수 있기 때문에 우리 인생은 여전히 희망적이다.

45

최대한 젊었을 때부터
투자에 관심을 가져라

대부분의 사람들은 젊었을 때는 크게 신경 쓰지 않다가 어느 정도 나이가 들면 돈의 굴레와 한계에서 벗어나지 못한다. 모두 어쩔 수 없는 순간에 다다랐을 때 돈에 연연하기 시작한다. 그 참담한 결말은 사실 처음부터 예견된 것이었다. 또 가장 낭패스러운 것은 이미 기회가 사라지고 없을 때 그제서야 영문도 모른 채 실패한 자신을 발견하는 고통을 겪게 된다는 점이다. 따라서 젊었을 때 전략적으로 돈에 대해 진지하게 생각하고 돈을 중요하게 여길 줄 아는 것이야말로 가장 실제적인 우위 전략이다.

결국 우리는 이 사실을 인정할 수밖에 없다.

돈을 진심으로 대하는 사람이 가진 돈의 능력은 더 강할 뿐
아니라, 점점 강해진다.

중국에 루이첸劉益謙이라는 수집가가 있는데, 이 사람은 얼마나 많은 돈을 가지고 있는지 자신도 제대로 모를 정도다. 그도 그럴 것이 그가 소유한 골동품들은 도저히 값을 매길 수도 없고 그 값은 분명히 지속적으로 오를 수밖에 없기 때문이다. 돈을 벌고 싶으면 골동품 장사를 하는 것이 비트코인에 투자하는 것보다 훨씬 쉽다. 골동품은 반드시 가격이 오르기 때문이다. 비트코인보다 많이 오를 것이다. 누군가 나에게 "어떻게 값이 영원히 오를 수 있겠어요?"라고 물을 때마다 설명하기도 귀찮다. 이런 예는 우리가 사는 생활 속에서도 쉽게 찾아 볼 수 있다. 주식과 예술품이 바로 그 예다.

어떤 사람이 류이첸에게 진지하게 물었다. "왜 저보다 돈이 훨씬 더 많으시죠?" 그는 한참 생각한 뒤 역시 진지하게 대답했다. "돈을 벌고 싶으세요?" 상대방이 대답했다. "당연하죠!" 그러자 류이첸이 물었다. "그럼 하루에 돈을 버는 생각을 얼마나 하죠? 나는 매일 어떻게 돈을 벌지 생각해요. 1분도 놓치지 않고 말이죠. 아침에 일어나서도, 심지어 변기에 앉아 있을 때도 끊임없이 궁리해요. 당신은요? 당신은 그냥 조금 생각하다가 다른 일을 하러 가거나, 다른 생각을 하겠죠. 우리가 투자하는 시간이 다른데 어떻게 똑같이 돈을 벌겠어요?"

참 현실적이다. **대부분의 사람들이 돈을 벌고 싶어 하지만 어떻게 돈을 벌까에 대해 별로 생각하고 싶지 않아 한다.** 하늘에서 나에게만

돈을 뿌려줄 리도 없는데 말이다.

　돈을 진심으로 대하는 사람이 가진 돈의 능력은 더 강할 뿐 아니라, 점점 강해진다는 것을 당신이 인정하지 않는다면 앞으로 우리가 할 얘기에서 의미를 찾기 어렵다. 그러나 그것이 사실이라고 받아들인다면 아래 이어질 결론은 매우 자연스럽게 이해될 것이다.

▶ 젊을 때 돈에 연연하지 않고 나이 들어 돈에 연연하는 사람은 돈을 어떻게 벌어야 할지 고민하는 데에 시간과 에너지를 상대적으로 적게 들인 셈이기 때문에 그들의 돈 버는 능력은 점점 떨어질 것이다. 그래서 마지막까지 돈을 많이 벌지 못해서 더욱 돈에 연연하게 될 확률이 훨씬 높다. 참담하다는 말로도 다 표현이 안 된다.

▶ 젊을 때 돈에 연연하고 나이 들어서도 여전히 돈에 연연하는 사람은 돈을 어떻게 벌어야 할지 고민하는 데에 시간과 에너지를 상대적으로 많이 들였기 때문에(이들은 일찍부터 고민을 시작한다) 그들의 돈 버는 능력은 점점 강해지고, 나이가 들었을 때 이미 돈을 많이 벌었을 확률이 높다. 이런 사람들은 돈에 연연하는지 여부가 이들의 행복에 더 이상 영향을 미치지 않는다.

　이 조합에서 '젊을 때 돈에 연연하지 않고 나이 들어 돈에 연연하는 것'이 가장 큰 불행한 결말을 가져올 수 있다. 다시 되돌릴 수도 다시 선택할 수도 없기 때문이다.

　이어서 인생에서 가장 중요한 선택이 과연 무엇인지 한번 얘기해보기로 하자.

	재미있다	재미없다
쓸모 있다		
쓸모없다		

우리가 평생 해야 할 일은 '재미있는 일'과 '재미없는 일' 두 가지로 나눌 수 있고, 또 다른 차원에서 '쓸모 있는 일'과 '쓸모없는 일'로도 나눌 수 있다. 그러면 위 표와 같이 네 가지 조합이 이루어진다.

▶ 누가 '재미있고 쓸모 있는 일'을 하고 싶어 하지 않겠는가? 이런 일이 별로 없다는 것이 안타까울 뿐이다. 하지만 더러 운이 좋은 사람들도 있다. 장학우는 노래하는 것을 좋아해서 평생 노래를 불렀고 그렇게 평생 노래를 부르다 보니 자연스럽게 넉넉한 삶도 유지할 수 있었다. 챔피언 타이슨도 때리기를 좋아했고 그렇게 평생 누군가를 때리다 보니 역시나 넉넉한 삶을 누리며 살았다. 정말 부럽다.

▶ '재미없고 쓸모없는 일'은 아무도 안 한다고 생각하지는 마라. 그런 일을 하는 사람도 있고, 놀랍게도 많다. 쉬운 예를 하나 들자면, 바로 '골초'들이다(불행하게도 나도 그들 중 하나다). 매일 담배를 피우면 무슨 소용이 있을까? 재미있나? 한 모금 빨고, 한 모금 내뱉고 그러다 잘못하면 사레가 들리기도 한다. 이게 뭐가 재미있겠는가? 하지만 많은 사람들이 굳이 죽음을 무릅써가며 이런 일을 한다.

결국 우리는 '유용하지만 재미없는 일'과 '재미있지만 쓸모없는 일' 사이에서 선택해야 한다. 다른 건 몰라도 젊을 때 돈에 연연하는 것이 재미있을까? 정말 재미없다. 이유는 정말 뻔하다. 젊은 날에는 아무리 힘을 써도 상승하는 직선상에 올라갈 길을 찾기 어렵다. 다시 또 애를 써봐도 번 돈은 별로 없다. 이건 누가 생각해도 재미없다. 솔직히 이상을 얘기하고 감정을 얘기하는 것이 더 고상해 보인다는 것을 누가 모르겠는가?

나는 이런 느낌을 너무 잘 안다. 나도 처음부터 끝까지 다 경험해 봤기 때문이다. 예를 들어, 당신의 아버지는 병원에 입원 중이시고 언제든지 병세가 위독해질 수 있다고 하자. 당신은 밖에서 악착같이 돈을 번다. 하지만 아무리 노력해도 당신이 버는 돈은 항상 부족하다. 그 고생과 고통은 물론이고, 하소연할 데도 없이 혼자 싸워야 하는 외로움까지 겹쳐 너무 힘에 부친다. 그런데 문제는 '돈을 번다'는 것이 상속받을 재산이 없는 사람에게 가장 유용한, 쓸모 있는 일이라는 점이다. 특히 아버지가 병원에 누워계시고 자신은 돈에 급급한 상황이라면 효도란 말은 꺼낼 수도 없다. 뭔가 하려면 실력이 있어야 하는데, 실력이 없으면 눈물만 흘리고 있을 수밖에 없다. 그렇지 않은가? 재미가 있든 없든 무조건 해야 한다! 사람마다 당연한 일로 여길 수도 있고 그렇지 않을 수도 있지만 사실 인생에서 가장 어려운 선택이 아닐 수 없다. (이것은 실제 나의 경험담이다.)

나는 젊은이들이 이상과 포부를 가지고 감정을 중시하고 품격을 따지는 것을 반대하지 않는다. 젊을수록 아주 자연스러운 일이다. 그러나 나는 그들이 돈을 중시하지 않아도 된다고, **특히 돈 버는 능력을 중요하게 생각하지 않아도 된다고 말하고 싶지는 않다.** 걸핏하면 '젊은이들은 돈에 너무 연연하지 말라'고 권하는 사람들이 있는데, 물론 그들 마음에 숨은 의도가 있다고 생각하는 건 아니다. 하지만 추측건대 그들의 노년은 자신이 젊을 때 이 중요성을 깨닫지 못했기 때문에 실제로 그닥 아름답지 않을 것이다.

논리적으로 보자면 젊을 때부터 돈을 중시하는 것이 가장 유리하다. 게다가 내 경험에 비추어 보면, 진짜 많은 돈을 벌면 더 이상 돈에 연연하지 않게 된다. 더 중요한 것은 돈을 많이 벌게 되면 이상과 포부를 갖고 감정을 중시하고 품격을 따질 수 있게 된다. (실제로 그런 사람들을 보았다.)

우리는 '무조건 돈이 최고'라고 생각하는 사람이 아니기에, 돈보다 더 귀하고 가치 있는 것이 분명 있다는 사실을 알고 있다. 시간이나 주의력 같은 것 말이다. 우리는 메타인지 능력이 비교적 강하기 때문에 더 좋은 전략을 습득할 수 있었던 것이다. 한 살이라도 젊을 때 돈을 중시하는 것은 반대 경우보다 수지맞는 일이고, 나이 들어 느끼는 고통도 더욱 적다. 만약 당신이 시작점에서 돈에 연연하지 않았다면 종착점에 도달했을 때 갑자기 돈에 연연하기 시작하는 추한 모습을 보이지 말아주길 바란다.

인류 평균 수명이 계속해서 늘어나고 있는 지금, 50세 이하는 기본적으로 젊은이라고 할 수 있다. 50세라고 해도 그 뒤로도 여전히 최소 20~30년을 더 살아야 하기 때문이다. 이 점을 꼭 기억하자.

46

끊임없이 배우고
지식 사이의 연결점을 늘려라

이 질문에 대한 답을 하기 전에, '지식'이라는 개념을 다시 알아보도록 하자. 먼저 이 개념을 제대로 정의해볼 필요가 있다.

'지식'이란 보다 나은 의사결정을 하도록 이끌어주고 장기적으로 더 좋은 결과를 가져다주는 정보를 말한다.

즉, 지식이란 결국 정보에 불과하다는 말이다. 하지만 아무 정보가 아니라, '더 나은 의사 결정을 하도록 이끌어주고 더 나은 결과를 가져다주는' 정보여야 한다. 그래서 지식인지 아닌지를 구별하는 방법은 아주 쉽다. 두 가지 질문만 해보면 된다.

▶ 이것을 알고 난 뒤, 나의 결정이 달라질 수 있는가?
▶ 장기적으로 볼 때, 이것이 내가 생각했거나 생각지도 못했던 좋은 점을 가져다줄 수 있는가?

40세가 넘은 사람들이 종종 하는 말이 있다. "아이고, 젊었을 때는 뭘 몰랐지, 일찍 알았다면 책이라도 더 봤을 텐데…." 그들은 이미 어쩔 도리가 없다. 젊은 시절로 돌아갈 수가 없지 않은가. 하지만 여기서 끝난 게 아니라 한 가지 더 있다. 그들이 자녀들에게 이런 얘기를 하는 것은 정말 진심에서 우러나와서 하는 말이다. 하지만 정작 듣는 자녀들은 이 말의 의미를 제대로 이해할 수 없다. 지금 세대도 다음 세대도 모두 그렇다. 과연 무엇이 문제일까? 내가 내린 결론은 다음과 같다.

그들이 지식의 가치를 생각할 때, 그저 '유용한가 그렇지 않은가'만 생각하고 더 중요한 차원인 '단기적인, 장기적인'에 대한 고민은 그냥 지나쳐버린다.

대부분의 사람들이 지식의 용도를 판단할 때 마음속에 '쓸모없는 것이 아니라 쓸모 있는 것을 배우고 싶다'처럼 굉장히 '이성적인' 근거를 가지고 있다. 이건 아주 바람직한 생각이다. 하지만 이와 마찬가지로 그들은 더 중요한 이성적 근거를 놓치고 있는데, 그것은 바로 '시간'이다. 한번 생각해보자. 단기적으로 쓸모 있는 것이 반드시 장기적으로 쓸모 있다고 할 수 없고, 단기적으로 쓸모없는 것이 꼭 장기적으로도 쓸모없는 것은 아니다.

앞서 얘기한 경우 자신의 자녀를 납득시키지 못하는 건, 그들 자신도 고통만 느꼈을 뿐 무엇이 문제인지는 모른다는 것에 있다. 그들도 '장기'라는 시간적인 개념을 생각해본 적이 없기 때문에 자신의 실패 원인을 확실히 찾을 수 없는 것이다.

많은 사람들이 지식이 유용한지(혹은 실질적인 내용이 있는지) 여부를 판단할 때, 그 정보를 바로 쓸 수 있고, 그 효과도 바로 나타나기 바라며, 새로운 것을 이해했을 때 순식간에 환골탈태할 수 있기를 원한다. 그래서 그들은 '단기적으로 쓸모없는' 지식이지만 '장기적으로 쓸모 있는' 지식을 적극적으로 지워버린다. 40대가 돼서야 파국적인 결과를 약간 깨닫게 되지만 문제가 무엇이었는지는 여전히 전혀 모른다. 그저 그들이 할 수 있는 말이라곤 '젊을 때는 아무것도 몰랐지'라는 모호한 말뿐이다. 만약 그들이 당시 왜 그렇게 철이 없었고, 어떤 결정을 잘못 내렸고, 어떻게 하면 자녀들이 똑같은 결과를 초래하지 않을 수 있을지 정말 알고 싶고 제대로 알려주고 싶다면 저렇게 대충 말하지 않을 것이다. 하지만 그들은 그렇지 않았다. 그래서 어쩌면 평생 대체 이게 어떻게 된 일인지 모르고 넘어갈 수도 있다.

'대부분의 사람들이 장기적인 시간적 개념에 대해 진지하게 생각하지 않는다'에서 출발해보면, 우리는 왜 큰 업적을 이룬 대부분의 사람들이 뉴스에 그다지 신경을 쓰지 않는지 쉽게 이해할 수 있다. 실제로 그들에게는 소소하고 자질구레한 일이 단기적으로든 장기적으로든 그렇게 중요하지 않고 조금도 새롭지 않기 때문이다. 그러나 특정 분야에서는 '예리한 안목'을 갖고 있을뿐더러 모르는 것이 없다(최소한 다른 사람보다 아는 것이 많다). 워런 버핏이 뉴스를 보지 않는다고 한 것도 결국 작은 사건에 주목하지 않는다는 말이다. 물론 그의 인생 선택과 관련된 큰 사건들을 누구보다 먼저 알았기 때문에 다른 사람이 내놓는 뉴스는 신경쓸 필요가 없었던 것이다.

하지만 장기적, 유용함이라는 두 조건을 충족하는 지식이라고 할 수 있는 정보도 그 각각의 역량과 가치는 다르다. 나는 그것들을 구별하는 전문적인 개념이 있는데, 바로 '번식 능력'이다. **어떤 지식은 더 많은 지식을 번식시킬 수 있기 때문에 분명히 높은 수준과 가치를 자랑한다.**

논리학이 바로 이런 부류에 속하는데, 어떤 지식이 이치에 맞는지 아닌지를 판단하거나 결론을 예측할 때 사용한다. 확률도 같은 경우로, 논리학과 결합하면 사실과 근접한 예측이 가능하다. 영어도 마찬가지로, 듣기와 말하기, 읽기 중 읽기만 제대로 섭렵해도 더 많은 지식을 접할 수 있다. 더 생각해보면, 프로그래밍도 이 분류에 속하지 않을까 싶다. 이런 지식을 가리키는 용어가 있는데, 바로 '일반 상식'이다. 어디서든 쓸 수 있는 지식이라는 의미다.

요즘 들어 사람들이 '파편화'라는 말을 자주 쓴다. 하지만 지식을 파편화할 수 있다는 것은 명백한 오해이자 모호한 개념에서 비롯된 혼란이다. 사실 파편화된 것은 시간이지 지식이 아니다.

파편화된 정보는 직접 지식으로 구성할 수 없다. 이것은 무엇과 같은가? **집을 벽돌로 짓는 것은 확실하지만 그렇다고 쌓여있는 벽돌 한 무더기를 집이라고 하지 않는 것과 같은 이치다. 이 비유는 어디서나 적용되는 것 같다.** 집이 골조를 갖추고 있는 것처럼 지식에도 나름의 체계가 필요하다. 파편화된 정보는 그저 벽돌 하나에 불과하기 때문에 집의 일부가 되려면 구조물 외에 콘크리트, 철근 등 여러 가지 요소가 필요하다.

다시 말해 배우는 시간이 파편화된다고 해도, 배우는 과정은 실제로 여전히 장기적, 지속적, 일관적이어야 한다. 그렇지 않으면 발전이 있을 수 없다. 파편화는 오늘 갑자기 생겨난 것이 아니라, 지금까지 줄곧 존재해왔다. 기억을 더듬어보면, 우리가 초등학교에 다닐 때, 오전에 4교시 수업을 하는데 매시간 다른 과목을 배우지 않았는가? 월요일에는 국어만 배우고, 화요일에는 수학만 배우고, 수요일에는 과학만 배운 경우는 없을 것이다. 학교를 떠난 후에는 뭔가 한 번에 공부할 시간을 갖는 것이 매우 어려워졌다(물론 한 번에 공부할 수 있는 시간이라는 것도 45분에 불과했지만). 모두 '시간을 내서' 하고 있는 게 현실이다. 나도 파이썬Python을 배울 때, 책 한 권을 읽는데 하루에 15분씩, 그것도 화장실에서만 읽다 보니 꼬박 한 달이 걸려서 끝냈다. 그러므로 시간이 파편화됐다고 해서 학습이 파편화되는 것은 아니다. 바꿔 말하면, **진짜 공부를 잘하는 사람은 파편화된 시간을 이용해서 장기적이고 지속적이고 일관되게 학습을 완성한다.**

자, 이제 명확한 결론이 나왔다.

체계화된 지식은 더 높은 수준의 지식이다. 파편화는 지식과 전혀 관련이 없다.

그러면 일반적으로 체계화는 어떻게 이루어지는 것일까? 지식의 바다에서 가장 좋은 전략은 '유영'하는 것이다. 일반 사람들에게 더욱 그렇다.

지금 와서 생각해보면 다행스러운 일이 딱 하나 있다. 나는 예전부터 뭔가를 접했을 때 '이걸 배우는 게 무슨 소용이지'라는 생각을 해본 적이 없다. 배우는 것 자체가 너무 재미있었다. 그래서 나는 무엇을 배우든 재밌게 배웠고, 잘 못 해도 여전히 배우는 게 좋고 즐거웠다.

내 위챗 구독 계정 제목이 '배우고 배우고 또 배우자'인 걸 알면 이해가 쉬울 수도 있겠다(먼저 배우는 능력을 잘 배워서, 계속 배우자는 의미다). '평생 단 하나의 직업: 학생'이라는 내 좌우명에도 같은 의미가 깃들어 있다. 이건 그냥 해본 말도, 즉흥적으로 만들어낸 말도 아니다. 나는 수년간 줄곧 이렇게 살아왔다. 그 결과 나는 항상 목적 없이, 심지어 목적도 전혀 생각하지 않는 '유영'을 해왔다. 다른 분야에서는 이것이 좋은 전략이라고 생각하지 않을 수도 있지만 지식 앞에서는 좋은 전략임이 틀림없다. 종종 이런 행복함을 느낄 수 있기 때문이다. '내가 배운 것을 이런 데서 쓸 줄이야!'

이런 행복을 영어로 '세렌디피티serendipity(뜻밖의 행운)'이라고 말한다. 하지만 다른 관점에서 설명하자면, 사실 여기서 '뜻밖'이라는 것은 전혀 의외가 아니라 분명한 필연이라는 것을 알게 될 것이다.

내가 많은 것을 배우는 이유는 그것이 언제 어디서 쓸모가 있을지 아무도 모르기 때문이다.

우리는 '융회관통融會貫通'이라는 말을 자주 사용한다. 본질적으로 이것은 연결이 불가능할 것 같던 두 개의 노드node(교점) 사이에 '뜻밖의 연결'이 생겨난 후, 그 연결이 놀라울 정도로 중요하고 유용하다는 사실을 알게 되는 것을 말한다.

박학다식한 사람만이 정통할 수 있는 능력이 있다. 기회도 그렇다. 그래서 공부할 때 '대가를 바라지 말고, 맡은 일을 열심히 하는 것'이 가장 좋은 전략이다. **그렇게 하다 보면 틀림없이 여러 분야에 정통하게 된다. 그리고 일단 그 효과가 나타나면 또 하나의 좋은 선물이 따라오게 되어 있는데, 바로 체계화가 자동으로 형성된다는 것이다.** 상상해봐라. 사람과 사람 사이의 차이는 정말 크다. 머릿속에 벽돌 한 무더기만 있는 사람도 있고, 집 한 채가 있는 사람도 있다. 또 고층 빌딩이나 큰 도시가 들어있는 사람이 있을 것이다. 우리는 여기서 하나를 더 깨닫게 된다.

'융회관통'이란 본질적으로 '명확하고 정확하고 필요한 개념' 사이에 '명확하고 정확하고 필요한 관련성'을 만드는 과정이다. 이것이야말로 우리를 더 똑똑하게 만들고, 우리의 운영체제를 업그레이드하는 과정이라고 할 수 있다.

잘못된 개념과 잘못된 연관성은 전체 운영체제가 정상적으로 작동하는 데 있어 악영향을 미친다. 많은 사람들이 '자신감'이라는 개념을 어떻게 하면 또 다른 개념과 연관 지을 수 있는지 모른다. 개인이 자신감을 가질 수 있는 대상은 미래의 자신이지, 현재의 자신도, 더욱이 과거의 자신도 아니다. 그러나 많은 사람들이 현재 자신에 대한 자신감을 원한다. 그래서 그들의 삶에 많은 왜곡된 일들이 나타났는데도 그들은 전혀 알지 못한다.

노드 수를 늘리는 것 외에도 중요한 방법이 하나 더 있다. **스스로 연결점을 늘리는 것**이다. 스스로 연결점을 늘리는 방법은 의외로 간단하다. 항상 스스로 '이 개념과 원리는 어디에 사용할 수 있을까?'를 자문해보는 것이다.

6편에서도 한 번 언급했었지만, 중학교 물리 교과서에 나온 '직렬 연결'과 '병렬 연결'의 개념을 어디에 사용하면 좋을지 생각해본 사람은 많지 않을 것이다. 그러나 소수의 사람들은 위와 같은 생각을 분명 해보았다. 시간이 흐른 후, 이 두 부류의 사람들의 삶은 결코 같을 수 없다.

47

투자 성공을 이끌 '무기'를 끊임없이 연마하라

나는 자라면서 '나는 누구인가?'라는 인생의 궁극적인 질문에 대해 생각해본 적이 있다.

이와 관련된 두 가지 질문이 더 있다.

▶ 나는 어디서 왔는가?
▶ 나는 어디로 갈 것인가?

하지만 나중에는 이런 질문 자체는 중요한 것이 아니라는 것을 깨달았다. '미래의 내가 누구인가'는 오늘 내가 무엇을 하고, 과거에 무엇을 했는지에 따라 결정되기 때문이다. 다시 말해서, 나는 어차피 고정되어 결코 변하지 않는 존재가 아니기 때문에 어떤 단계에서 '나는 누구인가'를 고민하는 것은 헛수고가 될 가능성이 크다는 말이다. 그러던 어느 날 좀 더 의미 있는 궁극적인 질문을 발견하게 되었다.

무엇이 더 중요한가?

이미 알고 있겠지만, 사실 이 책은 온통 '무엇이 더 중요한가'를 생각하는 내용으로 가득하다. 내 시스템에서는 '무엇이 더 중요한가'가 가치관을 만들어가는 문제이고, 가치관은 운영체제의 핵심 요소 중 하나이기 때문이다. 거의 모든 결정들이 모두 이 질문의 답에서 온다고 해도 과언이 아니다. **무엇이 더 중요한가?**

이 문제를 반복해서 진지하게 묻고, 깊이 파고들면, 마지막에 가서 또 하나의 더 중요한 질문인 **'무엇이 가장 중요한가?'**에 대한 답이 나온다.

이 질문은 내가 지금까지 살아오면서 사용한 가장 효과적인 무기로, 이것으로 공부나 생활, 일하면서 생긴 중요한 문제들을 얼마나 많이 해결했는지 모른다. 이 칼을 사용하면 항상 단칼에 문제를 베어버리고, 전투를 끝낼 수 있었다.

나는 매주 많은 팀들과 회의를 하고 있는데, 회의 과정은 매우 간단하다.

▶ 현재 우리에게 가장 중요한 일은 무엇인가? 왜 그런가?

▶ 우리가 어떤 일을 가장 중요하다고 생각한다면, 다음 할 일은 아주 간단하다. 우리의 주의력을 모두 그 일에 쏟아부으면 된다.

팀을 이끄는 일도 똑같다. 나는 스스로 관리 능력이 부족하다고 생각했다. 일을 시작한 이래 오랫동안 혼자서 싸워왔기 때문에 인정하지 않을 수가 없다. 나중에 내가 어떻게 이 문제를 해결할 수 있었을까? 역시 '이 칼' 덕분이다. 나는 몇 년 동안 하루도 빠짐없이 팀을 이끄는 데 있어 무엇이 더 중요한지에 대해 고민했고 결론을 얻었다.

발전 속도가 빠른 일을 선택해서 하는 것이 가장 중요하다.

만약 팀이 하고 있는 일이 빠르게 발전하고 있다면 각자 결점이 있다고 해도 무엇이 문제겠는가? 다들 발전하랴, 경쟁사와 경쟁하랴, 사고 나면 수습하랴, 심지어 돈 세기도 바쁜데 다른 생각을 할 겨를이 어디 있겠는가? 하지만 지금 하고 있는 일이 발전이 더디다면, 꿈틀대던 여러 문제들이 여기저기서 비집고 나올 것이고, 더 나아가 그 문제의 영향력이 더 커질 수도 있다. 그러므로 팀을 이끌기로 결심하기 전에 '그들이 각자 무슨 일을 해야 가장 빨리 발전할 수 있는지' 생각해봐야 한다. 만약 좋은 생각이 떠오르지 않는다면 아예 아무것도 하지 않는 것이 좋다. 하지만 반대로 떠올랐다면 아마 그 칼은 이미 전쟁을 끝내고도 남을 것이다.

그 후 나는 완전 얼떨결에 투자 영역에 발을 내딛었다. 그때만 해도 나는 미러링의 세계에 발을 들여놓았는지도 몰랐다. 당시 나의 운영체제에는 '왼쪽 세상'와 '오른쪽 세상' 등의 개념이 없었기 때문에 당연히 이리저리 부딪치고 심한 타격을 입었다. 일정 기간 동안의 실습을 마친 후에야 나는 다시 그 칼을 갈면서 집에 틀어박혀 생각하기 시작했다. **무엇이 더 중요한가? 결국 무엇이 가장 중요한가?** 다행히 결론을 얻었다.

　　장기 성장률을 유지할 수 있는 부가가치 자산을 사고 난 뒤에는 꽉 쥐고 있어라. 꼼짝 않는 것이 가장 중요하다.

이 발견에 이어 나는 새로운 세계에 대한 여러 중요한 원칙들을 깨달았다.

▶ 자신은 스스로 책임진다.
▶ 성장률은 가치성장을 결정한다.
▶ 자신보다 대단한 사람에게 투자해라.
▶ 모든 학습과 노력은 돈을 걸기 전에 완성해야 한다.
▶ 금융 세계 속에서 돈을 물리칠 수 있는 것은 아무것도 없다.
▶ 자신이 모르는 것은 아무리 좋아보여도 함부로 뛰어들어서는 안 된다.

나는 당신에게 열쇠 한 개와 칼 한 자루를 쥐어 주었다. 이 책이 가치가 있는지 없는지는 이제 당신에게 달려 있다. 왜 마지막에 와서 나에겐 책임이 없고 당신에게 달려 있다고 하느냐고? 좋은 질문이다.

교육이나 학습에서 무엇이 가장 중요한지 생각해본 적이 있는가? **결국 선생님보다 환경이 중요하고, 환경보다 당신이 중요하다.** 그렇다. 교육이나 학습에서 자신이 가장 중요하다. 그렇지 않다면 왜 같은 상황에서 소수만 자신의 진가를 드러내는 사람이 나오는지, 같은 선생님 밑에서 배웠는데 남보다 뛰어난 사람이 있는지에 대한 답을 찾을 수가 없다. 자신이야말로 가장 중요한 결정 요소이다.

그렇다면 당신에게는 어떤 소질이 가장 중요한가? 강인함, 용감함, 똑똑함, 아니면 인내심? 곰곰이 생각해보자. 오랫동안 나는 다른 어떤 것보다 가장 중요하게 여기는 소질이 있는데, **그것은 자신이 하는 일을 사랑하는 것이다.** 이것은 우리 인류의 유전자적 설계이다.

▶ 당신은 좋아하는 일을 잘할 수밖에 없다.
▶ 당신은 싫어하는 일을 잘할 수 없다.

사랑하느냐 아니냐가 전제조건인 것 같지만, 그건 피상적인 이해에 불과하다. 자유롭게 연애하다가 결혼한 커플이 반드시 행복할 거라고 생각하는가? 먼저 결혼한 후 연애하는 커플은 꼭 불행할까? '사랑하다'와 '사랑하지 않는다'가 반드시 전제조건은 아니다. 사람들 틈에는 아주 소수의 다른 종이 있다. 그들이 정말 대단한 지점은 바로 무슨 일을 하든 결국 그 일을 사랑하게 된다는 점이다. 사랑할 능력이 있다면 지속할 능력도 있고, 지속할 능력이 있으면 하지 못할 일은 없다. 나는 '실행력'이라는 것에 또 다른 정의와 판단을 내려보았다.

누군가가 강한 실행력을 가지고 있는지 아닌지를 판단하는 것은 그가 그 일을 잘 못 할 때에도 그것을 지속할 수 있는지 없는지를 보면 된다.

하기 싫은데 어떻게 계속할 수 있겠는가? 사랑하지 않고 어떻게 끝까지 할 수 있겠는가? 그래서 '실행력'이라는 개념에서 중요한 요소는 바로 애착의 정도다. 사랑이 최고의 경지에 이르면 막을 수 있는 사람도 없고, 어떤 좌절이 와도 절대 포기하지 않는다.

나는 이제 무엇을 하든 무엇을 배우든 되도록 큰 의미를 부여한다. 이런 단계에 이르자 앞서 말했듯 나는 내 운영체제에서 '버티기'와 '노력'이라는 개념을 확실히 지워버리게 되었다. 이것 말고도 더 독한 전략도 있다. **나는 지금 내 각각의 기능들과 연애 중이다.** 그것들을 아끼고 살피고 달래가며 죽도록 사랑하고 있다. 우리를 갈라놓을 생각이라면 어림도 없다.

나는 이 칼을 몇 년 동안 쭉 쓰고 있으며 미래에도 여전히 자주 사용할 것이다. 최근에 이 칼을 사용한 것은 요 몇 년간 미래를 고민하던 때였다. 3편에서 다음과 같이 언급했었다.

많은 일들이 마치 공공연하게 있는 것처럼 보이지만 어느 정

도까지 가지 않고서는 진지하게 생각할 수 없다. 코스트라인을 넘어서면서 나는 그것이 진짜 시작점에 불과하다는 것을 깨달았다. 과거에는 막연하게 '새로운 출발일 거라는' 추측만 했었다. 걸어가 보니 제대로 볼 수 있는 기회가 생겼다. '개인의 경제적 자유'는 정말 첫 번째 걸음에 불과하고 그 뒤로도 가야 할 길이 많다. 그다음은 '가족의 경제적 자유'다. 그다음에는 '재산 관리', 또 '가족 전승'이다. 당신은 어떻게 재산을 물려줄 것인가 뿐만 아니라, 더욱 중요한 요소인 능력을 어떻게 전승할 것인가도 고려해야 한다.

그 칼을 꺼내서 여러 방면으로 생각해보니, 경제적 자유보다 중요한 것이 있었다. 마지막으로 나는 '가족 전승'이라는 개념을 찾아냈다. 능력을 전승하는 것이 가장 중요하다. 사실 이것은 아주 평범한 사고 과정이다.

또 한 가지 우리가 해야 할 매우 중요한 일은 '뭔가를 말할 수 있는 사람이 되는 것'이다. 약 10년 전, 〈그 말을 할 수 있는 사람이 돼라〉라는 제목으로 온라인에 글 하나를 게시했었다. 그때 나는 사람이 지위가 낮으면 그 의견도 무시된다는 것을 깨달았다. 당신이 중요한 사람이라면 당신이 하는 말도 중요하게 여겨질 것이다.

48

행동에 옮기는 것을 방해하는
심리적 요인을 제거하라

당신의 실행력이 강하든 강하지 않든, 당신은 실행력이 강한 사람이 존재한다는 것을 알고 있다. 또한 당신의 실행력이 강하지 않더라도 실행력이 중요하다는 것도 알고 있다. 실행력이라는 것은 우리가 어떤 일을 할 때 그 사람이 어떻게 한 걸음씩 나아가야 하는지를 정확하게 알고 있는지의 여부를 말한다. 당신이 이미 알고 있다면 바로 시작하면 된다. 하지만 모른다면 배우면 된다! 배워도 할 줄 모르는 단계라면 계속 더 배워야 하는데, 대부분의 사람들은 중간에 흐지부지 그만두거나 미루는 것을 선택하고 만다.

다음 그림에서 점선 부분이 대부분의 사람들이 평생 끊임없이 순환하는 경로다. 모든 사람이 다 실선을 따라가야 한다는 것을 알고 있지만, 정말 왜 그런지 모르겠지만, 결국 그 경로대로 가지 못한다.

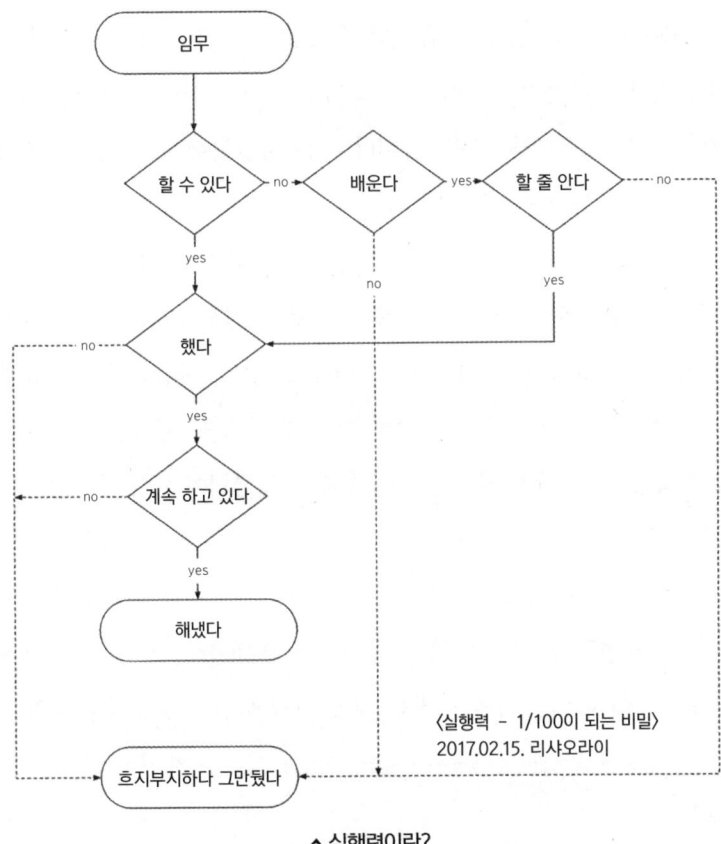

▲ 실행력이란?

알고 보면, 우리 모두는 실행력이 있을 뿐만 아니라, 그 능력이 상당히 강하다. 그러나 좀 이상하지만 실행력이라는 것에 있어 우리를 화나게 하는 것은 다음과 같다.

우리는 특히 불필요한 일은 끝까지 잘 해낸다.

예를 들어, 나는 골초다. 흡연이 필요 없는 일이란 것을 나도 잘 알고 있지만 지금까지 담배를 피우고 있고, 심지어 냉정하고 논리적인 자기 합리화로 나 자신뿐만 아니라 다른 사람들에게도 내가 금연을 할 필요가 없다는 주장을 펼쳤다.

그렇다고 나를 비웃지 마라. 이 일로 나를 비웃을 자격이 있는 사람은 아무도 없다. 누구나 다 이런 능력을 가지고 있고, 심지어 이런 능력은 모두 강하다. 당신이라고 예외는 아니다. 사람들은 불필요한 일은 끝까지 잘 해낸다. 이걸 보면 사람들이 모두 실행력을 가지고 있는 것이 맞다. 단지 필요한 일에 우리의 실행력이 항상 작동하지는 않는 것뿐이다.

우리의 몸속에 하나의 자아만 있는 게 아니라는 것은 공공연한 비밀이다. 왜 이것을 '공공연한 비밀'이라고 했을까? 우리 몸에 어쩌면 하나의 자아만 있는 게 아니라는 것에 대해 사람들은 일찍부터 알고 있었다. 그저 오랫동안 충분히 합리적이고 정확한 해석이 없었을 뿐이다.

2,000여 년 전에, 소크라테스와 파이드로스가 이 문제를 놓고 토론을 벌였고 플라톤이 이를 기록하기도 했다. 당시 그들은 인간의 영혼에 세 가지 본질이 있다고 생각했고, 이와 관련된 그림도 그려두었다. 기수 하나가 날개 달린 흑마와 백마가 모는 전차를 끌고 있다. 흑마는 욕망의 영혼, 백마는 의지의 영혼을 대표한다. 기수는 이성의

영혼을 대표하여 이 두 마리의 말을 끌고 앞으로 힘차게 나아가야 한다는 것을 보여준다.

초기에 우리의 '전차' 이미지는 이러했다.

▶ 흑마는 아주 강력하다. (직감)
▶ 백마는 그다음이다. (감정)
▶ 기수는 어린아이에 불과하다. (이성/ 메타인지)

이 책의 언어 환경에서 '메타인지'와 '이성'은 항상 호환될 수 있음을 염두에 두길 바란다. 위의 내용처럼 우리의 전차는 사실 낡고, 달리면 삐걱거리고, 걸핏하면 빙 돌아가고, 말들도 말을 안 듣는 데다가 기수까지 어리다. 이런 상황에서 우리의 진짜 임무는 바로 모든 방법을 동원해서 전차의 성능을 향상시키는 것임을 알 수 있다.

▶ 기수가 빨리 성장할 수 있는 방법을 생각하자.
▶ 백마가 흑마만큼 강해질 수 있는 방법을 생각하자.
▶ 기수와 말들이 잘 어울릴 수 있는 방법을 생각하자.

위의 요소를 충족시키려면 먼저 보편적으로 잘못된 인식을 바로잡아야 한다. 상당히 오랫동안(심지어 현재도) 사람들은 항상 이성과 **감정, 직감을 잘못 대립**시켜 아래와 같이 생각했다.

▶ 이성이 가장 최고니까 이성만 있으면 충분하다.
▶ 감정은 대체로 쓸모가 없고, 있어도 해로울 뿐이다.
▶ 직감은 모두 잘못된 것이다(몇몇 사람들의 직감이 대단하다는 것은 인정할 수밖에 없긴 하지만).

이건 정말 터무니없는 소리다. 마치 원래 한 가족인 기수와 백마, 흑마 사이를 이간질하려는 것 같다. 꼭 과학적인 이치와 근거를 따져가며 한 가정을 붕괴시키는 것 같다. 그래서인지 합리적으로 보이지만 효과가 없을 뿐 아니라 역효과가 날 수도 있는 논리와 조언들이 잇따르게 되었다. 예를 들어, '최대의 적은 자기 자신이다', '자신을 이겨라' 같은 말은 잘못됐을 뿐 아니라 일단 자신에게 해롭다. **기수와 백마, 흑마는 '서로를 제거하는 것'을 목표로 해서는 안 된다.** 그렇다면 무엇을 목표로 해야 할까? 합리적인 목표는 서로 화목하게 잘 지내는 것이다. 우리가 반드시 받아들여야 하는 사실은 결국 흑마와 백마, 기수는 누구도 서로를 제거할 수 없다는 것이다. 만약에 흑마와 백마가 제거되면 기수가 탄 전차는 누가 몰아주나? 결국 꼼짝없이 달리지 못할 것이다.

그리고 선입견으로 그들을 재단해서는 안 된다. 사람들은 흔히 흑마의 생각과 행동에 부끄러움을 느끼는데, 이것은 사실과 다른 해로운 생각이다. 흑마에 대해 우리는 성인이 어린이를 대하듯이 인내심을 가지고 조련하는 것이 필요할 뿐이다.

한 단계 더 나아가서, **흑마는 그만의 용도가 있고, 백마도 그만의**

용도가 있다는 것을 이해해야 한다. 그들은 서로를 제거할 수 없을뿐더러 되려 서로 반드시 필요하고 떨어져 있어서도 안되는 관계이다. 즉, 직감은 직감에 맞는, 감정은 감정에 맞는 쓰임이 따로 있다. 메타인지도 메타인지만의 용도가 있다. 그들이 각자 맡은 일을 잘 처리하고, 서로 협력해야만 좋은 결과를 얻을 수 있다.

▶ 감정은 이성의 지름길이다.
▶ 직감은 감정의 지름길이다.

직감(흑마)의 반응이 감정(백마)보다 빠르고, 감정(백마)의 반응이 이성(기수)보다 빠르다. 이것은 생리적 구조에 의한 것으로, 흑마가 심장과 가장 가깝기 때문에 혈액과 각종 영양분을 먼저 흡수하고 그다음 백마와 기수 순으로 전달되기 때문이다. 또한 처음 시작할 때 기수(이성/메타인지)를 깨우기도 어렵고 성장시키기는 더 어려운 것이 원인이기도 하다.

하지만 기수가 성장하면서, 그는 자신이 이미 습득한 능력으로 지름길을 만들어 그것을 백마 몸에 딱 굳혀버린다. 이렇게 하면 처리속도는 더 빨라진다. 당신도 이미 깊은 경험을 해봤으리라 믿는다.

▶ 과거에는 돈이 가장 중요하다고 생각하고 주의력의 소중함을 몰랐다. 그래서 하루 종일 자신의 주의력을 낭비하면서도 자각하지 못했고 '인생의 3대 구멍'에서 행복하게 살았다. 그때의 당신은 시끌

벅적한 대세에 순응하며 남을 신경 쓰고 게다가 자신이 '구멍'에 있는지조차 몰랐기 때문에 항상 기분이 좋았다. 다만 메타인지가 가끔 자신의 상태를 파악할 때 조금 힘들었을 뿐이다.

▶ 훗날, 당신은 메타인지가 업그레이드되어 새로운 가치관이 생기고 '주의력＞시간＞돈'이라는 개념도 알게 되었다. 그리고 '인생의 3대 구멍'에서도 빠져나왔다. 당신은 쓸데없는 SNS도 닫아버리고 '핫한 소식'에도 관심을 갖지 않으며 더 이상 무의미하게 행동하지 않고 자신의 주의력을 더 적합한 곳에 두었다(예를 들면 자신의 성장). 이에 따라 당신의 감정이 바뀌기 시작했다. 어떤 사람이 당신에게 '핫한 소식'에 대해 이야기하는 것에 지루함을 느끼기 시작했다. 누군가는 대세에 따라 흔들리지만, 당신은 전혀 조급하지 않다. 누군가는 다른 사람 때문에 마음을 졸이지만 당신은 그것이 매우 우스운 일이라고 생각한다.

이런 상태가 되면 감정을 억제할 필요도 제거할 필요도 없다. 백마를 길들이는 데 가장 효과적인 수단은 매우 간단하다. 기수가 끊임없이 새로운 개념을 배우고, 오래된 개념을 다듬고 갱신하고, 더 좋은 가치관을 고민하고 반복해서 생각하고 응용한 후에 그것을 백마에게 주는 것이다. 즉, 올바른 감정을 세우는 것이다. 가장 신기한 것은 새로운 지식과 기능을 백마가 충분히 사용하게 되면, 그것들을 흑마에게 전달할 수 있게 되고 흑마의 반응속도는 더 빨라진다는 것이다.

그리고 우리는 백마와 흑마, 기수 모두 결코 완벽하지 않다는 것

을 알아야 한다. 사람들은 늘 자신이 변신하고 새사람이 될 수 있다는 환상을 갖고 있는데, 그건 잘못된 것이고 아예 할 수 없는 일이다. 성장 과정에서 흑마, 백마, 기수는 현실의 모든 것들과 마찬가지로 때로는 실수도 하고 보완할 수 없는 잘못도 저지르면서 허둥지둥 여기까지 온 것이다. 우리 모두는 같다. 컴퓨터가 아니라서 하드디스크를 아예 포맷하고 새 운영체제를 다시 설치하는 기능은 없기 때문에 역사가 빚어낸 결과를 받아들이고 집요하게 앞으로 나아갈 수밖에 없다. 그리고 그들은 하나이기 때문에 단점이 있더라도 장점이 빛을 발할 때도 있고, 손발이 잘 안 맞을 때도 서로 받아주고 격려할 수 있고 잘못되면 함께 책임지고 더욱 분발하면 된다.

마지막으로 '지름길'을 만드는 과정을 깊이 이해해야 한다. 즉, 새로 습득한 지식의 내재화는 긴 과정 없이 바로 완성할 수 있을 정도가 될 때까지 오랜 시간을 들이고 수차례 이어지는 반복과 응용의 과정을 거쳐야 가능하다.

많은 사람들이 교육에 대해 피상적인 이해 수준에서 그치기 때문에 자아 교육에 대한 정확한 이해가 없는 게 당연하다. 대체로 알려주는 것을 교육이라고 생각하고, 그저 안다는 정도로 자아 교육이 완성되었다고 생각하기 쉽지만, 이것은 수박 겉핥기 단계에 불과하다. 그들은 '내재화'와 '생산'이라는 다른 중요한 부분을 무시하고 있는 것이다.

앞에서 반복해서 쓴 두 단어가 있는데, 바로 '중복'과 '응용'이다. 중복은 내재화의 과정이다. 운전자가 초보에서 베테랑으로 거듭나서 핸들이 손에 붙어 있는 것처럼 움직이고, 브레이크와 액셀러레이터는 발에 붙어 있는 것처럼 되는 것이 바로 내재화의 과정이다.

'생산'은 반복을 통해 완성시킨 내재화된 새로운 기능과, 생산을 통해 한층 더 강화시킨 새로운 기술을 반복해서 응용하는 것이다. 여기에 가장 적합한 예는 글쓰기다. 글쓰기는 반복적인 사고와 사고의 결과를 반복해서 출력하는 과정으로, 이 과정에서 더 강한 논리력과 더 강한 표현력, 더 강한 호소력, 더 강한 영향력이 내재화된다. 그리고 여기서 발생한 모든 원인과 결과는 메타인지 능력을 끊임없이 내재화시키고 강화시킨다.

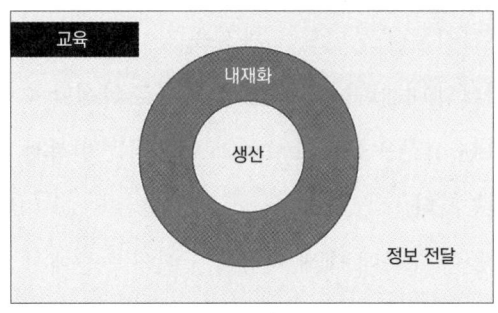

▲ 교육이란

그런 과정을 거치지 않는 교육은 아무런 의미가 없다(과거에 교육이 항상 실패했던 근본적인 원인이다). 자아 교육의 실패 원인도 이와 같다. 당신이 만들어내지 않으면 아무것도 없다. 글을 읽을 줄 알고, 책을 볼 줄 아는데 아무것도 만들어내지 않는다면 이보다 더한 실패가 어디 있겠는가?

나는 알고 싶은 욕구가 있는 사람은 실행력이 강하며, 실행력은 독립적으로 존재하는 것이 아니라 '알고 싶다'라는 동작의 자연스러운 결과일 뿐이라고 항상 생각해왔다. 모든 것을 중도에 포기하는 현상의 가장 보편적이면서도 합리적인 과학적 해석은 다음과 같다. "반복과 응용의 횟수가 부족하고 내재화 과정이 완성되지 않았으며, 대뇌 피질 도랑 구축에도 실패하여, 만들어야 할 뉴런의 연관이 강하지 않아서 결국 끊어져 원래 관련성이 없었던 상태로 돌아가고 만다."

부진한 실행력에 대한 또 다른 해석이 있다. 실행력이 강한 사람과 약한 사람은 두 개의 서로 다른 종으로, 그들은 서로 완전히 상반된 미러링의 세계에서 생활하고 있다. 당신은 달리기가 힘들다고 생각하지만 모두가 그렇게 생각하지는 않는다. 헬스장에서 가서 달리기를 하면서 땀을 흘리며 기분전환을 하는 '다른 종'도 있다. 당신은 무언가를 하는 것이 지루하다고 생각하지만 모두가 지루하다고 생각하는 것은 아니다. 너무 흥미진진하게 당신이 결코 경험할 수 없는 기쁨을 느끼면서 그 일을 하는 '다른 종'도 있다. 또 당신은 어떤 일이 고되다고 생각하지만 모두가 그렇게 힘들어하는 건 아니다. 먹고 마시지 못해도 그 일을 끝내고 마는 '다른 종'도 있다.

어떻게 당신에게 필요한 실행력을 끌어올릴 수 있을까? 비결은 '다른 종'으로 진화하는 것이다. 때가 되면 알게 되겠지만, 이는 점진적으로 향상되는 것이 아니라, 0에서부터 다시 시작해서 새로 태어난 듯 활기찬 상태에 다다르는 변화이다.

49

'인지의 업그레이드'를 게을리하지 말라

앞서 우리는 개념들 간의 연관성이 운영체제의 기본 핵심이라고 얘기했다. 하지만 무분별한 연관은 운영체제가 멋대로 작동하게 할 뿐이다. 운영체제를 깨끗이 정리하는 주요 업무 중 하나는 바로 그렇게 엉망으로 연관된 것을 제거하는 것이다.

먼저 '지식의 현금화'라는 개념을 살펴보자.

자세히 연구하지 않으면, 지식의 현금화라는 말은 아무런 문제가 없어 보인다. 이론적으로 접근해보면, 대부분의 사람들이 지식을 현금화할 수 있는 방법을 찾고 있다. 평범한 회사원인 당신이 더 높은 학위를 취득해서 더 많은 급여를 받는 것도 지식의 현금화라고 볼 수 있다. 농민이 다른 사람보다 높은 문화 수준을 가지고 현대식 공구를 사용하여 생산율을 높이는 것도 지식의 현금화라고 볼 수 있고, 콜럼버스가 여왕을 찾아가 융자를 요청하고 나중에 신대륙을 발견한 것 또한 지식의 현금화라고 볼 수 있다.

지식의 현금화는 새로운 현상이 아니라 줄곧 우리와 함께 있었다. 다만 오랫동안 상당히 많은 사람들의 운영체제가 극도로 혼란스러웠을 뿐이다. '등교'와 '학습', '정보'와 '지식', '알다'와 '하다'와 같은 일반적 개념 간의 작은, 혹은 중대한 차이를 구별하지 못한 탓에 지식이 쓸모없다고 믿을 정도로 어리석은 단계에 이른 것이다. 그러나 큰 흐름을 보면 우리는 한 가지 사실을 인정해야 한다.

모든 지식은 무료화의 길을 걷고 있다.

인터넷이 급속도로 발달한 지금, 누구든 정상적인 학습 능력만 갖추고 있으면 구글을 통해 대량의 지식으로 가는 입구에 다다를 수 있다. (예를 들자면 위키피디아, 쿼라Quora, 유튜브, 스택 오버플로Stack Overflow 등이 있다.)

그리고 '죽었던' 전통 출판업계가 다시 살아나고 있다. 이유가 무엇일까? 점점 많은 사람들이 책을 사서 보기 때문이다. 왜 책을 사서 보는 사람들이 많아졌을까? 과거보다 지식을 중시하는 것 외에, 더 중요한 이유는 소득에서 '생활 필수' 소비가 차지하는 비율이 점점 줄어들기 때문일 가능성이 크다. 다시 말해서, 책값이 오르는 것 같지만 더 많이 오른 수입에 비해 책값은 여전히 '훨씬 싸기' 때문에 사람들이 점점 더 많이 책을 사게 된 것이다. 인쇄 관련 기술이 점점 저렴해지는 것도 요인이다.

지식 자체의 현금화 능력은 그리 강한 편이 아니기 때문에 **큰 흐름으로 보면 지식의 현금화 능력은 거의 0에 가까워지고 있다. 그렇다면 정말 현금화가 가능한 것은 무엇일까? 나는 '인식의 차이'라고 생각한다.** 같은 정보와 지식, 현상, 사실, 데이터 등을 대면할 때 사람들의 반응을 생각해보자.

▶ 그것들에 대한 인식이 각자 다르다. 예를 들어, 소수는 바르게 인식하고 다수는 반대로 인식할 수도 있다. 여기서 차이가 발생한다.
▶ 또, 제대로 인지한 집단에서도 인지도의 수준과 깊이가 서로 다르다. 여기서도 차이가 발생할 수 있다.

이 책에서 이 예를 수백 번은 들어봤을 것이다. 기억을 더듬어보자.

▶ 법정공휴일이라는 개념은 나와 많은 사람들의 인식 차이가 매우 크다. 내가 생각하는 '장기'는 다른 사람보다 절반 정도 짧다.
▶ '시간 관리'라는 개념도 많은 사람들이 얻은 결론과 완전히 상반된다. 나는 '시간은 관리할 수 없다'라고 생각했기 때문에 내 행동에는 큰 변화가 생겼을 뿐만 아니라, 《시간을 친구 삼아》라는 책까지 쓰면서 원고료 수입이 많아졌고 생활 경로에도 많은 변화가 생겼다.
▶ 창업을 생각하면서도 이 책을 읽기 전까지는 '성장률'이라는 말을

들어본 적이 없는 사람이 많았을 것이다. 그 후 창업에 대한 인식 차이는 얼마나 생겼을까?
▶ 나처럼 우연히 비트코인을 알게 된 사람은 많았지만 그들 중 대부분이 사지 않았거나, 몇 개만 샀거나, 많이 사서 일찍 처분한 경우가 대부분이었다. 왜 그럴까? 결론은 우리는 동일한 것에 대한 인식 차이가 매우 컸기 때문이다.

서로 다른 종 사이에 많은 차이가 나타나는 것처럼 사람과 사람의 인식 차이는 매우 크다. 살다 보면 "너는 이것도 몰라?", "이걸 이제야 알았어?"와 같은 말로 여기저기 자신의 존재감을 알리는 사람이 있다. 하지만 그들은 사실 아는 것(인지) 자체의 효과가 크지 않고, 실제로 효과가 있는 것은 '다른 사람보다 더 높은 혹은 깊은 인지'라는 사실을 모르는 경우가 많다. 내 칼럼과 이 책에서는 '**업그레이드된 인지**'라고 사용했다. 정작 큰 효과를 내는 것은 '**여러 번 업그레이드된 인지**'다.

이쯤 되면 끊임없이 업그레이드를 가능하게 하는 가장 중요한 방법이 무엇인지 궁금할 것이다.

행동 속 사고

단순한 사고는 가치가 크지 않고 능력도 부족할 때가 많다. 이 현상을 보여주는 것이 바로 '탁상공론'이다. 행동으로 사고를 자극하고,

사고를 통해 행동을 개선하는 것이 가장 효과적인 방법이다. 행동 중에 생기는 사고는 그 수준이 높을 뿐 아니라 양도 많고 의외로 신선한 것들이 많다. 많은 생각과 결론, 영감은 행동이 수반되지 않은 한 존재할 수 없으며, 이는 행동을 소홀히 하는 사람은 결코 이해할 수 없는 원리이다. 이 방면에서 가장 인상 깊은 경험은 다음과 같다.

> 당신이 갖고 있던 재산이 100배, 심지어 그 이상으로 오르고 나면, 다른 사람이 주시하는 등락 1포인트가 당신에게는 두 배로 와닿을 것이다. 1포인트가 오를 때마다 두 배로 뛰는 것이다.

이론적으로 이것은 매우 간단한 사실이다. 가장 기본적인 산수 능력만으로도 이해가 가능하고, 별로 신기한 일이 아니다. 하지만 나도 솔직히 내가 실제 이루기 전까지는 이 문제에 대해 생각해본 적이 없다. 그 전에는 생각했다 하더라도 그 의미를 그냥 지나쳤다는 것을 나도 인정할 수밖에 없다. 나중에 그 사실을 알고 놀랐고 이를 계기로 이후 내 행동 패턴에도 큰 변화가 생겼다. 만약 10%만 올라도 '못 가지고 있겠다'는 사람들에게, 나에게는 중요하지만 그들은 아직 생각하지 못하고 있는 이치를 알려준다면 어떨까? 과연 변화가 생길까? 하지만 현재 그들의 생각은 자신들의 행동 패턴을 자극해서 나온 사고이기 때문에, 내가 알려주는 원리는 그들의 행동 패턴을 아마 변화시킬 수 없을 것이다.

실천하지 않으면 현금화할 수 있는 것도 없다. 행동 속 사고가 없으면 진짜 가치 있는 인지의 업그레이드도 없다. 인지의 업그레이드가 없으면 인지 차이도 없다. 인지 차이가 없으면 스스로 성공을 이루는 것은 절대 불가능하다.

50

당신 자신이
최고의 부가가치 자산임을 기억하라

여기까지 이 책을 읽은 당신은 이제 자신이 사용하는 개념이 충분히 명확하고 필요하고 효과적인지에 대해 관심이 많을 것이다. 따라서 기꺼이 시간과 에너지를 쏟아서 이런 중요한 개념을 다듬기를 원할 텐데, 이 과정에서 자연스럽게 이런 중요한 개념과 관련된 방법론을 생각하게 된다. 예를 들면 '친구'의 정의가 명확해지면 '친구를 선택'하는 데도 원칙이 있을 거라는 생각을 자연스럽게 하게 된다.

그렇다면 그동안 내가 다듬어온 방법론에는 어떤 것들이 있을까? 친구에 대해서, 나는 다음과 같이 세 가지 방법론을 제시해보겠다.

(1) 오랜 친구들은 그만큼 시간을 들여야 한다.

오래 가는 친구는 정말 만들기 힘들다. 지금까지 살아오면서, 당신이 알았던 수많은 사람들은 당신이 모르는 곳으로 뿔뿔이 흩어져 가 버렸고, 또 몇 안 되는 소수는 각자 신기한 이유로 아직도 연락을 유지하고 있다. 이렇게 된 이상 그들은 잃어버리면 안 된다.

약 10년 전쯤, 처음 한 친구를 알게 됐을 때 나는 그가 나와 비슷한 습관을 가지고 있다는 것을 알았다. 일정 기간마다 오후 시간을 비워서 주소록을 한 번씩 정리하는 것이다. 그걸 알게 된 순간 우리는 서로 같은 부류의 사람이라고 인식했고 그 이후로 우리의 친분은 더욱 깊어졌다. 나의 이런 습관은 나를 적극적으로 자주 연락하는 사람으로 만들어줬다. 사실 어떤 관계를 유지하든 간에, 적극적인 사람은 필요하다. 그렇지 않으면 그 관계는 금방 사라지고 만다. 물론 이것은 내가 많은 친구들과 오랫동안 연락할 수 있는 중요한 이유이기도 하다.

시간을 쓴다는 것은 삶을 소모한다는 것과 같다. 시간은 당신이 무엇을 하든 흘러가 버린다. 당신이 허송세월했다고 해서 기회를 다시 돌려주지 않는다. 그래서 나는 내 시간을 매우 중요하게 생각한다. 내가 오랜 친구들에게 내 시간을 내어주고 싶다는 말은 내가 그만큼 그들을 소중히 여긴다는 의미다.

(2) 시간을 들여 친구가 될 만한 사람들 선별하라.

오래전, 내가 '세상을 떠돌던' 시절, 북쪽의 어느 도시에서 어르신 한 분을 만났다. 우리는 나이를 초월해서 친구가 되었고 자주 같이

술을 마시며 대화를 나누곤 했다. 어느 날, 역시 술을 마시면서 대화를 나누던 중 그가 말했다.

"세상을 돌아다니려면 사람을 볼 줄 알아야 해. 딱 두 부류의 사람하고는 친구를 하지 마. 하나는 너무 어두운 사람이고, 다른 하나는 아내나 남편에게 잘 못 하는 사람이야. 살면서 많은 사람들을 만나게 될 텐데 엄청 어두운 사람도 언젠가는 만나게 될 거야. 그들에게 맞서지 말고 돌아서 가. 그들이 기분 나빠할 틈도 주지 말고 말이야. 어떠한 교제도 할 필요 없어. 그 사람들 비위를 맞추다 보면 결국 너도 변하게 되어 있어…. 네가 만난 사람이 어떤 사람인지 알 수 있는 간단한 방법을 하나 알려주지. 그의 가족을 몇 번 초대해서 관찰해보는 거야. 그 사람이 아내에게 잘하면 친구가 되어도 좋고, 그렇지 않다면 그냥 피하는 게 좋아. 왜냐고? 아내는 비혈연관계 중 가장 가까운 사람인데, 아내에게조차 잘하지 않는데 어떻게 다른 사람에게 잘하겠어?"

20년이 지나서 생각해봐도 그때 어르신의 말은 '누군가 말해주지 않으면 영원히 할 수 없는 생각'이었다. 그때 이후, 나는 정말 그렇게 했다. 내가 사귀는 친구는 모두 안정된 가정 생활을 하고 있었다. 아무리 똑똑한 사람이라도 가족을 지킬 줄 모르는 사람은 의도적으로 피했다. 그 어르신의 취중진담 덕분에 내 인생의 많은 시간을 절약할 수 있었다. 최근 몇 년간, 나는 매년 시간을 내서 그분을 만나러 가고 있다. 못 가게 되면 꼭 전화 통화로라도 대신한다.

시간이 흐르고 내가 성장할수록 친구를 선택하는 기준도 점점 까다로워진다. 이유는 간단하다. **모든 사람의 시간은 한정되어 있기 때문에 자신의 시간을 들일 만한 사람을 잘 고르고 싶은 것이다.** 그래서 나는 친구를 선택하는 방법에 있어 몇 가지 간단한 기준을 세웠다.

▶ 뛰어난 재주
▶ 진보 추구
▶ 진실한 열정

이 기준들은 간단해 보이지만 그 요소들이 가져오는 효과는 아주 놀랍다. 이 기준을 잘 활용하면 얼마 지나지 않아, 마치 눈 하나가 더 생긴 것처럼 무리 속에서 당신의 기준에 맞는 사람을 찾아낼 수 있다.

시간이 흘러 나에게는 한 가지 기준이 더 생겼다.

'대단한 사람'은 자신의 세계를 구축할 능력이 있는 사람이다. 그들은 자신의 운영체제를 구축하고 그에 맞춰 행동함으로써 자신의 세계를 구축해간다.

이들은 이미 어느 정도 강해졌기 때문에 외부 세계보다는 자신의 세계에 더 관심을 갖는 것이 특징이다. 이들에게 당신과 당신 주변은 그들에게 '외부 세계'에 불과하다.

이런 느낌은 묘사하기 쉽지 않지만, 나만의 개념으로 정의해보자면 이런 사람은 '내시內視'를 하는 사람이라 할 수 있다. 그들은 외부 세계가 아닌 그들 자신의 마음속에 구축된 세상을 볼 줄 알고, 독선적인 사람들과는 달리 자신의 세계가 합리적인지 아닌지 매우 의식한다. 이런 사람을 만나면 나는 그가 이미 '대단한 사람'이라는 것을 알아볼 수 있다.

친구를 선별하는 방법에 대해 중요한 기준을 하나 더 얘기하려고 한다.

입으로만 사과하는 사람은 사귈 가치도 없다. 행동으로 사과하는 사람은 소중하게 여길 줄 알아야 한다.

가끔은 이런 방법론이 다른 운영체제로까지 확대될 때도 있는데, 이게 바로 우리가 흔히 말하는 '이치가 서로 통하는 상황'이다. 잘못을 저지른 후, 대부분의 사람들은 말로만 사과한다. 더 심하게는 그것을 숨기거나 거짓말을 하거나, 상대방도 좋은 사람이 아니라는 것을 증명하는 데 열을 올린다. 이런 사람들은 대부분 나쁜 사람이다. 어떤 이들은 입으로 사과했는데 용서받지 못하면 상대방에게 '속이 좁다', '친구도 아니다' 등의 말을 쏟아붓는다. 이런 사람은 더 나쁜 사람이다.

소수의 사람만이 자신의 잘못을 발견한 후 바로 사과하고 그 후에 지속적으로 모든 것이 원래대로, 심지어 원래보다 더 좋아질 때까지 행동으로 사과의 마음을 표현한다. 그런 사람들은 이 과정에서 많은 대가를 치러야 하겠지만 자신들이 꼭 해야 하는 일이라는 것을 알고 있을뿐더러, 그렇게 하지 않으면 이는 자신의 본모습이 아니라고 생각한다. 이런 사람을 만나면 꼭 결혼해라! 만나기 힘들 뿐만 아니라, 놓치면 다시 만날 기회는 거의 없다는 사실을 명심해라. 사실상 동업자를 찾고 직원의 거취를 판단할 때도 같은 방법론을 사용할 수 있다.

(3) 모두가 이기는 상황을 만들자

나는 자주 조를 짜서 재미있는 친구들을 서로 소개해주는데, 여기에도 규칙이 하나 있다. 나는 어떤 사람이 다른 사람의 도움을 일방적으로 필요로 하는 상황을 만든 적이 없다. 이런 동등하지 않은 관계는 재미가 없고, 또 그렇게 되면 하고 싶은 사람하고만 조를 하려고 할 것이다.

나는 항상 시간을 갖고 '이런 두 사람(혹은 두 사람 이상)이 함께 있으면 어떤 상호 보완 효과가 생기고, 어떤 협력이 이루어질까? 어떤 스파크가 일어날까?'라는 예상을 해본다. 비록 바로 효과를 볼 수 있는 것은 아니지만, 이렇게 미리 준비하면 늘 '뜻밖의 행운'을 마주하게 된다.

'동반 성장'에 대해서도 얘기를 이어가보자. 성장에도 방법론이 있다. 사실, 이 책이 담고 있는 모든 내용이 다양한 각도에서 차근차근 체계적으로 성장 방법론을 서술한 것이라 할 수 있다. 성장의 목표는 무엇인가? 다른 종으로 진화하여 그에 걸맞는 미래를 갖는 것이다. 성장에는 방법론이 있을 뿐 아니라 체계도 있다. 성장의 체계는 아래

세 가지 단계로 구성된다.

▶ 자신과의 동반 성장
▶ 가족과의 동반 성장
▶ 친구와의 동반 성장

앞서 말한대로 우리 몸에는 몇 개의 '자아(흑마, 백마, 기수)'가 있다. 자신과의 동반 성장을 위해서는 셋 중 하나도 빠트려서는 안 된다. 서로 함께하고 받아들이고 촉진하고 격려해야 한다. 다양한 수단과 방법을 통해 자신의 전차를 강화시키고 자신의 운영체제를 더욱 효율적으로 만들면 점차 또 다른 미러링의 세계로 들어갈 수 있고, 심지어 두 개의 대립된 미러링의 세계를 자유롭게 오갈 수 있다.

가족과 함께 성장할 수 있는 방법도 반드시 찾아야 한다. 가족들의 속도가 꼭 나와 일치하진 않지만 그들은 내 가족이다. 자신의 속도가 느릴 때 가족들을 부지런히 따라가고, 자신의 속도가 빠를 때 다른 가족을 끌어주는 방법을 생각해야만 한다. 방법은 반드시 있다. 당신이 그럴 마음이 있는지 없는지, 그들에게 인내심을 보일 수 있는지 없는지가 관건이다. 더 중요한 것은 경제적 자유도 하나의 변곡점일 뿐이고 그 뒤로 아직도 멀고 도전적인 길이 남아 있다는 것이다. 가족과 함께 성장할 수 없는 사람은 다음 단계로 결코 넘어갈 수 없다.

또한 친구와 함께 성장하는 것도 필요하다. 자기 스스로 급성장하는 것도 물론 좋지만 행복이란 쉽게 깨질 수도 있다. 행복의 정의는 매우 직관적이다.

'행복'이란 당신과 당신이 있는 세상 사이의 강한 연관성에서 비롯된다.

당신이 있는 세계는 주로 무엇으로 구성되어 있는가? 바로 당신의 가족과 친구이다. 그외 다른 사람은 별로 중요하지 않다. 특히 당신의 행복에 있어서는 더욱 그렇다. 이것이 객관적인 사실이다. 당신의 친구에게 호의를 베푸는 것은 당신의 세상에 호의를 베푸는 것이고, 당신의 친구를 선별하는 것은 당신의 세상을 최적화하는 것이며, 당신의 친구와 동반 성장하는 것은 당신의 세계가 성장하는 것이다.

아직 끝이 아니다. 우리 모두가 마지막까지 추구해야 할 한 단계가 남았다.

전 세계와의 동반 성장

대단한 예를 들기보다는 단순하고 소박한 것을 살펴보도록 하자. 지금 60~70대인데 메신저로 이모티콘을 보낼 수 있는 부모님 혹은 조부모님들은 그야말로 '전 세계와 동반 성장'을 이룬 분들이다. 전문적인 소양과 강한 생명력, 강한 호기심, 그리고 그냥 지나치지 않는 실행력과 뛰어난 학습 능력 중 하나만 있어도 자신의 운영체제를 스스로 업그레이드할 수 있다. 그런 사람들 입장에서는 세상과 함께 성장하는 것이 매우 자연스러운 일이다.

왜 당신의 미래는 더욱 그럴 가능성이 높을까? 답은 예상 밖으로 간단하다. 당신은 당신의 이전 세대보다 더 오래 살 수 있기 때문이다. 인간의 평균 수명은 길어지고 있다. 올해 30세라면 이 사실을 한 번도 진지하게 생각해보지 않았겠지만 당신이 유효한 일을 할 수 있는 시간은 최소 60년은 남은 것이다.

워런 버핏은 몇 살인가? 1930년에 태어났으니 아흔이 넘었는데도 아직 한창 즐겁게 일하고 있지 않은가. 그의 위대한 동업자 찰스 멍거도 1924년생으로 아흔이 훌쩍 넘었다. 그래도 여전히 즐겁게 일하고 있다.

공부는 사실상 자신을 위한 투자다. 모든 투자 활동은 똑같다. '장기 투자'는 가장 믿을 만한 전략이다. 주식시장은 단기적으로 보면 투표 기계지만, 장기적으로 보면 무게(기업 이익)를 재는 저울이다. 이 말은 내가 아니라, 증권 분석의 아버지 벤자민 그레이엄Benjamin Graham이 한 말이다.

이쯤에서 한마디 덧붙이자면 '은퇴'는 계획경제 시대의 잔여 개념으로 진작 당신의 운영체제에서 지워졌어야 하는 용어다. 머릿속에 불필요하게 존재하는 개념이 있으면 일이 지체되고 그만큼 일을 그르치게 된다.

47편에서 내 견해를 얘기한 적이 있다.

장기 성장률을 유지할 수 있는 부가가치 자산을 사들인 후에는 계속 가지고 있어야 한다. 움직이지 않는 게 가장 중요하다.

하지만 장기적인 성장률을 유지할 수 있는 부가가치 자산을 사는 것은 매우 어렵다. 그런데 많은 사람들이 저마다 제로 원가의 부가가치 자산을 가지고 있다는 사실을 모른다. 당신도 가지고 있다. 누구나 다 마찬가지다. 그건 바로 자기 자신이다.

당신 자신이 바로, 당신이 살 수 있는 가장 싸고 장기적인 성장률을 유지할 수 있는 부가가치 자산이다.

꽉 잡고, 꼭 붙들고 있어야 한다. 절대 놓지 마라. 성장률을 당신 스스로 제어할 수 있고 원가도 '0'인데, 어디서 이렇게 좋은 부가가치 자산을 찾을 수 있겠는가? 당신 자신으로 '단타'를 노릴 순 없다. 또한 자신을 '퇴직'시킬 수도 없다.

평균 수명의 연장은 사회 전체의 구성원에게 '더 짧은 장기'를 제공하는 셈이다. 이런 사회에서 재능은 있지만 기회를 만나지 못했거나 아예 때를 잘못 타고난 현상들은 점차 사라지고 있다. 특히 교통수단이 고도로 발달하고 인구 유동성이 전례 없이 높아진 환경에서는 더욱 그렇다. '이곳에서 나를 받아주지 않더라도 나를 받아줄 곳은 분명 있다'는 말처럼 세상이 이렇게 넓은데 어딘들 못 가겠는가. 당신도 어디든 갈 수 있다.

최근 30년 동안의 경제 발전 데이터를 연구해보면 인류는 역사상 유례가 없었던 단계를 지나고 있으며, 변곡점에서 개인의 부 축적 속도와 양적 수준이 전례 없이 빠르고 크다는 것을 알 수 있다. 더 중요한 것은 경제적 자유라는 이정표를 넘는 인구 비율이 점점 높아지고 있다는 점이다. 이것은 거스를 수 없는 큰 추세이며, 당신도 이 세계와 함께 성장해야 한다.

이 책을 보고 나면 경제적 자유가 실현될 수 있을까? 쉽지 않을 것이다. 하지만 의미가 있는 것은 '자아 교육'은 스스로 해야 한다는 건 최소한 깨달았을 거라는 점이다. 자신의 행동을 바탕으로 사고하는 것이야말로 진보의 핵심이다. 정보 전달 자체만으로는 완벽한 교육을 이룰 수 없다. 이 책의 저자로서의 나의 명성은 전적으로 당신에게 달려 있다. 부디 힘을 내주길 바란다!

모티머 애들러Mortimer J. Adler의 《생각을 넓혀주는 독서법》을 보면 아주 재미있는 비유가 나온다. 작가와 독자의 관계는 야구장의 투수와 포수의 관계와 같다. 일부러 공을 빗나가게 던지는 투수는 없고, 공을 받지 않으려는 포수도 없다. 하지만 서로 함께 노력해야만 흥미진진한 경기를 풀어갈 수 있다. 내가 힘껏 던졌으니, 잘 받아주길 바란다!

시간을 내서 이 책을 진지하게 읽어준 독자들에게 감사함을 표한다.

**부자의 길을
선택하다**

Epilogue

'투자형 인간'으로의 진화를 완성하는 법

당신이 진보를 시도하고 있을 때, 당신이 만난 것은 격려가 아닌 공격이었을 것이다.

"넌 혼자가 아니다. 나를 믿어라."

아버지께서 늘 나에게 해주셨던 말이다. 나는 이 말을 항상 옆에 두고 놓지 않았다. 나에게 안 좋은 일이 생길 때마다 아버지는 웃으면서 내게 이 말을 하셨다. 나중에 나는 이것이 절대적으로 객관적인 서술이라는 것을 깨달았다. 만약 나에게 불행한 일이 닥친다 해도 나는 결코 '불행을 당한 유일한 사람'이 아니라는 것이다. 이는 내 인생에 가장 힐링이 되는 말이다.

처음에는 이해가 되지 않을 것이다. 진보는 원래 좋은 일이 아닌가! 그렇지 않고서야 왜 모든 사람이 진보를 추구하겠는가? 그런데 어떤 사람은 왜 진보를 추구하는 사람을 공격할까? 어떤 사람은 왜 그런 사람에게 찬물을 끼얹을까? 어떤 사람은 왜 자기에게도 불리한 이 일을 하려고 할까? 그리고 왜 '어떤 사람'뿐만 아니라, 심지어 '대부분의 사람들'이 이런 태도를 취하는 걸까? 정말 이상하지 않는가?

모두가 자기 스스로 진보를 원한다는 건 틀림없는 사실이다. 그러나 진보는 결코 저절로 일어나지 않는다. 그것은 원래 시간을 필요로 하는 일이고 일정 시간 동안에는 전혀 효과를 보지 못한다. 진짜 의미 있는 진보는 결국 복리곡선처럼 최소한의 장기적인 시간을 지날 때까지 거의 경사율이 없는 직선과 같다. 그 장기적인 시간을 지나야만 가시적인 비상이 일어난다.

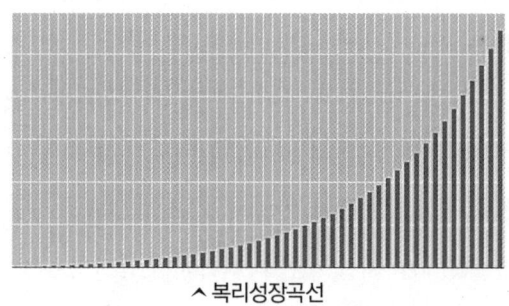

▲ 복리성장곡선

또 하나 확실한 것은 매 순간, 대부분의 사람들이 동일하게 상승하는 단계에 있는 것이 아니라 어제와 오늘이 다를 바 없는 상황이라고 느낀다는 점이다. 이와 동시에 대부분의 사람들은 '자신의 희망을 어떻게 보호할 것인가'를 배우지 못했기 때문에, 그 희망의 촛불은 언제든지 알 수 없는 바람에 의해 꺼질 수 있다. 활기차게 걷는 사람만 지나가도 그 촛불은 금방 꺼지고 말 것이다.

이런 상황에서 어느 누가 자신이 '퇴보'했다는 것을 증명하고 싶겠는가? 당신이 진보했다는 것은 다른 사람 입장에서는 상대적으로 자신이 퇴보했다는 것을 의미한다. 당신 입장에서 주변 사람은 진보했는데, 당신은 여전히 제자리걸음만 하고 있다면 초조하지 않겠는가? 이처럼 초조함은 대부분의 사람들이 생각하는 부정적인 감정인 것이다. 퇴보를 좋아하는 사람도 없고, 상대적인 퇴보를 좋아하는 사람도 없다. 당연히 퇴보했음을 증명당하고 싶은 사람도 없다. 당신도 마찬가지일 것이다.

'불쾌함'은 모든 사람이 영문을 알 수 없는 선택이나 행동을 하는 근본적인 이유다(혹은 동기 부여라고도 한다). 다시 말해서, 왜 누군가가 당신에게 찬물을 끼얹고, 나쁜 말을 하고, 애매한 태도를 보이는 걸까? 이유는 아주 간단하다. 당신이 그들을 기분 나쁘게 했을 수도 있다! '내가 그들을 기분 나쁘게 한 게 뭐 있어, 그들이 너무 나약하고, 스스로 기분 나쁘기를 선택한 것뿐이야.'라고 생각할지도 모른다. 아예 일리가 없는 건 아니지만, 이는 어디까지나 당신의 주장일 뿐이다.

상대방은 은연중에 혹은 분명하게 '손해를 봤다'고 느낄 수 있다. 그래서 그들은 어떻게든 반항이나 반격을 하고 싶은 충동을 느낀다. 아주 보편적인 메커니즘이다. 동서고금을 막론하고 모두 마찬가지다. 당신이 진보하고 있다고 목소리만 내면, 많은 사람들이 우르르 나와서 당신을 공격하거나 비아냥거리거나, 심지어 음해하거나, 아니면 꾹 참고 기다렸다가 적당한 기회가 생기면 바로 뛰어나와 당신이 했던 모든 것을 헛수고로 만들어버릴 수도 있다.

내가 이렇게 반복하여 강조하는 이유는 이런 외부의 비난 때문에 의기소침해지는 사람들이 생각보다 많기 때문이다. 반드시 당신은 자신을 세뇌시켜야 한다. 하지만 만약 당신에게 찬물을 끼얹는 사람을 다시 만난다면 꼭 상대방을 '나쁜 사람'이라고 정의할 필요는 없다. 당신에게도 잘못이 있고, 그 잘못이 때론 적지 않다.

나도 당신처럼 젊은 시절에는 세상이 악의로 가득 차 있다고 생각했다. 정글 속에서 살려고 발버둥 치는 토끼가 된 것처럼 사방이 위협적이고 함정이어서 언제든지 다른 동물의 습격을 받을 수 있다는 생각이 들었다. 가끔 틈만 나면 나는 왜 표범이 아니라 토끼로 태어났을까라는 탄식을 하곤 했다.

어느 날, 나는 잠에서 깨어났다. 근본적인 원인은 바로 '정글 비유'에 대한 내 생각의 허점을 발견했기 때문이다. 우리가 살고 있는 사회는 확실히 험악한 정글과도 같다. 정글 속에는 여러 가지 동물들이 있는데, 각각 자기에게 맞는 방식으로 생존하고 서로 잡아먹고, 목숨을 걸고 번식한다. 매일매일 살육이 끊이지 않지만 그 와중에도 계속해서 살아간다. 이 비유는 어떤 측면에서 보면 상당히 정확하지만, 내가 간과하고 있었던 세부적인 내용이 있다. 그게 무엇일까? 이 정글에는 다른 종으로 진화할 수 있는 개체가 있다. 다시 말해 어떤 토끼는 표범으로 진화할 수 있다. (반대로 표범도 토끼로 퇴화할 수 있다.) 그런데 이 토끼는 한 번에 표범이 되는 게 아니라, 늑대가 되고 멧돼지도 된 다음에 표범이 되고 나중에는 코끼리나 사자가 될 수도 있다. 이 비유 속 정글에서는 어떤 개체의 진화 속도도 상상할 수 없을 정도로 빠르다.

이 이야기는 나에게 아주 중요한 깨달음을 가져다주었다. 이 이야기가 없었다면 오늘의 나는 존재하지 않았을 것이다. 아마도 나는 정글 속에서 매일 두려움에 떨며 도망치고 내일 무슨 일이 일어날 줄 모르는 토끼로 남아 있었을 것이다.

이 원리를 정확하게 알고 난 후 나는 생각을 정리하기 시작했다.

▶ 다른 사람을 기분 나쁘게 하는 것은 자신이 잘못하고 세심하지 못했기 때문이다.
▶ 모든 진화는 오랜 시간이 흐른 뒤의 미래적 결과이지, 오늘 꺼내서 증명할 수 있는 것이 아니다.
▶ 아직 일어나지 않은 일을 가지고 시비하고 이치를 따지는 것이 꼭 틀린 것은 아니지만, 일반적으로 다른 사람들이 정확하게 이해하지 못한다.
▶ 사람들이 당신을 이해하지 못하면 당연히 당신을 지지하지 않을 것이다.
▶ 자기 증명은 필요 없다. 해냈으면 증명할 필요도 없고 해내지 못했다면 증명도 헛수고다.
▶ 스스로 자신에게 많은 공격을 가하는 것은 어리석을 뿐 아니라 치명적일 수 있다.

그럼 우리는 어떻게 하면 될까? 바로 **묵묵히 진화를 완성해야 한다.** 완성을 선택하는 것이 최선의 전략이다. 진화가 이루어지기 전까지 말하지 말고, 표현하지 말고, 누군가를 가르치려 들지도 말라. 말해도 소용없고 표현해도 증명할 수 없고, 그런 상황에서 다른 사람을 가르치려고 해봤자 부정적인 감정이 들 수밖에 없기 때문이다.

지금 나는 칼럼을 쓰고 있는데, 20여만 명이 구독 중이다. 칼럼에서 말하는 원리들은 내가 20여 년 전부터 생각하고 실천한 것이 많지만 20년 전의 리샤오라이가 나타나서 같은 말을 한다면 같은 효과가 있었을까? 분명히 그렇지 않을 것이다. '사람이 지위가 낮으면 말발이 서지 않는다'는 말은 항상 옳다.

정글 비유와 관련하여 질문이 하나 더 있다. 어떻게 하면 나 자신을 사랑받는 토끼로 만들 수 있을까? 표범도 좋아하고, 뱀도 싫어하지 않는 토끼 말이다. 해결책이 있다면 관계에서 오는 위협과 위험은 그만큼 줄어들 것이다.

나의 초창기 전략은 초급 수준이었다. 바로 즐거운 토끼가 되는 것이었다. 우리 주변에 언제나 웃고 기뻐하며 큰 좌절을 겪어도 잠깐 고개를 숙이고 그 후에는 아무 일 없었던 것처럼 즐겁게 사는 사람이 한두 명씩은 있다. 대부분의 사람들이 이런 사람을 좋아한다. 나도 마찬가지다. 나도 이런 사람이 되고 싶었다. 심리학 연구 성과 덕분에 나는 모든 즐거움이 도파민 분비가 평균 이상으로 일어났을 때 나오는 결과라는 걸 알게 되었다. 나는 이를 단순화했다. 공부를 많이 하고, 운동도 많이 하니까 자연스럽게 즐거워지기 시작했다. 물론 추가적인 방법도 사용했다. 사람들 속에서도 즐거운 사람들을 찾아내서 그들과 동료가 되었다.

시간이 흘러서, 마침내 나는 업그레이드된 전략을 찾아냈다. 바로 자기계발을 멈추지 않는 토끼가 되는 것이다. 하루 종일 성공학을 떠들어대는 토끼는 물론 아니다. 나는 모든 사람을 격려해주는 토끼가 되고 싶었다. 이유는 역시 아주 간단하다. 다른 사람에게 찬물을 끼얹고, 비아냥거리고 다른 사람으로부터 모함을 당하는 것이 싫으면 어떻게 해서든 나 자신은 그런 사람이 되지 말아야 한다. 그 반대편에 서서 다른 사람을 잘 격려해주는 사람이 되어야 한다.

'격려'는 세상에서 가장 희귀한 자원이다. 이미 다들 한 번쯤은 경험해봤을 거라 믿는다. 만약 당신이 다른 사람을 잘 격려하는 사람이라면 최소한 직접적으로 두 가지 이득을 얻었을 것이다. 먼저, 주변 사람들이 당신을 좋아할 것이다. 희소한 자원을 가진 사람을 누가 싫어하겠는가? 더 중요한 것은 당신의 격려로 인해 그 사람들이 기대한 결과를 얻는 것을 보게 되면 당신은 다른 사람의 격려가 필요 없는 사람이 될 것이다. 당신이 긍정적인 에너지 그 자체로 변하는 것이다. 뒤에 나온 장점은 정말 뜻밖의 놀라움이니 믿지 못하겠으면 한번 시도해보길 바란다.

일단 시작하면 다른 사람을 격려하는 것이 얼마나 간단한지 알게 된다. '나는 당신을 응원해요' 이 한마디면 충분하다. 더 많은 경우, 그 한마디도 할 필요 없고 그저 잠깐 묵묵히 곁에 있어 주는 것만으로도 진정한 격려가 된다. 이렇게 간단한 일을 겨우 소수의 사람들만 하고 있다는 것에 간혹 놀랄 때도 있다.

  길을 걸어오면서 다른 전략도 자연스레 형성되었다. 표범으로 진화해도 토끼를 못살게 굴면 안 된다. 이 정글 자체도 진화하고 있다. 과거 정글은 '너 죽고 나 살자'는 분위기였는데, 지금은 어떤가? 정글은 너무 빨리 발전하고 기회도 상당히 많아졌다. 이로 인하여 서로 잡아먹을 때 드는 비용이 너무 비싸졌다. 차라리 그 시간에 자기 일을 하는 게 이익이다. 수천 년 전 인류가 농업을 발전시키면서 자연스럽게 전쟁이 줄어든 것처럼, 과학기술이 현재 수준까지 발전하다 보니 '평화'가 절대 수요가 된 것과 같은 이치다. 이기고 지고 대립하던 시대는 이미 지나갔다. 이제 서로 이기고 모두 이기는 분위기에서 기회가 더 많아지고 더 자주 찾아올 것이다. 그래서 조금만 똑똑하면 누구든지 독자적 위치를 찾을 수 있다. 우리는 지금 더 나은 정글에 살고 있고, 이 정글은 분명 점점 더 좋아질 것이다.

작가 후기

2009년 출간한 《시간을 친구 삼아把時間當作朋友》는 지금까지 독자들의 좋은 평가를 받고 있고 문화 콘텐츠에 대한 의견을 공유하는 소셜 커뮤니티인 도우반豆瓣 내에서의 평점도 여전히 8.6점 이상을 유지하고 있다. 그래도 간혹 고민되는 부분이 있는데, 가끔씩 받는 독자들의 질문 때문이다. "파트 소제목 중 '마음心智을 다스리면 자유로워진다'에서 '마음'의 뜻이 무엇인가요?"

처음에는 대수롭지 않은 일이라고 생각해서 "책을 다 읽고 나면 이해하게 될 겁니다." 하고 말았는데, 언젠가부터 나조차도 이 말을 이해하는 것이 결코 쉽지 않다는 것을 알게 되었다. 그러다 3년 만에 개정판을 냈는데, 이때 '마음이 무엇인가'라는 챕터를 하나 추가했다. 나름 발전했다고 생각했지만 그래도 여전히 만족스럽지는 않았다.

그 과정에서 나는 더 많은 돈을 벌거나 비트코인을 사는 등 삶의 질을 높일 만한 다른 곳에 관심을 쏟았다. 내 삶에 커다란 변화가 일어났다. 나는 여전히 '하루에 최소 3,000자 글쓰기' 습관을 유지하고 있었지만 공개적으로 출판하는 일은 드물었다. (그 이유 중 하나는 내가 생각하고 있는 많은 것들이 더 이상 출판하기에 적합하지 않다고 생각했기 때문이다). 심지어 이치와 관련된 책은 평생 못 쓸 것 같다고 생각하기도 했다.

눈 깜짝할 사이 2015년 상반기에 접어들었다. 내가 2007년에 처음으로 블로그에 〈시간을 친구 삼아〉를 연재한 지 벌써 '한평생'이 지난 것이다(나는 7년 정도의 시간이 평생처럼 느껴진다고 앞서도 말했다. 작가 개인의 표현 방식이라고 생각해주길 바란다).

2015년 11월, 나는 〈7년을 평생처럼七年就是一辈子〉이라는 글을 쓰기 시작했는데, 여기서 다음의 사실을 언급했다. 컴퓨터의 하드웨어와 소프트웨어를 업그레이드하는 일이 가능한 것처럼 사람도 마찬가지다. 하드웨어는 확실히 업그레이드할 수 있다. 운동을 통해 몸을 건강하게 만드는 것이야말로 하드웨어 업그레이드가 아닐까? 여기서 더 중요한 것은 사람의 소프트웨어도 업그레이드할 수 있다는 것이다. 우리가 어떤 중요한 기능을 배우는 것이 바로 그것이다. 우리는 계속해서 더 좋은 컴퓨터로 교체하며 끊임없이 운영체제를 업그레이드하면서 왜 우리 자신의 운영체제 업그레이드는 소홀히 할까?

이 글을 쓰고 난 오후, 나는 갑자기 가슴이 후련해졌다. 드디어 '마음'을 일반적으로 해석할 수 있는 표현을 찾은 것이다(놀랍게도 7년이 흐른 뒤였다).

이미지화해서 말하자면, '마음'이란 우리 각자의 머릿속에서 끊임없이 업그레이드되는 운영체제라고 할 수 있다.

2016년 7월, 나는 마침내 중국 내 가장 대표적인 지식 콘텐츠 플랫폼인 '뤄지스웨이羅輯思維'를 운영하고 있는 뤄전위羅振宇에게 약속했던 일을 실행에 옮겼다. 당시 나는 '더다오得到'에 〈경제적 자유로 가는 길〉이라는 칼럼을 게재하고 있었다. 나는 이 시대의 모든 사람이 적어도 한 번은 경제적 자유를 누릴 수 있는 기회를 갖는다고 믿고 있다. 물론 해내는 것이 간단하진 않고, 극히 소수의 사람만이 누릴 수 있다고 할지라도 이루어내는 사람이 과거에 비해 지금 훨씬 많아질 것은 분명하다. 이는 간단하고도 아주 분명한 논리였다. 그리고 모든 일에는 방법론이 존재한다고 믿는다. 만약 내가 어떤 사람의 운영체제(즉, 과거에 내가 막연하게 얘기했었던 '마음')를 계속해서 업그레이드할 수 있다면 그들의 능력과 역량, 효율에 엄청난 변화가 생길 것이다. 더 나아가, 더 능력 있고 역량 있고 효율적인 사람은 점점 더 많은 돈을 벌 확률이 높아지고 경제적 자유를 얻을 수 있지 않을까? 내가 그렇게 살아왔기 때문에 100% 완전히 확신한다. 그렇지 않으면 지금의 나는 없었을지도 모른다.

 칼럼을 쓴다는 것은 고통이 수반되는 즐거운 과정이다. '고통'이라는 것은 장기간 지속적으로 업그레이드하는 데에서 비롯된다. 2017년 4월, 나는 급성각막염으로 3주 가까이 앓았는데, 그동안 눈을 가리고 있어서 글쓰기는커녕 키보드를 만지지도 못했다. 녹음 펜을 갖고 있긴 했지만 아무것도 할 수 없었다. 어딘지 모르게 뇌가 말하면서 생각하는 능력을 미처 습득하지 못한 사람처럼 변하고 말았다. 그러나 칼럼의 업그레이드는 멈추지 않았다. 나는 나름 방법론을 가진 사람인지라 연재를 시작하면서부터 예상 밖의 일이 발생할 수 있음을 짐작하고 처음부터 재고를 많이 만들어 놓았던 것이다. 그래서 눈이 안 보임에도 때맞춰 숙제를 제출할 수 있었다.

 '즐거움'은 많은 사람들에게 일어난 변화를 보는 것에서 비롯된다. 나에게는 세상을 바꾸고자 하는 장기적인 이상이 있는데, 다들 그냥 하는 말로 여기곤 했다. 가끔 직장 동료 모임에 가지 않을 때 사람들이 내 아내에게 "이 선생님은요?"라고 물으면 아내는 미소를 지어 보이며 내 말을 전달했다. "세상을 바꾸러 갔죠." 그러면 모두들 껄껄 웃었다고 했다. 하지만 실제로 나는 무척 진지했다. 나에게는 세상을 바꾸는 방법이 있었다. 각각의 사람들이 모여 세상을 이뤄냈듯이 나에게는 사람을 바꿀 수 있는 나만의 방법이 있다. 그것은 작지만 분명 세상을 변화시킬 수 있는 방법이다. 여러 해 동안 나는 정말로 많은 사람을 변화시켰지만 세상은 그닥 변화가 없는 것 같다. 하지만 그건 세상이 거대하고 내가 미약해서 그렇지, 결코 내가 쓸모없다는 의미는 아니지 않은가?

내 칼럼의 구독자 수는 점점 많아졌는데, 2016년에는 전국의 모든 유료 콘텐츠 사이트 중에서 구독자를 가장 많이 보유할 정도였다. 중국 내에서 가장 많은 거라면 중국 인구가 전 세계에서 가장 많으니까 세계적으로 많은 셈이라고 할 수 있다. 내 기준으로 봤을 때 세상에 나라는 존재가 어느 정도는 영향을 끼쳤다고 할 수 있다. 자화자찬 같아도 좀 이해해주길 바란다. 이런 상황에서 누군들 기쁘지 않겠는가?

블로그 시대에 나에게는 한 가지 습관이 생겼다. 혹평이든 악평이든 댓글은 절대 지우지 않는다. 나쁜 평가라 할지라도 스스로 돌아볼 수 있는 많은 기회가 주어진다는 것을 경험했고, 그 경험은 무엇과도 바꿀 수 없는 소중한 기회라는 걸 깨달았기 때문이다. 〈경제적 자유로 가는 길〉 칼럼에 있는 모든 댓글은 내가 만든 온라인 사이트에 모아두었다. 지금까지 댓글이 100만 건이 넘었고 혹평은 몇 건 없다. 나는 매일 고정적으로 한 시간씩 댓글을 확인한다. 도파민 분비 수준이 크게 높아지는 시간이기 때문에 이 한 시간은 어느 때보다 즐겁다. 그 시간 동안 나는 많은 사람들의 변화를 목도함으로써 내가 한 일이 의미 있는 일이라는 것을 새삼 깨닫게 된다. 이보다 더 행복한 작가가 있을까?

〈7년을 평생처럼〉과 〈경제적 자유로 가는 길〉 칼럼 내용을 재구성해서 만든 이 책은 더 많은 사람들이 자신의 운영체제를 업그레이드하는 것을 돕는 데 그 의의가 있다. 더 많은 역량을 가진 '마음'을 가지고 '경제적 자유로 가는 길'을 모두가 걷길 바란다. (경제적 자유는 바로 이 책을 통해 업그레이드될 당신의 운영체제가 도달해야 할 목표다.) 그리고 언젠가 시간이 당신의 친구라는 사실을 알게 되길 바란다. 그렇게만 된다면 당신의 경제적 업그레이드는 분명 이루어질 것이다.

당신이 가장 멋진 모습의 당신을 만나게 되길 바란다. 행운을 빈다!

베이징에서 리샤오라이

부자의 길을
선택하다

부자의 길을 선택하다

초판 1쇄 인쇄 2021년 5월 12일
초판 1쇄 발행 2021년 5월 20일

지은이 리샤오라이
옮긴이 박영란
발행인 손은진
개발책임 손승덕
개발 김민정
디자인 이정숙 윤인아
제작 이성재 장병미
발행처 메가스터디(주)
출판등록 제2015-000159호
주소 서울시 서초구 효령로 304 국제전자센터 24층
전화 1661-5431 팩스 02-6984-6999
홈페이지 http://www.megastudybooks.com
이메일 megastudy_official@naver.com

ISBN 979-11-297-0726-0 03320

이 책은 메가스터디(주)의 저작권자와의 계약에 따라 발행한 것이므로
무단 전재와 무단 복제를 금지하며, 이 책 내용의 전부 또는 일부를 이용하려면
반드시 저작권자와 메가스터디(주)의 서면 동의를 받아야 합니다.
잘못된 책은 구입하신 곳에서 바꾸어드립니다.

메가스터디BOOKS

'메가스터디북스'는 메가스터디㈜의 출판 전문 브랜드입니다.
유아/초등 학습서, 중고등 수능/내신 참고서는 물론, 지식, 교양, 인문 분야에서 다양한 도서를 출간하고 있습니다.